中国省域居民收入分配问题研究

——以湖北省和青海省为例

孙群力　李永海　等著

经济科学出版社

图书在版编目（CIP）数据

中国省域居民收入分配问题研究：以湖北省和青海省为例/孙群力等著.—北京：经济科学出版社，2016.2
ISBN 978-7-5141-6615-6

Ⅰ.①中…　Ⅱ.①孙…　Ⅲ.①国民收入分配-研究-湖北省②国民收入分配-研究-青海省　Ⅳ.①F126.2

中国版本图书馆 CIP 数据核字（2016）第 033966 号

责任编辑：白留杰
责任校对：王苗苗
责任印制：李　鹏

中国省域居民收入分配问题研究
——以湖北省和青海省为例

孙群力　李永海　等著

经济科学出版社出版、发行　新华书店经销
社址：北京市海淀区阜成路甲 28 号　邮编：100142
教材分社电话：010-88191354　发行部电话：010-88191522
网址：www.esp.com.cn
电子邮箱：bailiujie518@126.com
天猫网店：经济科学出版社旗舰店
网址：http://jjkxcbs.tmall.com
北京密兴印刷有限公司印装
710×1000　16 开　16.25 印张　280000 字
2016 年 4 月第 1 版　2016 年 4 月第 1 次印刷
ISBN 978-7-5141-6615-6　定价：39.00 元

目　录

青海篇

导　　论

一、研究背景

收入分配是当今社会重大的民生问题，也是重大的政治和经济问题，更是摆在决策层面前的重大议题，受到了社会各界的高度关注。我国现行的收入分配制度是以按劳分配为主体、多种分配方式并存，按劳分配与按生产要素分配相结合的基本分配制度，通过把市场竞争机制引入收入分配领域，克服了计划经济体制中收入分配的平均主义，有效地促进了机会平等，极大地激励了人们生产和创业的积极性，解放了生产力，对推动经济社会的快速发展发挥了重要作用。

但与此同时，我国国民收入分配结构不合理，居民收入差距不断扩大等问题，不仅成为经济生活的主要问题，而且开始成为社会生活的突出矛盾。随着我国经济社会进入新的发展阶段，由于受改革不彻底，制度不健全，调控不到位等多种因素的影响，当前收入分配领域暴露出了不少问题：如收入分配呈现出比例失衡，劳动者报酬和居民收入占 GDP 比重偏低且出现了持续下降的趋势；城乡、地区、行业和社会成员之间收入差距持续拉大；收入分配秩序不规范，投机行为盛行，腐败现象不断涌出，灰色收入和不法收入份额不断提高，恶化了收入分配关系。所有这些问题都是决策层以及社会各界关注的焦点问题，也是迫切需要研究和解决的问题。

第一，研究地区居民收入分配问题，是落实党的十八大，十八届三中、五中全会精神，完善居民收入分配机制的内在要求。2012 年 11 月，党的十八大报告提出，在发展平衡性、协调性、可持续性明显增强的基础上，2020 年实现国内生产总值和城乡居民人均收入比 2010 年翻一番。2013 年 2 月，国家发改委、财政部、人社部联合发布了《关于深化收入分配制度改革的若干意见》，其中关于深化收入分配制度改革的主要目标之一就是要实现城乡居民收入倍增，即到 2020 年实现城乡居民人均实际收入比 2010 年翻一番，力争使中低收入者收入增长更快一些，人民生活水平全面提高。十八届三中全会提出：

要形成合理有序的收入分配格局。着重保护劳动所得，努力实现劳动报酬增长和劳动生产率提高同步，提高劳动报酬在初次分配中的比重。健全工资决定和正常增长机制，完善最低工资和工资支付保障制度，完善企业工资集体协商制度。完善以税收、社会保障、转移支付为主要手段的再分配调节机制，加大税收调节力度。规范收入分配秩序，完善收入分配调控体制机制和政策体系，建立个人收入和财产信息系统，保护合法收入，调节过高收入，清理规范隐性收入，取缔非法收入，增加低收入者收入，扩大中等收入者比重，努力缩小城乡、区域、行业收入分配差距，逐步形成"橄榄型"分配格局。十八届五中全会进一步重申：到2020年国内生产总值和城乡居民人均收入比2010年翻一番的目标，并提出要缩小收入差距，坚持居民收入增长和经济增长同步、劳动报酬提高和劳动生产率提高同步，持续增加城乡居民收入。健全科学的工资水平决定机制、正常增长机制、支付保障机制，完善最低工资增长机制，完善市场评价要素贡献并按贡献分配的机制。

第二，研究地区居民收入分配问题，是在经济新常态背景下，制定居民收入增长机制，改善居民收入增长手段的主要方面。在城乡居民收入方面，各地区都提出了具体的增长目标，如湖北省政府2012年就提出，到2017年，生产总值突破4万亿元，比2010年翻一番以上；城乡居民人均收入在2010年基础上分别增长1.3倍和1.4倍。青海省也提出到2020年，全省城镇居民人均可支配收入达到3.8万元，农村居民人均纯收入达到1.1万元，年均增长分别为10.7%和11.9%，城乡居民收入比由"十二五"时期的3.3∶1缩小到3.2∶1以内。近年来，国家在继续实施区域协调发展总体战略的同时，在建设"一带一路"、支持中西部地区基础设施建设、加大生态文明建设力度等方面已制定并陆续出台一批政策，为地区经济转型发展、改善民生提供了新机遇。从而也为实现城乡居民收入与经济增长同步，劳动报酬增长和劳动生产率提高同步，居民收入占GDP的比重和劳动报酬在初次分配中的比重得到明显提高等目标提供良好的制度保障。

第三，研究地区居民收入分配问题，理论角度上，可以丰富居民收入分配及收入差距的理论基础和现实状况，使大家对我国地区居民收入分配问题有一个更为准确的认识。我们认为，要推进收入分配制度改革，首先需要了解我国国民收入分配格局、居民收入分配现状以及收入不平等程度；通过对居民收入的问卷调查，进一步掌握哪些因素对居民收入产生了重大影响，特别是备受关注的行业垄断、权力等因素对收入分配的影响。同时，结合具体省情以及统计数据，全面分析居民收入差距产生的原因，进而提出关于收入分配制度改革的具有可操作性的对策建议，以期改善当前地区居民收入分配状况。

二、主要研究内容

为反映我国不同区域的居民收入分配状况，我们选择以中部地区的代表性省份——湖北省、西部地区的代表性省份——青海省为例，分湖北篇和青海篇，分别对这两个地区的居民收入分配及其差距问题进行区域性研究，主要研究内容如下。

1. 湖北篇：共划分为七章内容，主要研究了湖北省居民收入分配的相关问题。

第一章湖北省居民收入分配宏观分析。我们利用统计数据，按照收入法GDP的构成，主要分析了湖北省劳动者报酬的份额及变化趋势；进一步分析了湖北省城乡、地区以及行业间的居民收入差距。

第二章湖北省居民收入调查统计分析。以我们在湖北省居民收入调查数据为基础，通过对居民收入按照不同属性进行分组，分别统计湖北全省、城市和农村、东中西部地区、不同行业、不同所有制，以及个人受教育程度、健康状况、性别、民族、政治面貌、婚姻状况、职业、职务或职称的人均收入，并进行比较分析，以了解湖北省居民的收入现状。

第三章湖北省居民收入差距度量。我们根据2010年湖北省居民收入调查数据，采用基尼系数测算了湖北全省以及城镇和农村的收入差距，采用基尼系数的分解方法分析了不同收入来源对总收入不平等的贡献，将全部样本分为城、乡两个子样本，采用广义熵指数的分解方法，度量了城乡内部和城乡之间收入不平等对全国收入不平等的贡献。

第四章湖北省居民收入的影响因素分析。我们通过分析不同因素对湖北全省居民、城镇居民以及农村居民收入的影响，研究发现，城市因素对收入回报的影响最大；无论在城市还是农村，拥有党员或领导干部身份等政治资本，能获得较高的收入回报，拥有良好的健康状况和较高的教育水平等人力资本，将获得较高的收入回报，且城市的教育收益率高于农村。城市垄断行业收入高于竞争性行业，就业单位所有制性质不同，对收入回报的影响较大；农村劳动力外出务工为农村家庭带来了较高的收入。

第五章居民收入不平等的分解。通过构建居民收入的决定方程，在回归模型中引入个人禀赋特征因素，同时考虑教育、职业、职务、经验、地区等因素，分析这些因素对收入回报的影响；在此基础上，采用基于回归的分解方法，分析不同因素对居民收入不平等的贡献。

第六章湖北省居民收入倍增问题分析。在对湖北省居民收入现状进行分析的基础上，采用GM（1，1）模型对湖北省城乡居民收入倍增时间点进行了预测，同时提出了实现倍增的问题和困难。

第七章研究结论及政策建议。概括结论，并提出相应的对策建议。

2. 青海篇：共划分为八章内容，具体研究了青海省居民收入分配的相关问题。

第八章青海省情及经济发展现状。主要介绍了青海省情概况，青海"三区"战略与"三个升级版"概念的提出，以及"一带一路"与青海的定位，结合统计数据，分析了青海经济发展现状。

第九章青海省居民收入分配总体状况。利用GDP收入法构成和统计数据，分析了青海省劳动者报酬规模及占比，劳动者报酬与劳动生产率增长情况分析，以形成对青海居民收入分配格局的总体判断。

第十章青海省城乡居民收入分配现状。利用统计数据，分析青海省城乡居民收入分配现状、收入分配差距及变化趋势，以及城乡居民收入增长与经济增长的同步性问题。

第十一章青海省各市州居民收入分配现状。主要分析青海省各市州居民收入分配现状，针对青海省情，分析了民族地区与非民族地区收入分配差距，以及地区居民收入增长与经济增长的同步性。

第十二章青海省行业居民收入分配现状。主要分析青海各类型行业、各类型所有制单位的居民收入分配现状及分配差距。

第十三章青海省居民收入分配影响因素的理论分析。主要从经济发展与产业结构、地区发展不均衡与行业垄断、财政支出与税收政策等理论层面，分析了影响青海居民收入分配的具体原因。

第十四章青海省居民收入分配影响因素的实证分析。主要利用统计数据，以及前述理论分析，从实证层面分析了影响青海居民收入和收入差距的具体因素。

第十五章研究结论及政策建议。概括结论，并提出相应的对策建议。

三、研究思路与方法

根据研究内容的安排，湖北和青海两个省份，总体上都是按照"数据收集—理论研究—现状研究—对策研究”这一基本逻辑思路展开。

在研究过程中，主要采用了比较分析、实证分析、规范分析和社会调查等研究方法。

1. 比较分析。一方面，广泛收集本书研究所需省份的居民收入分配数据资料，以充分掌握该地区的居民收入分配现状；另一方面，将其与其他省份和全国的相关指标数据进行对比分析，以准确把握湖北省在中部六省份和青海省在西北五省份中的位置和差距，以提出更有针对性的措施。

2. 实证分析。通过构建相关实证模型，以统计数据或实地调查数据为依据，分别构建居民收入影响因素和居民收入差距影响因素的决定方程和计量方程，采用回归分析、收入差距的度量与分解等方法进行实证研究，以论证相关假设、理论观点等。

3. 规范分析。主要运用制度经济学、财政学、福利经济学等学科中与收入分配相关的理论，对青海省居民收入分配现状及分配差距做出价值判断。

4. 社会调查。在湖北省的居民收入分配问题研究中，即采取随机抽样问卷、访谈、事件剖析、统计数据收集等手段，广泛收集本书研究所需的数据资料，以充分掌握湖北省居民收入分配的现状。

四、基本观点和创新之处

（一）基本观点

1. 我们认为，影响地区居民收入分配的因素很多，不仅有地区经济发展、财政税收政策、所有制结构、市场结构、地域环境等因素的影响，而且与人力资本、政治资本、职业、个人地位等因素紧密相关。

2. 要推进收入分配制度改革，首先需要了解居民收入分配现状以及收入不平等程度；通过对居民收入的问卷调查，进一步掌握有哪些因素对居民收入产生了重大影响，特别是备受关注的行业垄断、权力等因素对收入分配的影响。国有垄断行业拥有丰富的资源，有着得天独厚的优势，体现在收入分配方面，则表现为垄断行业比竞争性行业获得了更多的劳动报酬。因此，打破垄断是消除垄断造成的不合理行业收入差距的关键。当政治资本作用于个人收入回报时，则可能会使按要素贡献进行分配的原则产生扭曲，从而降低资源配置效率。当干部利用所掌握的权力，并利用国家政策为自己的经济利益服务时，则会因权力寻租和腐败等行为而形成不合理收入，从而导致收入差距扩大。

3. 要提高地区城乡居民收入水平，首先要逐步提高居民劳动者报酬占比，实现劳动者报酬增长与劳动生产率提高同步；推动经济结构转型，优化三次产业结构，并逐步提高服务业比重，创造更多就业岗位，带动劳动者报酬的提高，使职工最低工资增长速度快于 GDP 增长，同时要稳定城乡居民收入增长态势，调整居民收入结构，以促进居民收入与经济增长的同步协调。

4. 缩小城乡、地区、行业、群体间的收入差距，应保持农村居民收入增速高于城镇的态势，同时结合新型城镇化建设，有序推进农业转移人口市民化，通过不断提高农民收入和城镇化率来缩小城乡居民收入差距。建立长效、精准扶贫工作机制，用好财政专项扶贫资金，把提高地区贫困人口生活水平和减少贫困人口数量作为主要政绩考核指标。加强对高收入群体的收入监管力度，控制过高收入，严厉打击非法收入。

5. 建立居民收入动态监测体系。通过在统计部门或劳动与社会保障部门设立专门的居民收入监测机构，会同有关学术机构，设置科学合理的居民收入监测评价指标体系，定期采集地区城乡居民收入数据，及时对居民收入分布、结构特征变化进行评估，披露居民收入的增长变化情况，反映地区社会结构发展动态，为党政领导和相关部门制定经济社会发展政策提供决策参考。

（二）创新之处

1. 研究内容创新。我们从不同视角，采取不同的分组方式，依据个人不同的禀赋特征，采用了多种方法度量了我国居民的收入差距；并根据居民不同收入来源、影响居民收入的不同因素，对收入差距进行了分解，考察了不同因素对收入不平等的贡献。并重点研究了政治资本对收入分配的影响。

2. 规范研究与实证研究相结合的研究方法。以往关于本书内容的研究偏重于规范研究，鲜有大规模的实证调查，本书将两者结合起来，做到了理论和实践的相互支撑。

3. 本书所得出的数据参数、实证研究的结论、理论观点、政策建议，能够为各级政府制定相关政策提供理论与实证参考依据。

第一章 湖北省居民收入分配宏观分析

第一节 引 言

改革开放以来,在我国经济体制由计划经济向市场经济转型的过程中,我国经济快速增长,居民收入不断提高。与此同时,我国的收入分配制度也在探索中不断深化、创新和完善,国民收入分配格局发生了很大的变化,居民收入差距在城乡之间、地区之间、行业之间也在不断扩大。特别是近10年来,劳动者报酬占初次分配收入的比重以及居民可支配收入占国民收入的比重持续下降,居民收入差距不断扩大,行业垄断、权力寻租、收入分配秩序混乱等现象频发;国民收入向政府、资本和垄断行业集中,向城市和少数人集中。这些问题已引起了社会各界的高度关注。

国民收入分配包括初次分配和再分配。国民收入经过初次分配,形成劳动者报酬、生产税净额以及资本所得。劳动者、政府和企业在国民收入中所分享的份额,便构成了国民收入初次分配格局。国民收入再分配是在收入初次分配的基础上,通过经常转移的形式对初次分配总收入进行再次分配。收入再分配的结果形成住户部门、政府部门和企业部门的可支配总收入,各部门的可支配总收入之和等于国民可支配总收入。

国民收入分配格局是指企业、政府、居民等部门的可支配收入在国民收入分配中的比例关系(白重恩、钱震杰,2009),近10年来,我国国民收入分配格局发生了巨大的变化,居民部门的比重逐年下降,而企业和政府部门的占比逐年上升(李扬、殷剑峰,2007)。贝多广和骆峰(2006)对资金流量的发展和应用进行了分析，许宪春（2002）首次利用资金流量表计算了我国1992~1997 年的国民收入在企业、政府和居民间的分配。李稻葵等（2010）认为，初次分配作为一个社会的基础性份额，在很大程度上决定了一个社会最终收入分配的基本格局。

关注国民收入初次分配中劳动份额的变化规律，对研究中国经济当前的形势和未来的走势具有非常现实的意义。李稻葵等（2009）通过分析我国国民收入初次分配中劳动份额的变化趋势及特点，并结合对跨国数据的计量分析，发现在经济的发展过程中，初次分配中劳动份额的变化呈现 U 形变化规律，即在经济发展的初期，劳动份额下降，但在经济发展的后期，劳动份额则不断提高。他们认为初次分配中劳动收入比重 U 形规律的基本原因是经济发展过程中摩擦工资因素，按照中国经济目前发展的态势，未来两年完全有可能出现劳动收入比重上升的趋势。

杨承训（2008）认为，初次分配是分配制度的主体，通过政府进行的再分配只能起一定的调节作用，居于补充的地位，收入分配制度改革的难点在初次分配。因此，要深化收入分配制度改革必须突出初次分配。李扬、殷剑峰（2007）研究发现，居民劳动报酬的相对减少，主要是由于企业部门支付的劳动报酬相对下降，且居民财产收入的下降和从企业获得的劳动报酬的相对减少，表明居民收入中的一个不可忽略的部分被转移为企业部门的利润和政府的收入。徐现祥和王海港（2008）利用我国 1978~2002 年居民在初次分配中的要素所得，采用核密度函数估计各省区的收入分布，加总得到全国的收入分布，进而考察我国初次分配中的收入分布演进。研究发现，两极分化主要是由劳动贡献这个分配标准在产业间的差异造成的，要素贡献的其他差异对我国收入分布的扭曲程度为 2%~15%。

安体富和蒋震（2009）利用 1996~2005 年的资金流量表，计算了我国国民收入初次分配和最终分配的基本格局，发现我国当前的国民收入分配格局是向政府和企业倾斜，居民最终分配比重不断下降。其原因是利润侵蚀了劳动报酬，政府税收收入的快速增长降低了居民收入分配所占比重，居民财产性收入增长微弱和转移性支出制度不完善。刘树杰和王蕴（2009）的分析认为，农民工在非农就业者中的比重大幅提高以及工业化重化阶段资本要素比劳动要素投入的增速更快，是劳动报酬在初次分配中所占比重大幅下降的主要原因。

常兴华和李伟（2009）通过对 1992~2007 年资金流量表的测算发现，在国民收入初次分配格局中，企业所得增长较快，政府所得次之，居民所得增长较慢；在再分配格局中，在考虑了各种制度外收入以及土地出让收入的基础上，发现政府所得份额上升明显，企业在再分配格局中居于弱势地位，居民所得继续呈下降趋势。并认为居民劳动报酬份额不断下降且会在较长时间内延续，居民部门内部收入差距持续扩大。

白重恩和钱震杰（2009）研究发现，1992~2005 年，居民部门收入占全国可支配收入的比重在 1996 年达到最高，此后逐年降低；在初次分配阶段，居民部门收入占比呈下降趋势，而企业和政府部门的收入占比则呈上升趋势；在再分配阶段，居民和企业部门收入占比呈下降趋势，政府部门的收入占比呈上升趋势。李扬和殷剑峰（2007）从收入分配和部门储蓄倾向两个方面对居民、企业和政府等三个部门的储蓄率进行比较分析，发现在 1992~2003 年，居民部门获得的劳动报酬、财产收入和再分配收入均有所下降；通过初次分配和再分配，政府的可支配收入在国民收入的分配中占据了越来越大的份额，并指出在 1992~2003 年，居民在全国可支配收入中比重下降的原因是初次分配阶段劳动收入份额和财产收入比重有所下降。

在本章的研究中，首先回顾了改革开放以来在中国共产党历次代表大会中关于收入分配的制度安排及变迁；其次，以湖北省收入法 GDP 构成为基础，重点分析了湖北省劳动者报酬的变化趋势；最后，对湖北省居民收入的城乡构成、地区差距、行业差距以及不同收入阶层的收入状况进行了分析。

第二节　我国收入分配制度改革回顾

1978 年改革开放以前，中国实行的是计划经济体制，收入分配不平等程度很低，收入分配具有很强的平均主义倾向。改革以前以及改革初期，城市的基尼系数在 0.16 左右，农村的基尼系数略高，大多数的估计为 0.21~0.24（赵人伟，2002）。尽管收入均等化很高，但收入的平均主义思想严重阻碍了按劳分配原则的贯彻执行，平均主义的泛滥必然会破坏社会生产力，从而导致经济增长缓慢和经济效率低下的严重后果。

为了打破平均主义，提高经济效益，推动经济增长，实行差异化的个人收入分配，对经济参与主体实行有效的激励和约束，就必须对我国的收入分配制度进行改革。

关于我国的收入分配制度的变迁，有不少学者对它进行了总结和归纳。刘承礼（2008）针对改革开放以来的实践，总结出公平与效率的组合模式：即经历了克服平均主义倾向，以提高经济效益为中心（1978～1984年）；效率第一、公平第二（1984～1992年）；兼顾效率与公平（1992～1993年）；效率优先、兼顾公平（1993～2006年）；初次分配和再分配都要处理好效率和公平的关系，再分配更加注重公平（2006年至今）五个阶段。

赵人伟（2002）通过对我国收入分配改革的回顾，认为在我国经济转型时期，收入分配应遵循"按劳分配为主体，多种分配方式并存"、"先富带共富"以及"效率优先和兼顾公平"三个原则。谢旭人（2008）、郑新立（2007）对党的十七大以来我国的收入分配制度进行了论述。武力和温锐（2006）的分析表明，新中国收入分配制度和演变主要经历了改革开放以前的生产资料公有化和生活资料占有的平均化，以及改革开放以来的生产资料多样化和生活资料占有的差距扩大两个阶段，并认为，收入的平均程度主要受到中国共产党的经济和社会发展观念、战略、政策发展变化以及不同时期积累与消费关系变动的制约。

改革开放以来，纵观我国改革开放以来收入分配制度的变迁，在收入分配制度上所采取的一系列的改革措施，对调动广大人民群众的劳动积极性，促进了社会生产力的快速发展具有非常重要的意义。根据1978年以来中国共产党历次全国代表大会所形成的重要文件，围绕收入分配原则以及效率与公平，对我国收入分配制度的变迁进行回顾。

一、按劳分配，让一部分人先富起来（1978～1984年）

1978年12月，党的十一届三中全会根据我国农村的收入分配现状，要求"各级经济组织必须认真执行按劳分配的社会主义原则，按照劳动的数量和质量计算报酬，克服平均主义"。随后在农村实行家庭联产承包责任制，打破大锅饭和平均主义的分配方式，从而使农民收入大幅提高，广大农民的劳动积极性也得到了极大提高。

1984年10月，党的十二届三中全会通过的《中共中央关于经济体制改革的决定》指出，要进一步贯彻落实"按劳分配的社会主义原则"，允许和鼓励一部分地区、一部分企业和一部分人依靠勤奋劳动先富起来，并带动越来越多的人走向共同富裕。因此，要实现共同富裕的目标，必须打破平均主义，让一部分人先富起来。企业可以根据经营状况自行决定职工奖金，并采取措施，使企业职工的工资和奖金与企业的经济效益挂钩。在企业内部，要扩大工资差距，拉开档次，以充分体现奖勤罚懒、奖优罚劣，充分体现多劳多得、少劳少得，充分体现脑力劳动和体力劳动、复杂劳动和简单劳动、熟练劳动和非熟练劳动、繁重劳动和非繁重劳动之间的差别。国家机关、事业单位也要改革工资制度，改革的原则是使职工工资同本人肩负的责任和劳绩密切联系起来。

二、以按劳分配为主体，其他分配方式为补充（1987~1992 年）

1987 年 10 月，党的十三大报告《沿着有中国特色的社会主义道路前进》指出，必须坚持"以按劳分配为主体，其他分配方式为补充"的原则，并认为"社会主义初级阶段的分配方式不可能是单一的"。

改革开放以来，在坚持按劳分配的前提下，逐步放松了对其他分配方式的限制，除劳动报酬外，只要合法，就应当允许债权取得债息、股份获得红利、企业经营者获得风险报酬、私营业主获得部分非劳动收入。鼓励善于经营的企业和诚实劳动的个人先富起来，既要合理拉开收入差距，又要防止贫富悬殊，坚持共同富裕的方向，在促进效率提高的前提下体现社会公平。采取有效措施调节过高的个人收入，对于通过采取非法手段牟取暴利的，要依法严厉制裁。

1992 年 10 月党的十四大报告《加快改革开放和现代化建设步伐，夺取有中国特色社会主义事业的更大胜利》指出："在分配制度上，以按劳分配为主体，其他分配方式为补充，兼顾效率与公平。运用包括市场在内的各种调节手段，既鼓励先进，促进效率，合理拉开收入差距，又防止两极分化，逐步实现共同富裕。"

三、以按劳分配为主体、多种分配方式并存（1993 年至今）

改革开放以后所推行的按劳分配制度改革，对打破平均主义，拉开收入分配差距，调动职工的积极性发挥了一定的作用。但是，收入分配制度的根本改革，是在党的十四届三中全会提出建立社会主义市场经济之后。

1993 年 11 月，在党的十四届三中全会通过的《中共中央关于建立社会主义市场经济体制若干问题的决定》中指出，"收入分配要坚持以按劳分配为主体、多种分配方式并存的制度"。在 1997 年 9 月党的十五大、2002 年 11 月党的十六大、2007 年 10 月党的十七大以及 2010 年 10 月党的十七届五中全会上，均提出了"坚持和完善以按劳分配为主体、多种分配方式并存的分配制度"。允许和鼓励资本、技术等生产要素参与收入分配，把按劳分配和按生产要素分配结合起来，确立了劳动、资本、技术和管理等生产要素按贡献参与分配的原则。

在收入分配制度改革中，必须处理好效率与公平的关系。从十四届三中全会首先提出的坚持"效率优先、兼顾公平"，到党的十六大报告提出"初次分配注重效率，再分配注重公平"。特别是党的十七大以及十七届五中全会，进一步明确了"初次分配和再分配都要处理好效率和公平的关系，再分配更加注重公平"，这是进一步处理好效率与公平关系的重大举措。

在此期间，进一步明确了既要反对平均主义，又要防止收入悬殊和两极分化，使收入差距趋于合理。允许和鼓励一部分人通过诚实劳动和合法经营先富起来，提倡先富带动和帮助后富，扩大中等收入者比重，着力提高低收入者的收入水平，逐步实现共同富裕。对于不是通过诚实劳动和合法经营，而是通过侵吞共有财产和偷税逃税、权钱交易等非法手段所牟取的非法收入和利益要坚决取缔，并依法惩处。

在党的十七大及十七届五中全会的报告中，针对当前居民收入占比以及劳动报酬占比逐年下降的现实，提出了要"提高居民收入在国民收入分配中的比重，提高劳动报酬在初次分配中的比重"，要创造条件增加居民财产性收入。并要合理调整和规范国家、企业和个人三者之间的分配关系。在再分配领域，提出了要进一步加强政府对收入分配的调节职能，加强税收对收入分配的调节作用，完善个人所得税制，扩大转移支付，有效调节过高收入。要打破经营垄断，特别是对凭借行业垄断和某些特殊条件所获得的个人额外收入，必须纠正。针对收入分配秩序的不规范，提出了要规范和整顿分配秩序，保护合法收入，合理并有效调节少数垄断性行业的过高收入，取缔非法收入。逐步并努力扭转城乡、区域、行业和社会成员之间收入差距扩大的趋势。

党的十八大报告进一步提出，2020年实现国内生产总值和城乡居民人均收入比2010年翻一番，以确保到2020年实现全面建成小康社会的宏伟目标。十八届三中全会提出要形成合理有序的收入分配格局。着重保护劳动所得，努力实现劳动报酬增长和劳动生产率提高同步，提高劳动报酬在初次分配中的比重。完善以税收、社会保障、转移支付为主要手段的再分配调节机制，加大税收调节力度。努力缩小城乡、区域、行业收入分配差距，逐步形成橄榄形分配格局。

十八届五中全会进一步重申，要缩小收入差距。坚持居民收入增长和经济增长同步、劳动报酬提高和劳动生产率提高同步，持续增加城乡居民收入。调整国民收入分配格局，规范初次分配，加大再分配调节力度。实行有利于缩小收入差距的政策，明显增加低收入劳动者收入，扩大中等收入者比重。加快建立综合和分类相结合的个人所得税制。多渠道增加居民财产性收入。规范收入分配秩序，保护合法收入，规范隐性收入，遏制以权力、行政垄断等非市场因素获取收入，取缔非法收入。

四、我国收入分配制度改革的评价

我国的收入分配制度改革是经济体制改革的重要组成部分，并伴随着经济体制改革的深入而逐步展开。从 1978 年至今，我国的收入分配制度改革经历不断探索和创新，并逐渐趋于完善的历程。

改革开放以来，我国的收入分配由单一的按劳分配到以按劳分配为主体，其他分配方式为补充，再到以按劳分配为主体，多种分配方式并存的转变，确立了劳动、资本、技术、管理等生产要素按贡献参与分配的收入分配制度。

在收入分配制度改革的过程中，进一步明确了效率与公平的关系，从效率优先，兼顾公平；到初次分配注重效率，再分配注重公平；再到初次分配和再分配都要处理好效率和公平的关系，再分配更加注重公平。允许和鼓励一部分人通过诚实劳动和合法经营先富起来，着力提高低收入者的收入水平，并逐步实现共同富裕。

这一系列关于收入分配制度的改革，是与我国的经济体制改革相适应的，也是发展我国经济的必然选择。通过对收入分配制度的改革，从根本上打破了平均主义，调动了广大人民群众的劳动积极性，城乡居民收入不断提高，生活水平和生活质量得到了很大的改善和提高，优化了资源配置效益，提高了经济效益，促进了我国经济的快速增长。

第三节　湖北省劳动者报酬分析

一、湖北省 GDP 规模及增速分析

为了准确全面地分析湖北省国民收入分配格局和居民收入分配格局，首先分析影响收入分配的经济基础，即湖北省 GDP 的规模与增速的变化，并与中部地区其他五省进行对比，以分析湖北经济发展水平和所处的位置。表 1 - 1 报告了 2000 ~ 2013 年全国和中部各省的 GDP 规模。

表1—1　　2000～2013年湖北省与中部地区GDP规模比较

单位：亿元

年份	湖北省	山西省	安徽省	江西省	河南省	湖南省	中部平均	湖北省在中部地区的排名	全国	湖北省在全国中的排名
2000	3545.39	1845.72	2902.09	2003.07	5052.99	3551.49	3150.13	3	98000.50	12
2001	3880.53	2029.53	3246.71	2175.68	5533.01	3831.90	3449.56	3	108068.20	11
2002	4212.82	2324.80	3519.72	2450.48	6035.48	4151.54	3782.47	3	119095.70	12
2003	4757.45	2855.23	3923.10	2807.41	6867.70	4659.99	4311.81	2	134977.00	12
2004	5633.24	3571.37	4759.32	3456.70	8553.79	5641.94	5269.39	2	159453.60	13
2005	6590.19	4179.52	5375.12	4056.76	10587.42	6511.34	6216.73	2	183617.40	12
2006	7617.47	4878.61	6112.50	4820.53	12362.79	7688.67	7246.76	2	215904.40	12
2007	9333.40	6024.45	7360.92	5800.25	15012.46	9439.60	8828.51	2	266422.00	12
2008	11328.92	7315.40	8851.66	6971.05	18018.53	11555.00	10673.43	2	316030.30	11
2009	12961.10	7358.31	10062.82	7655.18	19480.46	13059.69	11762.93	2	340320.00	11
2010	15967.61	9200.86	12359.33	9451.26	23092.36	16037.96	14351.56	2	399759.50	11
2011	19632.26	11237.55	15300.65	11702.82	26931.03	19669.56	17412.31	2	472115.00	10
2012	22250.45	12112.83	17212.05	12948.88	29599.31	22154.23	19379.63	2	519322.00	9
2013	24668.49	12602.00	19039.00	14339.00	32156.00	24502.00	21217.75	2	568845.00	9
年均增长率（%）	11.97	11.86	11.92	11.84	12.01	11.72	11.86		9.97	
2013/2000	4.35	4.29	4.32	4.28	4.37	4.22	4.29		3.44	

资料来源：根据相关年份《中国统计年鉴》并计算得到。

从表 1 - 1 可以看出，湖北省 GDP 由 2000 年的 3545.39 亿元提高到 2013 年的 24668.49 亿元，13 年间的 GDP 规模均高于中部地区平均水平，在中部六省的排名从 2003 年开始稳定在第 2 位，仅次于河南省；在全国的排名也从 2000 年的第 12 位上升至 2010 年的第 11 位，2011 年已经上升到第 10 位，2012～2013 年，更是稳定在第 9 位。从增长率来看，湖北省 GDP 的实际增长率（扣除价格因素，下同）在 2006 年之前低于中部地区的实际平均增长率，从 2007 年开始，超过了中部地区的实际平均增长率；除 2003 年之外，湖北 GDP 的实际增长率也均高于全国平均水平。2000～2013 年，湖北省 GDP 年均实际增长率 11.97%，这一增速既高于全国的平均增速，也高于中部其他五省的增速，排名中部六省之首，特别是在 2007 年之后一直保持了较高的增长势头，增速一直高于全国平均水平和中部地区平均水平其中，2011 年增速为 13.8%，2012 年为 11.3%，2013 年为 10.1%（见图 1 - 1）。

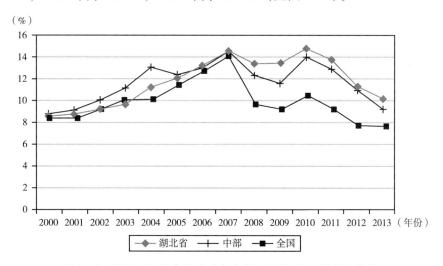

图 1 - 1　2000～2013 年湖北省与中部、全国 GDP 增长率比较

从实际增长倍数（扣除价格因素，下同）来看，湖北省 2013 年 GDP 是 2000 年的 4.35 倍，高于全国和中部其他五省，实际上，中部六省 GDP 基本上都增长了 3 倍以上；而从实际 GDP 倍增的时间来看，相对于 2000 年，湖北省在 2007 年已经实现了倍增目标，山西省在 2006 年实现，其他中部省份和全国也于 2007 年实现了倍增目标。

二、湖北省劳动者报酬规模分析

在我国国民收入核算体系中，国民收入按要素被分为劳动者报酬、生产税净额、固定资产折旧和营业盈余四类。为了分析收入法 GDP 的构成，按收入法汇总各省市区国内生产总值，得到全国的国内生产总值，并计算劳动者报酬、生产税净额、固定资产折旧和营业盈余占 GDP 的比重及其变化趋势。

从初次分配的统计定义出发，各省区收入法 GDP 的计算公式为：

$$GDP = 劳动者报酬 + 生产税净额 + 固定资产折旧 + 营业盈余$$

上式中，劳动者报酬是指劳动者因从事生产活动所获得的全部报酬；生产税净额是指生产税减生产补贴后的余额，是政府所得；固定资产折旧是指一定时期内为弥补固定资产损耗，按照规定的固定资产折旧率提取的固定资产折旧，或按国民经济核算统一规定的折旧率虚拟计算的固定资产折旧；营业盈余是指常住单位创造的增加值扣除劳动者报酬、生产税净额和固定资产折旧后的余额。固定资产折旧和营业盈余为资本的报酬。我们利用收入法 GDP 构成进行分析，如表 1 - 2 所示。

表 1 - 2　　　　　2000 ~ 2012 年湖北省收入法 GDP 及其构成　　　单位：亿元

年份	GDP	劳动者报酬		生产税净额		固定资产折旧与营业盈余	
		规模	比重（%）	规模	比重（%）	规模	比重（%）
2000	3545.39	2169.86	61.20	509.56	14.37	865.97	24.43
2001	3880.53	2340.00	60.30	521.62	13.44	1018.91	26.26
2002	4212.82	2563.02	60.84	559.93	13.29	1089.87	25.87
2003	4757.45	2661.81	55.95	748.13	15.73	1347.48	28.32
2004	5633.24	2518.21	44.71	764.57	13.57	2350.46	41.72
2005	6590.19	2962.90	44.96	982.09	14.90	2645.20	40.14
2006	7617.47	3200.80	42.02	1099.07	14.43	3317.60	43.55
2007	9333.40	3839.07	41.13	1474.60	15.80	4019.73	43.07

续表

年份	GDP	劳动者报酬		生产税净额		固定资产折旧与营业盈余	
		规模	比重（%）	规模	比重（%）	规模	比重（%）
2008	11328.92	5794.91	51.15	1550.37	13.69	3983.64	35.16
2009	12961.10	6199.16	47.83	1835.04	14.16	4926.90	38.01
2010	15967.61	6787.87	42.51	2283.20	14.30	6896.54	43.19
2011	19632.26	9432.57	48.05	2676.10	13.63	7523.59	38.32
2012	22250.45	10814.15	48.60	3161.57	14.21	8274.73	37.19
平均占比（%）			47.90		14.43		37.67
年增长率（%）	12.04	8.03		11.98		18.61	
2012/2000	3.12	2.17		3.10		5.51	

资料来源：历年《中国统计年鉴》，经计算整理得到。

　　表1-2的结果表明，湖北省劳动者报酬由2000年的2169.86亿元提高到2012年①的10814.15亿元，年均实际增长率8.03%，2012年是2000年的2.17倍；劳动者报酬占GDP的比重从2000年的61.20%呈逐年下降趋势，到2007年的最低点41.13%，下降了近20.07个百分点，在2012年劳动者报酬占比有所上升，达到了48.60%。政府所得即生产税净额年均实际增长率为11.98%，2012年是2000年的3.10倍，占GDP的比重从2000年的14.37%上升到2003年的最高点15.73%，之后下降到2012年的14.21%；企业所得即资本的报酬（包括固定资产折旧和营业盈余）年均实际增长率18.61%，2012年是2000年的5.51倍，占GDP的比重由2000年的24.43%上升到2006年的最高点43.55%，随后呈下降趋势，2012年为37.19%。2000～2012年，湖北省劳动者报酬、政府所得和企业所得占GDP的平均比重分别为47.90%、14.43%和37.67%。图1-2清晰地显示了2000～2012年居民、政府和企业在初次分配中所得占GDP比重的变化趋势。

　　从图1-2可以得出的判断是：湖北省劳动者报酬年均增长率相对较低，

---

　　① 由于2013年相关统计数据暂未公布，无法获得所需数据，这里仅分析2000～2012年的变动情况，下同。

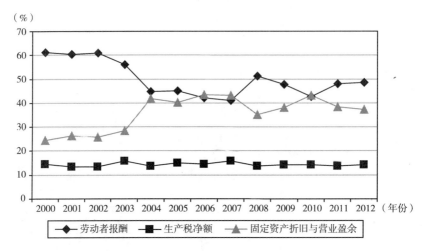

图1-2 2000~2012年湖北省收入法 GDP 构成变化趋势

不仅低于 GDP 增速，也远远低于政府所得和企业所得的增速，政府所得基本保持稳定，企业所得呈上升趋势，而居民所得占 GDP 的比重总体呈下降趋势，2011 年开始略有回升，但不够稳定。

三、湖北省劳动者报酬增长与劳动生产率提高的同步性分析

劳动者报酬增长与劳动生产率提高不同步是我国经济结构失衡的重要原因，要使经济从失衡走向平衡，本质上就是要弥合劳动生产率提高和劳动报酬增长之间的差距，实现劳动报酬增长与劳动生产率提高的同步。表1-3 报告了湖北省劳动者报酬与劳动生产率的变化趋势。从表1-3 的数据可知，2000~2012 年人均劳动者报酬由 6410.41 元增长到 29330.49 元，年均实际增长率为 8.38%；第一产业劳动生产率的实际增长率为 6.88%，第二产业为 9.57%，第三产业为 8.98%，全员劳动生产率年均增长率为 9.26%。这表明湖北省劳动者报酬增长率低于第二、第三产业和全员劳动生产率的增长率。

图1-3 报告了湖北省人均劳动者报酬与全员劳动生产率的增速的变化趋势，可以看出劳动者报酬增长率波动较为明显，而全员劳动生产率增长率变化则较为平稳，两者的同步性还不够一致，但在 2012 年开始出现趋同迹象，这也说明劳动者报酬的提高与稳定还有很大的空间。

表1-3 2000~2012年湖北省劳动者报酬与劳动生产率变化

年份	劳动者报酬		第一产业劳动生产率		第二产业劳动生产率		第三产业劳动生产率		全产业实际增长率（%）
	人均报酬（元）	实际增长率（%）	人均增加值（元）	实际增长率（%）	人均增加值（元）	实际增长率（%）	人均增加值（元）	实际增长率（%）	
2000	6410.41	—	4075.44	—	30234.91	—	14094.19	—	—
2001	6853.13	6.33	4223.12	3.07	32734.30	7.68	15499.67	9.38	7.81
2002	7444.15	9.28	4278.11	1.91	34740.09	6.77	16777.87	8.90	7.04
2003	7657.68	-0.06	4770.09	8.33	36213.58	1.27	18357.20	6.30	3.40
2004	7180.52	-11.94	6097.73	20.06	41575.32	7.82	20701.38	5.91	8.33
2005	8376.87	11.79	6340.37	-0.37	38267.17	-11.80	23475.77	8.66	-3.68
2006	8980.92	5.00	6729.27	3.94	45927.91	17.54	26325.97	9.82	13.81
2007	10711.69	11.56	8384.21	16.53	55319.42	12.66	31676.87	12.54	12.96
2008	16065.73	40.12	10422.09	16.13	67955.56	14.77	39247.78	15.75	15.22
2009	17115.30	5.69	11254.77	7.13	80225.63	17.12	42314.26	6.96	13.07
2010	18622.41	1.39	12695.88	5.12	102883.93	19.50	49153.10	8.25	15.03
2011	25687.83	27.71	15310.77	11.65	127331.15	14.58	58932.35	11.00	13.31
2012	29330.49	12.13	17382.21	11.49	143173.62	10.42	64831.74	8.03	9.82
增长率（%）		8.38		6.88		9.57		8.98	9.26

资料来源：历年《湖北统计年鉴》和湖北省历年国民经济和社会发展统计公报，经计算整理得到。其中，人均报酬为劳动者报酬总额除以全社会从业人员总数得到，各产业劳动生产率的历年人均增加值分别用历年各产业增加值除以各产业相应年份从业人员数量得到。

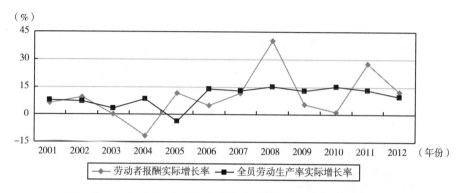

图 1-3　2000~2012 年湖北省劳动者报酬与劳动生产率的增速比较

第四节　湖北省居民收入宏观统计分析

一、湖北省城镇居民收入现状分析

1. 城镇居民收入逐年提高。改革开放以来,湖北省城乡居民收入有了显著提高。城镇居民收入不断提高,增速较快。表 1-4 清晰地显示了城镇居民人均可支配收入的规模和增速。

表 1-4　　　2000~2013 年湖北省城镇居民人均可支配收入规模与增速

年份	湖北省		中部地区平均		全国平均	
	规模(元)	增长率(%)	规模(元)	增长率(%)	规模(元)	增长率(%)
2000	5524.50	—	5271.79	—	6280.00	—
2001	5856.00	5.58	5744.98	9.24	6859.60	8.47
2002	6789.00	16.87	6432.56	13.08	7702.80	13.43
2003	7322.00	5.12	7101.13	8.61	8472.20	9.01
2004	8022.80	4.85	7886.52	6.49	9421.60	7.65
2005	8786.00	6.63	8830.37	10.00	10493.00	9.62
2006	9803.00	10.03	9911.30	10.75	11759.50	10.41
2007	11485.00	11.90	11624.30	11.86	13785.80	12.18
2008	13153.00	8.55	13196.85	7.00	15780.80	8.40
2009	14367.00	10.00	14321.12	9.41	17174.70	9.82
2010	16058.40	8.73	15911.89	7.84	19109.40	7.82

年份	湖北省		中部地区平均		全国平均	
	规模（元）	增长率（%）	规模（元）	增长率（%）	规模（元）	增长率（%）
2011	18373.87	8.45	18272.93	9.03	21809.80	8.39
2012	20839.59	10.33	20649.54	10.28	24565.00	9.67
2013	22906.42	9.90	23579.65	9.52	26955.00	9.70
年均增长率（%）		8.73		9.51		9.36
2013/2000	2.97		3.26		3.20	

资料来源：根据历年《中国统计年鉴》以及历年《湖北统计年鉴》计算得到。

湖北省城镇居民人均可支配收入从 2000 年的 5524.50 元上升到 2013 年的
22906.42 元，年均实际增长率为 8.73%，增长了 1.97 倍；中部六省从 2000
年的 5271.79 元上升到 2013 年的 23579.65 元，年均增长率 9.51%，增长了
2.26 倍；全国从 2000 年的 6280.00 元上升到 2013 年的 26955.00 元，年均增
长率 9.36%，增长了 2.20 倍。从增速来看，2000~2010 年，湖北省城镇居民
人均可支配收入低于全国平均水平，从 2004 年开始低于中部地区的平均水平，
并且湖北省城镇居民收入实际增长率和增长倍数也均低于中部地区和全国的平
均水平，这个结果表明与湖北省在中国的经济地位不相适应，同时也表明需要
进一步提高城镇居民的可支配收入。而在之后的 2011~2013 年，湖北省城镇
居民人均实际可支配收入的增速较快，到 2011 年已超过全国平均增速，2012
年开始也已高于中部地区平均增速，见图 1-4。

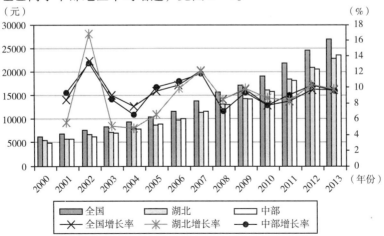

图 1-4　2000~2013 年湖北省城镇居民人均可支配收入规模与增速比较

具体中部六省的排名来看，湖北省城镇居民实际人均可支配收入的排名从2000年的第2位持续下滑到2006年的第4位，之后除了2010年外，各年均维持在第3位，见表1-5。从中部各省城镇居民人均实际可支配收入实现倍增的时间来看，相对于2000年，山西、安徽、江西和河南四省均在2007年实现，而湖北和湖南两省直到2009年才实现倍增，甚至晚于全国城镇居民收入实现倍增的2008年。

表1-5　　　　2000~2013年中部六省城镇居民人均可支配收入规模　　单位：元

年份	湖北	山西	安徽	江西	河南	湖南	湖北排名
2000	5524.50	4724.11	5293.55	5103.58	4766.26	6218.73	2
2001	5856.00	5391.05	5668.80	5506.02	5267.42	6780.56	2
2002	6789.00	6234.36	6032.40	6335.64	6245.40	6958.56	2
2003	7322.00	7005.03	6778.03	6901.42	6926.12	7674.20	2
2004	8022.80	7902.86	7511.43	7559.64	7704.90	8617.48	2
2005	8786.00	8913.91	8470.68	8619.66	8667.97	9523.97	3
2006	9803.00	10027.70	9771.05	9551.12	9810.26	10504.67	4
2007	11485.00	11564.95	11473.58	11451.69	11477.05	12293.54	3
2008	13153.00	13119.05	12990.35	12866.44	13231.11	13821.16	3
2009	14367.00	13996.55	14085.74	14021.54	14371.56	15084.31	3
2010	16058.40	15647.66	15788.17	15481.12	15930.26	16565.70	2
2011	18373.87	18123.87	18606.13	17494.87	18194.80	18844.05	3
2012	20839.59	20411.71	21024.21	19860.36	20442.62	21318.76	3
2013	22906.42	22456.00	27980.00	21873.00	22398.03	23414.00	3
增长率（%）	8.73	10.12	11.09	9.39	9.64	8.12	
2013/2000	2.97	3.50	3.92	3.21	3.31	2.76	

资料来源：根据历年《中国统计年鉴》计算得到。

2. 城镇居民收入结构趋于多元，增速不一。湖北城镇居民人均总收入由工资性收入、家庭经营纯收入、财产性收入以及转移性收入构成。表1-6和图1-5分别报告了2000~2013年湖北省城镇居民实际人均总收入的构成。

表 1-6 2000~2013 年湖北省城镇居民人均总收入构成

年份	总收入(元)	构成(元)				占比(%)			
		工资性收入	家庭经营纯收入	财产性收入	转移性收入	工资性收入	家庭经营纯收入	财产性收入	转移性收入
2000	5542.60	4046.85	297.13	136.26	1062.36	73.01	5.36	2.46	19.17
2001	5888.71	4359.55	322.23	116.43	1090.51	74.03	5.47	1.98	18.52
2002	7142.20	5278.20	179.40	96.00	1588.60	73.90	2.51	1.34	22.24
2003	7745.80	5847.70	238.60	85.00	1574.50	75.50	3.08	1.10	20.33
2004	8522.10	6390.80	291.90	122.70	1716.70	74.99	3.43	1.44	20.14
2005	9395.10	6576.90	419.70	112.30	2286.10	70.00	4.47	1.20	24.33
2006	10533.30	7573.60	486.90	122.80	2350.10	71.90	4.62	1.17	22.31
2007	12382.90	8809.80	602.20	217.90	2753.10	71.14	4.86	1.76	22.23
2008	14174.30	9474.80	1114.70	244.10	3340.70	66.84	7.86	1.72	23.57
2009	15698.10	10331.50	1232.30	296.60	3837.70	65.81	7.85	1.89	24.45
2010	17572.80	11460.50	1391.80	378.30	4342.20	65.22	7.92	2.15	24.71
2011	20193.30	12622.40	1906.70	357.20	5307.00	62.51	9.44	1.77	26.28
2012	22903.90	14191.00	2158.30	476.20	6078.30	61.96	9.42	2.08	26.54
2013	25180.49	15571.83	2340.01	535.76	6732.89	61.84	9.29	2.13	26.74
年均增长率(%)	9.50	8.11	14.23	8.29	12.34	69.19	6.11	1.73	22.97
2013/2000	3.25	2.76	5.64	2.82	4.54				

资料来源：根据《湖北统计年鉴》和《中国统计年鉴》相关年份计算得到。由于统计口径变化，湖北省 2000 年和 2001 年的工资性收入和经营净收入依据 2002~2010 年的平均比例推算得到。

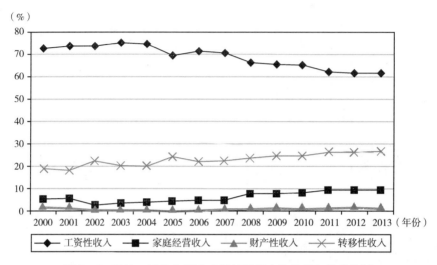

（%）

图 1 - 5　2000～2013 年湖北省城镇居民人均总收入构成比例

　　表 1 - 6 和图 1 - 5 的数据显示，湖北省城镇居民实际人均总收入由 2000 年的 5542.60 元提高到 2013 年的 25180.49 元，年均实际增长 9.50%。根据收入构成分析，工资性收入是城镇居民最主要的收入来源，由 2000 年的 4046.85 元上升到 2012 年的 15571.83 元，年均实际增长为 8.11%，但其占总收入比重呈逐年下降趋势，从 2000 年的 73.01% 逐年下降到 2013 年的 61.84%，下降了 11.17 个百分点；第二大收入来源为转移性收入，由 2000 年的 1062.36 元上升到 2013 年的 6732.89 元，年均增长率为 12.34%，占总收入比重由 2000 年的 19.17% 提高到 2013 年的 26.74%，增加了 7.57 个百分点；尽管家庭经营纯收入和财产性收入占总收入的比重较小，2000～2013 年平均分别为 6.11% 和 1.73%，但家庭经营纯收入的增长速度最快。

　　与全国城镇的平均水平相对比，发现各项所占比重基本一致；但湖北省城镇居民人均总收入的增长率低于全国平均水平，除转移性收入增速高于全国平均水平以外，工资性收入、家庭经营纯收入和财产性收入增速均低于全国平均水平，而家庭经营纯收入和财产性收入的增速差距较大，有进一步提高的空间；从 2000～2013 年的倍增情况来看，相对于 2000 年，全国和湖北省各项收入均已实现倍增，全国倍增实现时间最晚的是工资性收入，最早的是家庭经营纯收入；而湖北省转移性收入于 2007 年实现倍增，家庭经营纯收入于 2008 年实现倍增，工资性收入于 2009 年实现倍增，财产性收入于 2010 年实现倍增。

3. 湖北城镇居民各收入组收入差距开始回落。城镇居民分组人均可支配收入的分布情况可以反映居民收入的分配情况，表1-7报告了湖北省城镇居民2000～2012年各收入组家庭人均可支配收入情况。

表1-7　　　　　2000～2012年湖北省城镇居民分组人均可支配收入　　　单位：元

年份	最低收入户	低收入户	中等偏下户	中等收入户	中等偏上户	高收入户	最高收入户	最高收入/最低收入
2000	2315.50	3216.50	4096.80	5159.80	6516.30	8291.60	11658.80	5.04
2001	2430.60	3333.80	4301.10	5418.10	6937.70	8893.10	12641.60	5.20
2002	1948.20	3250.00	4484.40	6112.50	8011.40	10464.00	17668.20	9.07
2003	2196.60	3627.50	4939.20	6648.30	8606.60	11274.20	18155.80	8.27
2004	3014.40	4446.60	5783.40	7520.90	9581.00	11964.90	17114.70	5.68
2005	3186.20	4747.70	6332.40	8152.80	10622.60	13384.90	19112.60	6.00
2006	3560.91	5120.50	6768.61	9026.96	11766.99	15064.38	22302.09	6.26
2007	4410.01	6560.19	8829.24	11408.82	15074.44	19512.12	27989.44	6.35
2008	4614.00	6603.00	8784.00	11689.00	15611.00	21116.00	32478.00	7.04
2009	5002.12	7181.57	9430.35	12576.54	16967.64	22309.51	37761.88	7.55
2010	5282.41	8007.27	10578.24	13856.35	18576.45	24550.19	44538.78	8.43
2011	6353.10	9609.62	12589.17	16676.38	21747.22	28076.68	43624.46	4.54
2012	7416.29	11122.68	14835.79	19098.59	24805.02	31674.64	47833.34	4.30
年均增长率（%）	7.40	8.09	8.50	8.70	8.96	8.99	9.64	
2012/2000	2.24	2.45	2.54	2.59	2.63	2.62	2.78	

资料来源：根据《湖北统计年鉴》相关年份计算得到。

从表1-7可以看出，2000～2012年，收入越高，其增长速度也越快，且高收入户与低收入户的差距不断扩大。其中，最低收入户人均可支配收入从2000年的2315.50元上升到2012年的7416.29元，实际增长了1.24倍，年均增长率为7.40%，比最高收入户的年均增长率9.64%，低2.24个百分点；最高收入户人均可支配收入从2000年的11658.80元上升到2010年的47833.24元，实际增长了1.78倍。2000年，最高收入户人均收入是最低收入户的5.04倍，到2010年，达到了8.43倍，之后的2011～2012年，最高收入户与最低收入户的收入差距有明显回落趋势。从实际倍增的情况来看，相对于 2000 年，最低收入户和低收入户直到 2011 年才实现倍增；中等偏下户和中等收入户于 2010 年实现；中等偏上户于 2009 年实现；高收入户和最高收入户于 2007 年已经实现。这也说明收入户收入越高，增速越快，实现倍增的时间也越早。

表 1-8 报告了湖北省城镇居民各收入组占可支配总收入的比重。表 1-8 的结果表明，收入最低的 10% 人口的收入占总收入的比重从 2000 年的 4.70% 下降到 2010 年的 3.94%，又反弹至 2012 年的 4.52%，而收入最高的 10% 人口的收入占总收入的比重从 2000 年的 18.28% 上升到 2010 年的 22.89%，又回落至 2012 年的 19.38%。城镇居民基尼系数从 2000 年的 0.243 上升到 2010 年的 0.314，随后降至 2012 年的 0.236。从 2000~2010 年各组所占比重的变化趋势来看，高收入户和最高收入户的比重呈上升趋势，其他各组的比重呈下降趋势；2011~2012 年，高收入组的收入占比有所下降，中等收入组和低收入组的占比有所提高，基尼系数也呈现出较为显著的下降趋势，这也说明调控高收入者的收入对于缩小收入分配差距的重要性。

表 1-8　　2000~2012 年湖北省城镇居民各收入组占可支配总收入的比重　　单位：元

年份	最低收入户	低收入户	中等偏下户	中等收入户	中等偏上户	高收入户	最高收入户	基尼系数
2000	4.70	6.16	15.40	19.03	22.91	13.53	18.28	0.243
2001	4.64	6.01	15.22	18.82	22.97	13.66	18.67	0.249
2002	3.15	5.22	13.89	18.05	22.81	14.19	22.69	0.312
2003	3.39	5.27	14.10	18.64	22.99	13.97	21.63	0.299
2004	4.14	6.02	14.75	19.12	23.25	14.07	18.65	0.255
2005	4.12	6.08	15.34	19.31	23.35	14.04	17.77	0.261
2006	4.23	5.84	14.98	19.03	22.42	14.51	18.99	0.275
2007	4.28	5.97	15.43	18.51	22.78	14.30	18.72	0.274
2008	4.14	5.71	14.46	18.07	23.09	14.66	19.87	0.295
2009	4.22	5.60	14.40	17.84	22.38	14.23	21.34	0.304
2010	3.94	5.76	14.43	17.56	21.50	13.91	22.89	0.314
2011	4.28	6.18	14.60	18.52	22.51	14.24	19.67	0.285
2012	4.52	6.05	15.49	18.38	22.61	13.57	19.38	0.236

资料来源：根据《湖北统计年鉴》相关年份计算得到。

4. 湖北省各地区城镇居民收入差距持续拉大。分地区的城镇居民人均可支配收入可以反映地区收入差异，由于统计年鉴中 2000 ~ 2005 年湖北省各地区的数据缺失，这里仅以 2006 ~ 2012 年的数据进行分析。在湖北省 17 个市区中，武汉市城镇居民人均可支配收入最高，其人均可支配收入由 2006 年的 12359.98 元上升到 2012 年的 27061.00 元，年均实际增长率为 10.19%；神农架林区的人均可支配收入最低，2012 年仅为 13567.00 元，年均实际增长率为 8.53%。从实际增长速度来看，黄冈市年均实际增长率最高，为 11.91%，其次为随州市和武汉市，均实现两位数增长，同时，这三个地区也最接近于倍增目标的实现；而荆门市年均实际增长率最低，仅为 7.45%，其次为咸宁市和襄阳市，实际增长率均不到 8.00%，距离实现倍增目标差距还较大。此外，在 17 个市区中，收入最高市区与收入最低市区的城镇居民人均可支配收入之比由 2006 年的 1.82 倍上升到 2012 年的 1.99 倍，呈逐年拉大趋势，具体见表 1 - 9。

表 1 - 9　　　　2006 ~ 2012 年湖北各地区城镇居民人均可支配收入　　　单位：元

地区	2006 年	2007 年	2008 年	2009 年	2010 年	2011 年	2012 年	增长率（%）
武汉	12359.98	14358.00	16712.44	18389.00	20806.00	23738.00	27061.00	10.19
黄石	9472.00	11151.00	12734.00	13119.00	14665.00	17003.00	19417.00	8.99
十堰	7718.00	8833.00	10535.00	11376.00	12652.50	14172.00	16011.00	9.21
宜昌	8926.00	10241.00	11733.00	12843.00	14282.00	16451.00	18775.00	9.46
襄阳	9117.00	10912.18	12292.00	13409.00	13333.00	15352.00	17532.00	7.84
鄂州	9012.92	10827.00	12243.75	13408.00	14788.00	17008.00	19306.60	9.79
荆门	9392.00	11075.00	12690.00	13857.00	15272.00	15526.00	17678.00	7.45
孝感	8635.00	10877.00	12271.00	12507.00	13796.00	15888.00	18091.00	9.39
荆州	8718.00	10840.00	12195.00	13304.00	14708.00	16513.00	17010.00	8.10
黄冈	6981.00	8314.00	9952.00	11336.00	12832.00	14731.00	16765.39	11.91
咸宁	8807.00	9991.00	11529.00	11626.00	12968.00	14875.00	16913.00	7.81
随州	8155.00	10025.00	11592.00	13461.00	15280.00	16960.00	18171.00	10.52
恩施州	7592.00	8274.00	9446.00	10307.00	11406.00	13174.00	15058.00	8.39
仙桃	8266.00	9663.37	10761.00	11783.00	13021.00	15052.00	17280.00	9.35
天门	7914.00	9325.00	10448.00	11243.00	13879.00	13886.00	15685.00	8.38

地区	2006 年	2007 年	2008 年	2009 年	2010 年	2011 年	2012 年	增长率（%）
潜江	8735.00	10185.00	11426.00	12571.00	12210.00	15561.00	17450.85	8.52
神农架	6787.00	8011.00	9164.00	10116.00	11146.00	12312.00	13567.00	8.53
高低收入比	1.82	1.79	1.82	1.82	1.87	1.93	1.99	

资料来源：武汉城市圈的城镇居民人均可支配收入数据来自《湖北统计年鉴》相关年份，非武汉城市圈的数据来自湖北省统计局网站市州相关年份的统计公报。

二、湖北省农村居民收入现状

1. 湖北省农村居民收入增速加快，排名提升。从农村居民人均纯收入规模来分析，2000～2013 年，湖北省从 2268.50 元上升到 8866.95 元，年均实际增长率为 7.70%，增长了 1.62 倍；中部六省从 2071.16 元上升到 8866.45 元，年均实际增长率为 8.50%，增长了 1.89 倍；全国从 2253.40 元上升到 8896.00 元，年均实际增长率为 8.12%，增长了 1.76 倍，具体见表 1-10、图 1-6。

表 1-10　　　　2000～2013 年湖北农村居民人均纯收入规模比较

年份	湖北省		中部地区平均		全国平均	
	规模（元）	增长率（%）	规模（元）	增长率（%）	规模（元）	增长率（%）
2000	2268.50	—	2071.16	—	2253.40	—
2001	2352.16	3.90	2159.53	4.15	2366.40	4.18
2002	2444.06	3.08	2271.93	5.56	2475.60	5.03
2003	2566.76	3.67	2369.92	2.28	2622.20	4.25
2004	2890.01	6.42	2692.77	8.22	2936.40	6.85
2005	3099.05	3.81	2958.01	7.00	3254.90	8.46
2006	3419.35	8.27	3279.92	9.21	3587.00	8.57
2007	3997.48	11.23	3836.65	10.72	4140.40	9.51
2008	4656.38	8.46	4436.67	7.89	4760.60	7.96
2009	5035.26	8.14	4762.45	7.38	5153.20	8.57
2010	5832.27	12.35	5464.66	11.08	5919.00	10.87

续表

年份	湖北省		中部地区平均		全国平均	
	规模（元）	增长率（%）	规模（元）	增长率（%）	规模（元）	增长率（%）
2011	6897.92	11.26	6465.71	11.81	6977.30	11.42
2012	7851.71	10.51	7360.56	11.06	7917.00	10.70
2013	8866.95	12.90	8866.45	12.50	8896.00	12.40
年均增长率（%）		7.70		8.50		8.12
2013/2000	2.62		2.89		2.76	

资料来源：根据历年《中国统计年鉴》以及历年《湖北统计年鉴》计算得到，2013 年数据来自统计公报。

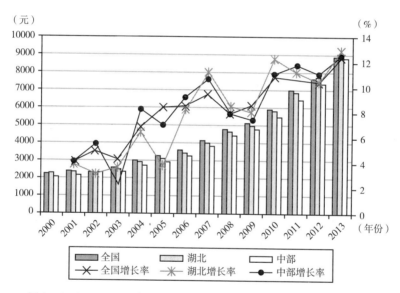

图 1-6　2000～2013 年湖北省农村居民人均纯收入规模与增速比较

2000～2013 年，湖北省农村居民人均纯收入一直高于中部地区平均水平，但从 2002 年开始，就一直低于全国平均水平，然而，可喜的是 2013 年，农村居民人均纯收入的实际增速已高于中部地区和全国的增速，规模也很接近于全国水平。总体来看，农村居民人均纯收入的增长率和增长倍数也还低于中部地区和全国的平均水平，这也表明还需进一步提高农村居民的收入水平。

具体从中部六省排名情况来分析，湖北省农村居民人均实际纯收入排名从

2000 年的第 1 位到 2005 年下滑到第 3 位，之后维持在第 2 位，2010 年又升至第 1 位，而之后的 2011～2013 年，其排名已稳居中部第 1 位，显现出了良好的发展势头，见表 1－11。

表 1－11　　　　2000～2013 年中部六省农村居民人均纯收入规模　　　单位：元

年份	湖北省	山西省	安徽省	江西省	河南省	湖南省	湖北省排名
2000	2268.50	1905.61	1934.57	2135.30	1985.82	2197.16	1
2001	2352.16	1956.05	2020.04	2231.60	2097.86	2299.46	1
2002	2444.06	2149.82	2117.56	2306.45	2215.74	2397.92	1
2003	2566.76	2299.17	2127.48	2457.53	2235.68	2532.87	1
2004	2890.01	2589.60	2499.33	2786.78	2553.15	2837.76	1
2005	3099.20	2890.66	2640.96	3128.89	2870.58	3117.74	3
2006	3419.35	3180.92	2969.08	3459.53	3261.03	3389.62	2
2007	3997.48	3665.66	3556.27	4044.70	3851.60	3904.20	2
2008	4656.38	4097.24	4202.49	4697.19	4454.24	4512.46	2
2009	5035.26	4244.10	4504.32	5075.01	4806.95	4909.04	2
2010	5832.27	4736.25	5285.17	5788.56	5523.73	5621.96	1
2011	6897.92	5601.40	6232.21	6891.63	6604.03	6567.06	1
2012	7851.71	6356.63	7160.46	7829.43	7524.94	7440.17	1
2013	8866.95	7154.00	10350.00	8781.00	8475.34	8372.00	2
年均增长率（%）	7.70	7.27	10.89	8.78	8.44	7.62	
2013/2000	2.62	2.49	3.83	2.99	2.87	2.60	

资料来源：根据历年《中国统计年鉴》计算得到，2013 年数据来自统计公报。

2. 湖北省农村居民收入结构多元化，增速差异较大。湖北省农村居民人均纯收入由工资性收入、家庭经营纯收入、财产性收入以及转移性收入构成。表 1－12 报告了 2000～2013 年湖北省农村居民实际人均纯收入的构成。

表 1－12 的数据显示，家庭经营纯收入是农村居民最主要的收入来源，由 2000 年的 1617.80 元上升到 2013 年的 4616.55 元，但年均增长率仅为 5.13%，其占纯收入比重也由 2000 年 71.32% 持续下降到 2013 年的 52.06%，下降了 19.26 个百分点；农民的第二大收入来源为工资性收入，工资性收入由 2000 年的 547.69 元上升到 2013 年的 3648.20 元，年均增长率为 12.21%，增

表1-12　　　　　　　　　　2000～2013年湖北省农村居民人均纯收入构成

年份	纯收入（元）	构成（元）				占比（%）			
		工资性收入	家庭经营纯收入	财产性收入	转移性收入	工资性收入	家庭经营纯收入	财产性收入	转移性收入
2000	2268.50	547.69	1617.80	19.55	83.46	24.14	71.32	0.86	3.68
2001	2352.16	582.60	1676.19	12.85	80.52	24.77	71.26	0.55	3.42
2002	2444.06	662.19	1694.40	14.09	73.38	27.09	69.33	0.58	3.00
2003	2566.76	706.79	1785.27	15.76	58.95	27.54	69.55	0.61	2.30
2004	2890.01	755.23	2051.62	16.19	66.96	26.13	70.99	0.56	2.32
2005	3099.20	941.64	2049.04	16.81	91.71	30.38	66.12	0.54	2.96
2006	3419.35	1199.16	2095.10	25.91	99.13	35.07	61.27	0.76	2.90
2007	3997.48	1451.90	2395.35	33.49	116.67	36.32	59.92	0.84	2.92
2008	4656.38	1742.33	2690.83	40.82	182.40	37.42	57.79	0.88	3.92
2009	5035.26	1900.69	2858.38	50.37	225.81	37.75	56.77	1.00	4.48
2010	5832.27	2186.11	3234.94	106.92	304.30	37.48	55.47	1.83	5.22
2011	6897.92	2703.05	3731.34	84.45	379.08	39.19	54.09	1.22	5.50
2012	7851.71	3189.84	4123.49	65.87	472.51	40.63	52.52	0.84	6.02
2013	8866.95	3648.20	4616.55	84.13	518.07	41.14	52.06	0.95	5.84
年均增长率（%）	7.70	12.21	5.13	8.50	11.60	33.22	62.03	0.86	3.89
2013/2000	2.62	4.47	1.92	2.89	4.17				

资料来源：根据《湖北统计年鉴》相关年份计算得到，2013年数据来自统计公报。

速最快，主要是由于农民工工资水平上涨较多；工资性收入占纯收入的比重由 2000 年的 24.14% 提高到 2013 年的 41.14%，增加了 17 个百分点；转移性收入（特别是政策性惠农收入）占农民人均纯收入的比重呈先降后升的趋势，2013 年的占比达到了 5.84%；而财产性收入（主要包括出租农业机械租金收入、各种利息、股息、红利等）占农民人均纯收入的比重则比较小（见图 1-7），在 2009 年之前一直在 1% 以下，2010 年达到 1.83%，之后又降到 1% 以下。

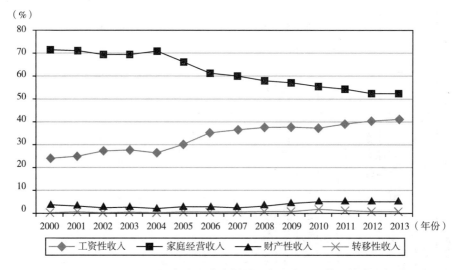

图 1-7　2000~2013 年湖北省农村居民人均实际纯收入构成比例

　　与全国农村的平均水平相对比，发现各收入来源占比的变化趋势基本趋于一致；总体而言，但湖北省农村居民人均纯收入增长率低于全国水平，除工资性收入外，家庭经营纯收入、转移性收入和财产性收入增速均低于全国平均水平；从倍增的情况来看，相对于 2000 年，湖北省和全国农村居民的家庭经营纯收入均未实现倍增目标，且存在较大差距，即便到 2013 年也没有实现；而其他各项收入均已实现倍增，工资性收入于 2007 年实现，转移性收入和财产性收入均于 2009 年实现倍增目标。因此，对于湖北农村居民来说，重点要提高占比最高的家庭经营纯收入，增加转移性收入和财产性收入。

　　3. 湖北各地区农村居民收入差距开始缩小。表 1-13 报告了分地区的农村居民人均纯收入可以反映地区的收入差异。

表 1—13　2000~2012 年湖北省各地区农民人均纯收入

单位：元

地区	2000年	2001年	2002年	2003年	2004年	2005年	2006年	2007年	2008年	2009年	2010年	2011年	2012年	年均增长率（%）
全省	2269	2352	2444	2567	2890	3099	3419	3997	4656	5035	5832	6898	7852	6.89
武汉	2953	3100	3295	3497	3955	4341	4748	5371	6349	7161	8295	9814	11190	7.84
黄石	2034	2140	2230	2335	2626	2810	3182	3742	4374	4811	5524	6487	7477	7.47
十堰	1487	1592	1714	1808	1916	1990	2191	2490	2841	3110	3499	4044	4566	5.94
宜昌	2185	2413	2440	2588	2938	3108	3433	4022	4686	5186	5980	7055	8046	7.56
襄阳	2363	2479	2564	2658	3060	3191	3519	4114	4880	5440	6365	7549	8684	7.39
鄂州	2386	2591	2693	2832	3234	3495	3799	4393	5096	5718	6645	7909	9072	7.75
荆门	2980	2999	2999	3125	3629	3738	4059	4652	5332	5956	6951	8248	9387	5.85
孝感	2316	2356	2444	2552	2874	3028	3336	3915	4636	5131	5943	7029	7988	6.87
荆州	2223	2303	2408	2502	3002	3108	3502	4140	4889	5464	6453	7664	8710	8.19
黄冈	2079	2083	2131	2204	2485	2644	2861	3295	3744	4130	4634	5438	6142	5.37
咸宁	2052	2123	2204	2325	2698	2911	3213	3737	4411	4873	5606	6588	7505	7.54
随州	2356	2298	2455	2565	3017	3223	3581	4177	4967	5457	6279	7427	8419	7.27
恩施	1520	1467	1465	1498	1593	1643	1848	2143	2519	2810	3255	3939	4571	4.95
仙桃	2991	3083	3153	3283	3615	3818	4190	4695	5248	5856	6807	8006	9076	5.59
天门	2586	2630	2716	2848	3087	3273	3658	4207	4761	5326	6207	7407	8507	6.15
潜江	2541	2599	2680	2875	3180	3398	3813	4378	4929	5531	6486	7684	8785	6.81
神农架	1241	1330	1465	1594	1906	2164	2394	2850	3330	3707	4083	4640	5110	9.56
高低收入比	2.41	2.33	2.25	2.33	2.48	2.64	2.57	2.51	2.52	2.55	2.55	2.49	2.45	

资料来源：根据《湖北统计年鉴》相关年份计算得到。

在表 1 – 13 中，武汉市农村居民实际人均纯收入最高，其收入由 2000 年的 2953 元上升到 2012 年的 11190 元，年均实际增长率 7.84%；恩施自治州和神农架林区农民人均收入在湖北省 17 个市区中相对较低，尽管神农架林区农民人均收入较低，但其增长速度是最快的，达到了 9.56%，但恩施自治州增速最低，为 4.95%。从实际倍增情况来看，相对于 2000 年，神农架林区已于 2008 年实现，武汉、黄石、宜昌、襄樊、鄂州、孝感、荆州、咸宁、随州均于 2010 年实现，天门和潜江于 2011 年实现，十堰、荆门、黄冈、恩施、仙桃也于 2012 年实现了倍增目标。此外，在湖北省 17 个市区州中，收入最高的市与收入最低的市的人均收入之比出现波动趋势，从 2000 年的 2.41 倍，下降到 2002 年的 2.25 倍，之后有所回升，到 2010 年达到 2.55 倍，随后又回落至 2012 年的 2.45 倍，表明地区差距正在缩小。

三、湖北省居民收入差距分析

1. 湖北省城乡居民收入差距呈先扩大后缩小趋势。我国居民收入分配问题的重点在于城乡收入差距，而城乡收入差距很大程度上是由我国的城乡二元经济结构造成的。城乡二元经济结构既是我国城乡收入差距的重要原因，也在一定程度上增大了城市和农村之间的经济发展差距，进一步增大了城乡收入差距。一般而言，越是收入低的地区，城乡收入差距越大，收入较高的地区，城乡收入差距较小。在改革开放初期，我国城镇内部的收入差距并不大。1978 ~ 1984 年，城镇基尼系数为 0.15 ~ 0.16，这也反映了当时我国在收入分配上的平均主义。1985 ~ 1999 年，基尼系数从 0.19 上升到 0.3，提高了 21 个百分点，尽管收入差距有所扩大，但仍处比较合理的范围之内[①]。到 2002 年，城镇基尼系数为 0.33（Ravallion and Chen，2007）。马草原等（2010）通过对各省市区城镇居民收入数据进行调整，测算了中国城镇居民收入的基尼系数，1978 ~ 1980 年，城镇居民收入差距的基尼系数低于 0.2；随后从 1981 的 0.21 逐年上涨到 1993 年的 0.27，上涨了 6 个百分点；1994 ~ 1997 年，基尼系数 0.3 附近上下波动；1998 ~ 2005 年，基尼系数上涨较快，从 1998 年的 0.32 上涨到 2005 年为 0.4，提高了 8 个百分点；从 2006 年开始，基尼系数有所回落，到 2008 年基尼系数为 0.38，下降了 2 个百分点。总体而言，1978 ~ 2008 年，我国城镇居民收入差距呈现出逐年扩大的趋势。

---

① 国家统计局：《从基尼系数看贫富差距》，《中国国情国力》，2001 年第 1 期。

　　尽管湖北省城乡居民人均收入有了很大提高，但城乡居民人均收入的绝对差距仍在不断扩大，图1-8清晰地显示了2000~2013年湖北城乡居民人均收入差距绝对额逐年拉大的变化趋势。

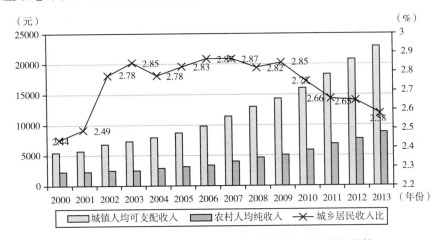

图1-8　2000~2013年湖北省城乡居民收入差距变化趋势

　　值得注意的是，城乡居民收入比呈现先扩大后缩小的趋势，尤其在2010~2013年，农村居民人均纯收入的实际增长率连续四年均超过城镇居民人均可支配收入的实际增长率，城乡居民收入比2011年为2.66倍，2012年为2.65倍，2013年进一步缩小至2.58倍，低于全国平均3.03倍的差距水平。缩小趋势明显，按照这一趋势，湖北省农村居民实际收入翻番的目标就可尽快实现，也可以有效缩小湖北城乡居民的收入差距。

　　表1-14报告了2000~2013年湖北省城乡居民各项收入比及其对收入差额的贡献率。结果表明，湖北省城乡居民收入差距主要由工资性收入差距构成，但其对城乡收入差距扩大的推动作用在逐年降低。城乡居民工资性收入比从2000年的7.39倍开始逐年上升到2004年的8.46倍，随后逐年下降到2013年的4.27倍；城乡居民工资性收入差距对城乡居民总收入差距的贡献由2000年的106.87%逐年下降到2013年的73.09%，且城镇居民工资性收入实际年均增长率（8.11%）低于农村居民的增长率（12.21%），这些都充分表明工资性收入差距对城乡居民收入差距的贡献率在下降。

表 1-14   2000~2013 年湖北省居民收入差距变化分解

年份	城乡居民收入比				城乡居民收入差额贡献率（%）			
	工资性收入	家庭经营纯收入	财产性收入	转移性收入	工资性收入	家庭经营纯收入	财产性收入	转移性收入
2000	7.39	0.18	6.97	12.73	106.87	-40.34	3.56	29.90
2001	7.48	0.19	9.06	13.54	106.80	-38.28	2.93	28.56
2002	7.97	0.11	6.81	21.65	98.25	-32.25	1.74	32.25
2003	8.27	0.13	5.39	26.71	99.26	-29.86	1.34	29.26
2004	8.46	0.14	7.58	25.64	100.06	-31.24	1.89	29.29
2005	6.98	0.20	6.68	24.93	89.51	-25.88	1.52	34.85
2006	6.32	0.23	4.74	23.71	89.60	-22.61	1.36	31.64
2007	6.07	0.25	6.51	23.60	87.75	-21.38	2.20	31.44
2008	5.44	0.41	5.98	18.32	81.24	-16.56	2.14	33.18
2009	5.44	0.43	5.89	17.00	79.07	-15.25	2.31	33.87
2010	5.24	0.43	3.54	14.27	78.99	-15.70	2.31	34.39
2011	4.67	0.51	4.23	14.00	74.61	-13.72	2.05	37.06
2012	4.45	0.52	7.23	12.86	73.09	-13.06	2.73	37.24
2013	4.27	0.51	6.37	13.00	73.09	-13.95	2.77	38.10

注：城乡居民收入差额贡献率分别等于各项收入差额占全部收入差额的比重。

资料来源：根据表 1-6 和表 1-12 相关数据计算得到。

　　在城乡居民收入构成中，农村居民人均经营性收入高于城镇居民，即经营性收入差距出现倒挂，但农村居民这一仅有的收入优势在逐渐降低。城乡居民经营性收入比从 2000 年的 0.18 倍开始逐年上升到 2013 年的 0.51 倍，城乡居民经营性收入差距对城乡居民总收入差距的贡献由 2000 年的 -40.34% 逐年提高到 2013 年的 -13.95%，城镇居民经营性收入实际年均增长率（14.23%）远远高于农村居民的增长率（5.13%）。这表明经营性收入缩小城乡居民收入差距的作用在逐步减弱。

　　2000~2013 年，城乡居民财产性收入实际年均增长率分别为 8.29% 和 8.50%，城乡居民财产性收入比在 2000 年为 6.97 倍，到 2012 年为 7.23 倍，2013 年降为 6.73 倍，城乡居民财产性收入差距对城乡居民总收入差距的贡献率低于 4%。这个结果表明财产性收入差距相对较大，占城乡居民收入比重较低，对城乡居民收入差距扩大的作用有限。

2000～2013年，城乡居民人均转移性收入不断提高，且分别为12.34%和11.60%的实际年均增长率；但是，城乡人均转移性收入差距非常突出，2000年，城乡居民人均转移性收入比为12.73倍，到2003年达到26.71倍的最高值，随后开始逐年下降，到2013年为13.00倍；且城乡居民人均转移性收入差距对城乡居民总收入差距的贡献由2000年的29.90%逐年提高到2013年的38.10%。这表明湖北城乡居民人均转移性收入差距呈继续呈扩大趋势，没有起到缩小城乡收入差距的作用。

表1-15报告了湖北省各地区2006～2012年城乡居民人均收入差距，结果表明，各地区城乡居民收入差距呈逐年缩小的趋势，其中，仙桃市城乡收入差距最小，天门市次之，其平均收入比分别为1.97倍和2.09倍；恩施州的城乡收入差距最大，十堰市次之，平均收入比分别为3.65倍和3.58倍。总体而言，武汉城市圈城乡收入差距较小，非城市圈城乡收入差距较大。

表1-15　　2006～2012年湖北各地区城乡居民人均收入比（农村为1）

地区	2006年	2007年	2008年	2009年	2010年	2011年	2012年	平均
武汉	2.60	2.67	2.63	2.57	2.51	2.42	2.42	2.55
黄石	2.98	2.98	2.91	2.73	2.65	2.62	2.60	2.78
十堰	3.52	3.55	3.71	3.66	3.62	3.50	3.51	3.58
宜昌	2.60	2.55	2.50	2.48	2.39	2.33	2.33	2.45
襄阳	2.59	2.65	2.52	2.46	2.09	2.03	2.02	2.34
鄂州	2.37	2.46	2.40	2.34	2.23	2.15	2.13	2.30
荆门	2.31	2.38	2.38	2.33	2.20	1.88	1.88	2.19
孝感	2.59	2.78	2.65	2.44	2.32	2.26	2.26	2.47
荆州	2.49	2.62	2.49	2.43	2.28	2.15	1.95	2.35
黄冈	2.44	2.52	2.66	2.74	2.77	2.71	2.73	2.65
咸宁	2.74	2.67	2.61	2.39	2.31	2.26	2.25	2.46
随州	2.28	2.40	2.33	2.47	2.43	2.28	2.16	2.34

续表

地区	2006 年	2007 年	2008 年	2009 年	2010 年	2011 年	2012 年	平均
恩施	4.11	3.86	3.75	3.67	3.50	3.34	3.29	3.65
仙桃	1.97	2.06	2.05	2.01	1.91	1.88	1.90	1.97
天门	2.16	2.22	2.19	2.11	2.24	1.87	1.84	2.09
潜江	2.29	2.33	2.32	2.27	1.88	2.03	1.99	2.16
神农架	2.84	2.81	2.75	2.73	2.73	2.65	2.65	2.74

资料来源：根据表 1-9 和表 1-13 相关数据计算得到。

从湖北省和中部各省城乡居民实际人均收入的差距来看，湖北省 2000 年差距为 2.44 倍，之后呈逐年扩大趋势，2006 年达到最高的 2.87 倍，2010 年下降至 2.75 倍，但历年差距均低于全国平均差距；从中部各省的城乡人均收入差距排名来看，湖北除 2000 年排在第 3 位外，之后一直排在第 2 位，收入差距仅次于江西省，见表 1-16。这表明，虽然湖北省的城乡居民收入差距绝对额逐年拉大，但和全国及中部地区相比，其差距相对较小。

表 1-16　　2000~2012 年湖北省城乡居民人均收入差距比较（农村为 1）

年份	湖北省	山西省	安徽省	江西省	河南省	湖南省	全国	中部排名
2000	2.44	2.48	2.74	2.39	2.40	2.83	2.79	3
2001	2.49	2.76	2.81	2.47	2.51	2.95	2.90	2
2002	2.78	2.90	2.85	2.75	2.82	2.90	3.11	2
2003	2.85	3.05	3.19	2.81	3.10	3.03	3.23	2
2004	2.78	3.05	3.01	2.71	3.02	3.04	3.21	2
2005	2.83	3.08	3.21	2.75	3.02	3.05	3.22	2
2006	2.87	3.15	3.29	2.76	3.01	3.10	3.28	2
2007	2.87	3.15	3.23	2.83	2.98	3.15	3.33	2
2008	2.82	3.20	3.09	2.74	2.97	3.06	3.31	2

续表

年份	湖北省	山西省	安徽省	江西省	河南省	湖南省	全国省	中部排名
2009	2.85	3.30	3.13	2.76	2.99	3.07	3.33	2
2010	2.75	3.30	2.99	2.67	2.88	2.95	3.23	2
2011	2.66	3.24	2.99	2.54	2.76	2.87	3.13	2
2012	2.65	3.21	2.94	2.54	2.72	2.87	3.10	2

资料来源：根据历年《中国统计年鉴》以及各省历年《统计年鉴》计算得到。

城乡居民收入的排序情况可以反映出城乡居民收入的发展均衡状况。总体来看，大多数地区的城镇和农村居民收入排位存在差异，但一些经济发达地区，如上海、北京、浙江、广东等地区排位差为0或很小。比较湖北省和全国城乡居民收入的排序差异情况，见表1-17。

表1-17　　2000~2012年湖北省与全国城乡居民收入水平排序比较

年份	湖北省			全国平均		
	城镇	农村	排位差	城镇	农村	排位差
2000	18	11	7	11	12	-1
2001	18	12	6	10	11	-1
2002	17	12	5	9	11	-2
2003	15	13	2	9	11	-2
2004	16	14	2	9	13	-4
2005	19	16	3	9	12	-3
2006	19	15	4	9	12	-3
2007	18	14	4	9	11	-2
2008	18	14	4	9	12	-3
2009	18	15	3	9	12	-3
2010	17	14	3	9	13	-4
2011	17	14	3	9	13	-4
2012	18	14	4	9	13	-4

资料来源：根据历年《中国统计年鉴》计算得到。

从表 1 – 17 可以看出，全国的平均情况是农村的排位落后于城镇，排位差从 2000 年的 1 个位次扩大到 2004 年的 4 个位次，之后又缩小，至 2010 年又扩大至 4 个位次。相反，湖北省历年城镇的排位均落后于农村，排位差 2000 年为 7 个位次，之后开始缩小，至 2003 年相差 2 个位次，2006 年又扩大至 4 个位次，之后稳定在 3 个位次。如果分别比较，我们会发现，湖北省城镇居民收入的排位一直低于全国平均水平，差距较大；而除 2000 年外，湖北省农村居民收入的排位也一直低于全国平均水平，但差距较小，这也说明，在提高城乡居民收入的同时，还要重点关注城镇居民的收入增长问题。

2. 湖北省行业收入差距依然较大，行业工资差异明显。在我国，人们普遍认为，行业之间存在较大的收入差距，而垄断行业的过高收入则认为是收入不公的重要表现。国有垄断行业拥有丰富的资源优势，且由于不同行业存在产业分割以及垄断行业的利益保护，其垄断收益和利润很容易转化为行业内部职工的收入和福利，从而使得垄断行业的工资水平、福利待遇以及工作的稳定性均高于竞争性行业，导致行业之间收入差距不断扩大（Knight and Li，2005）。在岳希明、李实和史泰丽（2010）的研究中，利用微观调查数据，将垄断行业高收入分解为合理和不合理两个部分，实证分析发现，垄断行业与竞争行业之间收入差距的 50% 以上是不合理的，且认为这主要是行政垄断造成的。陈钊、万广华和陆铭（2010）采用基于回归方程的收入差距分解发现，在 1988 年、1995 年和 2002 年，行业间收入不平等对中国城镇居民收入差距的贡献越来越大，而且这主要是由一些收入迅速提高的垄断行业造成的。国际上公认的行业间收入差距警戒线在 3 倍左右。近 10 年来，我国行业间收入分配的总趋势是向技术密集型、资本密集型行业和新兴产业倾斜，某些垄断行业的收入更高，而传统的资本含量少、劳动密集、竞争充分的行业，收入则相对较低。

为了保持统计数据的可比性，采用 2004～2012 年的数据来进行分析，在 2004～2012 年，湖北省各行业职工平均工资以及最高的行业与最低的行业的工资差距。2004～2012 年，湖北省城镇职工平均工资最低的行业是农、林、牧、渔业（大农业），其平均工资从 2004 年的 5600 元上升到 2012 年 22886 元，实际年均增长率为 15. 69%。2004～2007 年，城镇职工平均工资最高的行业是信息传输、计算机服务和软件业，2008～2012 年，平均工资最高的行业是金融业，见表 1 – 18。

单位：元

表 1—18　2004~2012 年湖北省城镇职工平均工资

行业	2004年	2005年	2006年	2007年	2008年	2009年	2010年	2011年	2012年	增长率（%）
农、林、牧、渔业	5600	5972	6599	8656	10948	14105	16940	20318	22886	15.69
采矿业	12433	13571	15196	17029	19585	21960	25732	29774	34193	10.10
制造业	11108	12301	13771	14407	17177	20589	24966	29303	32313	10.88
电力、燃气及水的生产和供应业	15920	18305	20419	25294	27228	30137	35444	42196	47484	11.22
建筑业	10649	12216	13517	15469	17049	20713	24819	30253	33670	12.04
交通运输、仓储和邮政业	13931	15601	18693	20066	21711	25912	31500	36833	40456	10.85
信息传输、计算机服务和软件业	19451	22582	28672	29560	30387	33947	39707	42689	44825	7.70
批发和零售业	7694	8677	11520	12141	14757	17946	21049	24223	26189	13.08
住宿和餐饮业	8554	8730	9483	10807	12409	15388	18280	20533	23303	9.97
金融业	17146	18823	22762	33052	36292	44986	53768	63032	67157	15.08
房地产业	12232	14934	15050	20512	21270	24201	29224	33350	37324	11.54
租赁和商务服务业	10474	12186	13641	15998	18051	20810	23855	26196	29430	10.40
科学研究、技术服务和地质勘查业	17153	18693	23345	28669	31011	38465	44339	48236	50201	10.96
水利、环境和公共设施管理业	10026	11085	12143	13882	16182	18782	22410	26031	29192	10.89
居民服务和其他服务业	9958	13900	14443	12700	14260	16518	19576	21448	23624	8.09
教育	13329	14615	16146	21022	22507	28710	34035	36093	39559	11.16
卫生、社会保障和社会福利业	13460	15148	16765	20028	22438	27295	33180	38841	42736	12.10
文化、体育和娱乐业	13229	14994	16906	19154	20533	24439	28662	32693	34752	9.47
公共管理和社会组织	13909	16240	18375	24797	27145	30835	34395	37133	40408	10.86
平均	11855	13330	15172	17397	19597	23709	28092	33641	36826	11.13
高低行业平均工资比	3.47	3.78	4.34	3.41	2.78	2.41	2.34	3.10	2.93	

资料来源：根据《中国统计年鉴》相关年份计算得到。

通过比较不同行业职工平均工资的最高值和最低值的比值，我们发现，在2004年，行业收入差距为3.47倍，随后上升到2006年的最高点4.34倍，从2007年的3.41倍开始有所回落，到2010年的最低点2.34倍，但2011年又回升至3.10倍，2012年降至2.93倍，见图1-9。

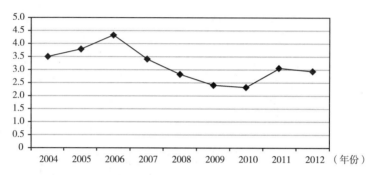

图1-9　2004～2012年湖北省行业职工平均工资的最高与最低比值

从2004～2012年收入倍增情况来看，相对于2004年，整体行业于2010实现倍增目标，其中，农、林、牧、渔业，批发和零售业，金融业于2009年实现；房地产业，科学研究、技术服务和地质勘查业，教育，卫生、社会保障和社会福利业，卫生、社会保障和社会福利业，公共管理和社会组织于2010年实现；而信息传输、计算机服务和软件业、居民服务和其他服务业到2012年也没有实现倍增目标。

就垄断行业与竞争性行业职工平均工资差距而言，尽管目前信息传输、计算机服务及软件业等高科技行业属于高收入行业，但其中的信息传输业包括了我国传统的邮电通信业，也属于垄断行业，行业收入差距主要是由电力、电信、金融等垄断行业与竞争性行业之间的收入差距所导致的，因此，垄断行业与竞争性行业职工平均工资差距的变化尤其值得引起重视。我们比较了湖北省金融、电力以及信息传输业与农、林、牧、渔业之间职工平均工资的收入差距。我们将农林牧渔业职工平均工资作为参照基准，计算出金融、电力以及信息传输业职工平均工资与制造业职工平均工资的比值，见图1-10。

从图1-10可以看出，2004～2006年，湖北省金融、电力以及信息传输业与农、林、牧、渔业之间职工平均工资的收入差距呈逐步扩大的趋势，特别是金融业与农、林、牧、渔业之间的收入差距迅速拉大，金融业与农、林、牧、渔业的职工平均工资差距由2004年的3.06倍上升到2007年的3.82倍，

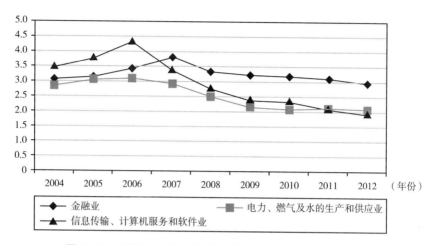

图 1-10 2004~2012 年湖北省垄断与竞争性行业职工平均
工资差距（农林牧渔业为 1）

之后逐年下降至 2012 年的 2.93 倍；信息传输业与农、林、牧、渔业的职工平均工资差距由 2004 年的 3.47 倍上升到 2006 年的 4.34 倍，随后逐年下降，到 2012 年为 1.9 倍；电力行业与农、林、牧、渔业的职工平均工资差距由 2004 年的 2.84 倍缓慢上升到 2006 年的 3.09 倍，随后逐年下降到 2012 年的 2.07 倍，其职工平均工资差距的变化较小。

3. 湖北省不同所有制单位收入差距有所缩小。从湖北省不同所有制单位职工平均工资来看，不同所有制单位的职工工资有着较为显著的差异，见表 1-19。

表 1-19		2000~2012 年湖北省不同所有制单位职工平均工资		单位：元
年份	城镇国有经济单位	城镇集体经济单位	其他经济单位	城镇私营单位	国有经济单位与私营单位工资比
2000	7989	5090	7327	—	—
2001	9133	5677	8035	—	—
2002	10403	6534	8180	—	—
2003	11806	7137	8698	—	—
2004	13096	7608	10270	—	—
2005	14774	8663	11572	—	—

年份	城镇国有 经济单位	城镇集体 经济单位	其他经济单位	城镇私营单位	国有经济单位与 私营单位工资比
2006	17078	9848	13098	—	—
2007	21971	12921	16829	—	—
2008	24756	14840	20293	—	—
2009	30032	19181	23528	15615	1.92
2010	35981	24429	28799	18626	1.93
2011	40345	26988	34354	20788	1.94
2012	43438	33551	38675	23037	1.89
年均增长率（%）	12.24	14.06	11.97	9.79	
2012/2000	4.00	4.85	3.88	—	

资料来源：根据《湖北统计年鉴》相关年份计算得到，其中，2000～2008 年城镇私营单位的数据缺失。

城镇国有经济单位的最高，其他经济单位的次之，城镇集体经济单位较低，城镇私营单位的最低；从 2000～2012 年的实际增长率来看，城镇集体经济单位和城镇国有经济单位增长较快，城镇私营单位的增长率最慢；从 2000～2012 年的增长倍数来看，相对于 2000 年，城镇国有经济单位和集体经济单位均于 2007 年实现倍增，其他经济单位也于 2008 年实现倍增目标。城镇国有经济单位与私营单位工资之比接近 2 倍（见图 1－11），但呈现逐年缩小趋势，这一趋势有利于逐步缩小居民收入差距。

4. 湖北省历年最低工资标准大幅提升。湖北省自 1995 年首次公布最低工资标准，之后，综合考虑全省经济发展水平、职工平均工资和城镇居民消费价格指数等因数，2002 年至今共进行了 8 次调整。2002 年最低限的月收入为 240 元，到 2015 年提高到每月 1100 元；2002 年最高限的月收入为 400 元，到 2015 年提高到 1550 元。最低标准的小时工资由 2002 年 1.44 元提高到 2015 年的 12.5 元，最高标准的小时工资由 2002 年 2.39 元提高到 2013 年的 16 元，见表 1－20。这些结果均远远超过了实现居民收入倍增的要求和目标，增长速度也相对较快，这既有利于湖北省低收入群体收入水平的进一步提高，也有助于倒逼湖北省经济发展方式的转型和产业结构的调整。

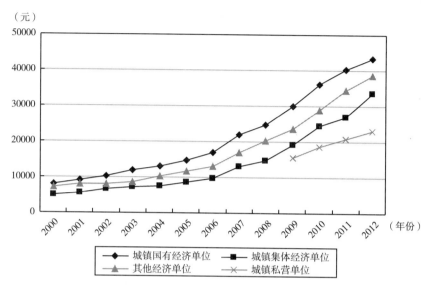

图 1-11 2000～2012 年湖北省不同所有制单位职工平均工资变化趋势

表 1-20　　　　　　　　　　　　　湖北省历年最低工资标准

年份	每月工作天数	小时工资（元）	最低工资标准（元）	执行日期	政策文件
2002	21.00	2.39/2.03/1.86/1.68/1.44	400/340/310/280/240	2002.1.1	鄂政发【2002】1 号
2005	20.92	5/4.5/4/3.5/3	460/400/360/320/280	2005.3.1	鄂政发【2005】9 号
2007	20.92	6/5.5/5/4.5/4	580/500/460/420/380	2007.3.1	鄂政发【2007】16 号
2008	21.75	7/6.5/6/5.5	700/600/520/450	2008.8.1	鄂政发【2008】40 号
2010	21.75	9/8/7/6.5	900/750/670/600	2010.5.1	鄂政发【2010】28 号
2011	21.75	10/8.5/7	1100/900/750	2011.12.1	鄂政发【2011】69 号
2013	21.75	14/11/9.5	1300/1020/900	2013.9.1	鄂政发【2013】37 号
2015	21.75	16/15/14/12.5	1550/1320/1225/1100	2015.9.1	鄂政发【2015】49 号

资料来源：历年湖北省政府相关文件。

本章小结

通过回顾我国改革开放以来收入分配制度的改革历程，进一步分析了湖北省收入法 GDP 的构成，重点分析了劳动者报酬的增长率与劳动生产率提高的同步性；系统分析了湖北省城乡居民收入构成及其差距、地区收入差距和行业收入差距，并得到如下结论：

1. 从 2000～2013 年湖北省国民收入总体分配格局而言。湖北省 GDP 规模稳步提升，实际增长率位居中部六省首位，在全国的排名也逐年提高。GDP收入法构成的总体趋势是劳动者报酬规模有所下降，生产税净额基本维持不变，固定资产折旧与营业盈余有所上升，而且增长率和增长倍数也是固定资产折旧与营业盈余最高，生产税净额次之，劳动者报酬最慢，且劳动者报酬增长不够稳定；同时，湖北省劳动者报酬的增长率与劳动生产率提高还不够同步。

2. 就湖北省城镇居民收入而言。2000～2013 年湖北省居民收入的增长率相对较低，既低于全国平均水平，也低于中部地区平均水平；就收入来源结构看，城镇居民收入最主要的是工资性收入，其次是转移性收入，家庭经营纯收入和财产性收入占比重小，这与全国城镇的平均水平保持一致，但其总体增长率却低于全国平均水平，其中，转移性收入和家庭经营纯收入增速较快，工资性收入和财产性收入增速较慢；就各收入组家庭人均可支配收入看，收入越高，增长速度也越快，且高收入户与低收入户的差距不断扩大，但近两年有明显回落趋势；就城镇居民人均可支配收入地区结构看，武汉市的收入最高，神农架林区的最低，其差距呈逐年拉大趋势。

3. 就湖北省农村居民收入而言。2000～2013 年湖北省农村居民的增长率和增长倍数均低于中部地区和全国平均水平；就收入来源结构看，家庭经营纯收入是农村居民收入的最主要来源，且增长速度较低，所占比例也呈逐年下降趋势，即便到 2013 年也没有实现倍增目标；其次是工资性收入，其所占比例呈逐年上升趋势；转移性收入和财产性收入占比重小，但增速较快；就农村居民人均纯收入地区结构看，武汉市的收入最高，恩施自治州和神农架林区相对较低，其差距呈先拉大后缩小的趋势。

4. 就湖北省居民收入差距而言。2000～2013 年湖北省城乡居民收入差距总体上呈逐年拉大趋势，但历年差距均低于全国平均差距，也低于除江西省之外的中部其他四省；从城乡居民收入的全国排序情况来看，城镇居民收入和农村居民收入的排位均低于全国平均水平，但城镇与全国平均水平的差距较大，农村的差距较小，城镇的排位落后于农村。通过对湖北城乡居民收入来源差距的分析，发现城乡居民收入差距主要由工资性收入差距构成，但其对城乡收入差距扩大的推动作用在逐年减弱；人均经营性收入城乡倒挂，其缩小城乡居民收入差距的作用在逐步减弱；人均财产性收入差距相对较大，其对城乡居民收入差距扩大的作用有限；城乡人均转移性收入差距非常突出，且呈继续扩大趋势，没有起到缩小城乡收入差距的作用。

5. 就行业收入差距而言。2000~2013年，湖北省城镇职工平均工资最低的行业是农、林、牧、渔业，最高的行业是信息传输、计算机服务和软件业以及金融业，职工平均工资最高值和最低值的差距呈先扩大后缩小趋势，而湖北省金融，电力以及信息传输业等垄断性行业与农、林、牧、渔业等竞争性行业职工的平均工资差距呈逐步扩大趋势；就各类型单位收入差距看，不同类型单位的职工工资有着较为显著的差异，城镇国有经济单位的最高，其他经济单位的次之，城镇集体经济单位较低，城镇私营单位的最低，但工资差距呈现缩小趋势；就最低工资标准看，历年提标的增长速度相对较快。

第二章 湖北省居民收入调查统计分析

我国现行的收入分配制度是以按劳分配为主体、多种分配方式并存，按劳分配与按生产要素分配相结合的基本分配制度，通过把市场竞争机制引入收入分配领域，克服了计划经济体制中收入分配的平均主义，有效地促进了机会平等，极大地激励了人们生产和创业的积极性，解放了生产力，对推动经济社会的快速发展发挥了重要作用。

但是，随着我国经济社会进入新的发展阶段，由于受改革不彻底，制度不健全，调控不到位等多种因素的影响，当前收入分配领域暴露出了不少问题，成为社会各界关注的焦点：如收入分配呈现出比例失衡，劳动者报酬和居民收入占 GDP 比重偏低且出现了持续下降的趋势；城乡、地区、行业和社会成员之间收入差距持续拉大；收入分配秩序不规范，投机行为盛行，腐败现象不断涌出，灰色收入和不法收入份额不断提高，恶化了收入分配关系。所有这些问题都是决策层以及社会各界关注的焦点问题，也是迫切需要研究和解决的问题。

要研究和解决湖北省收入分配中存在的问题，需要了解当前湖北省收入分配的现状，其必要前提是要掌握事实，获得可靠的数据。这也是我们在湖北省各地市州县开展居民收入问卷调查的目的所在。

第一节 居民收入调查概述

为了了解湖北省居民收入的现状，我们于 2011 年在湖北省内针对 2010 年居民收入开展了一次较大规模的抽样问卷调查。在这次居民收入问卷调查过程中，我们精心设计了居民收入问卷调查表，并对调查人员进行了问卷和调查方法的培训。调查人员由中南财经政法大学的教师、本科生以及研究生构成，利用寒暑假时间，直接以调查人员所熟悉的人群（父母、亲属、朋友和邻里）为调查对象，由于调查人员对调查对象的经济状况比较了解，且相互之间比较信任，严重低报、漏报或高报收入的情况大为减少。尽管我们得到的调查数据比较可信，但样本的分布不一定完全能够代表湖北省城乡居民的总体分布。但是，在一定程度上还是反映了当前湖北省社会各阶层收入的大致情况。

在问卷调查时，尽管调查者和受访者之间存在一定的信任关系，但是，为了消除受访者可能的疑虑，我们的调查问卷还是采取不记名方式进行，且在问卷之前向受访者说明了我们的调查目的，并承诺所获得的调查结果仅限于本项目的研究使用，同时承诺对样本数据保密。

在每一次调查完成后，我们组织专门人员对回收问卷的质量进行了全面的检查，为了严格控制问卷的质量，对每一份问卷的信息完整性、合理性、各问项之间的逻辑关系进行了核对，剔除了个人信息不完整，或收入没回答，或信息的真实性值得怀疑，或各问项之间存在逻辑错误的问卷。

通过对调查数据的整理，在湖北省 17 个地市州区中，城镇居民收入调查样本中没有涉及黄石市、十堰市、天门市、仙桃市和神农架林区，农村居民收入样本不包含黄石市、十堰市、荆州市和神农架林区。其中，城乡有效样本分别为 1349 个和 1019 个。城镇样本占全部样本的比重为 57%。

针对个人信息，在问卷表中我们设计了受访者的年龄、性别、受教育程度、健康状况、政治面貌、民族、婚姻状况、职务、家庭人口等信息。

针对居民收入，我们分城镇和农村分别进行了设计。其中，城镇居民收入包括工资性收入、奖金、投资收入、财产性收入、第二职业收入、禀赋收入、转移性收入、赠与收入、遗产继承收入和其他收入 10 项；农村家庭人均收入包括农业收入、副业收入、外出务工收入、经营收入、投资收入、财产收入、禀赋收入、转移性收入、赠与收入、遗产继承收入和其他收入 11 项。

我们调查的对象所涉及的行业包括垄断行业和竞争性行业。其中，垄断行业是指电力、电信、邮政、水电气供应部门、铁路、民航、石油石化、天然气、烟草、金融、保险、盐业专卖等行业，除此之外，还包括其他行业为竞争性行业。

第二节　湖北省居民收入统计分析

一、湖北省不同群体的人均收入分析

为了初步了解湖北省居民的收入状况，我们分别选取城乡居民所共有的特征信息，按不同的人群组进行统计，其描述性统计结果如表 2-1 所示。

表 2 –1   2010 年湖北省居民人均收入描述性统计结果

群组	类别	样本数	所占比例（%）	人均收入（元）
全省		2368	100	30316.40
城乡	城镇	1349	56.97	46099.31
	农村	1019	43.03	9422.24
性别	男性	1588	67.06	30815.34
	女性	780	32.94	29300.59
政治面貌	中共党员	531	22.42	44774.37
	民主党派	44	1.86	34684.56
	群众	1793	75.72	25927.45
民族	汉族	2246	94.85	30404.32
	少数民族	122	5.15	28697.76
受教育程度	小学以下	54	2.28	10287.1
	小学毕业	248	10.47	11660.78
	初中毕业	681	28.76	17897.85
	高中毕业	577	24.37	31350.15
	大专毕业	363	15.33	43094.71
	本科毕业	388	16.39	46377.17
	研究生毕业	57	2.41	77660.79

    表 2 –1 给出了按不同人群组划分的湖北省各地区居民人均收入的描述性统计结果。结果表明，在 2010 年，湖北全省居民的人均收入为 30316.40 元，其中，城镇居民人均收入为 46099.31 元，农村居民家庭人均收入为 9422.24元，城乡收入比为 4.89∶1。

    通过对被调查者按个人特征分别统计的结果表明，男性收入高于女性；拥有中共党员身份，其收入高于民主党派和普通群众；汉族的收入高于少数民族；个人受教育程度越高，收入越高。

二、湖北省各地区居民收入统计分析

表2-2报告了我们的调查所涉及的湖北省各地区城乡居民的收入统计结果。其中，城镇样本不含黄石市、十堰市、天门市、神农架林区、咸宁市和仙桃市，农村样本不含黄石市、十堰市、天门市、神农架林区和荆州市。

表2-2　　　　　2010年湖北省各地区城乡收入描述性统计结果

地区	城 镇			地区	农 村			城乡收入比
	样本数	百分比	人均总收入		样本数	百分比	人均总收入	
武汉	518	38.40	48359.83	武汉	124	12.17	11026.88	4.39
荆州	52	3.85	38366.92	宜昌	60	5.89	17237.97	2.85
宜昌	277	20.53	49146.50	襄樊	138	13.54	7608.21	4.56
襄樊	62	4.60	34699.35	鄂州	136	13.35	12554.96	2.83
鄂州	151	11.19	35533.11	荆门	30	2.94	6491.11	9.14
荆门	59	4.37	59330.51	孝感	43	4.22	7061.89	4.34
孝感	30	2.22	30643.33	黄冈	51	5.00	8304.93	3.81
黄冈	30	2.22	31636.67	咸宁	87	8.54	8529.68	
恩施	60	4.45	51660.00	恩施	88	8.64	5276.07	9.79
随州	86	6.38	55890.23	随州	59	5.79	11190.80	4.99
潜江	24	1.78	30708.33	仙桃	97	9.52	7188.76	
				潜江	106	10.40	9022.19	3.40
湖北省平均	1349	100	46099.31	湖北省平均	1019	100	9422.24	4.89

1. 湖北省各地区城镇居民人均收入。在表2-2中，荆门市城镇居民的人均收入最高，为59330.51元，其次是随州市，人均收入为55890.23元，孝感市的人均收入最低，为30643.33元。各地区城镇居民人均收入分布如图2-1所示。

2. 湖北省各地区农村家庭人均收入。表2-2的统计结果还表明，在湖北农村，宜昌市农村家庭人均收入最高，为1723.97元，其次是鄂州市，其农村

（元）

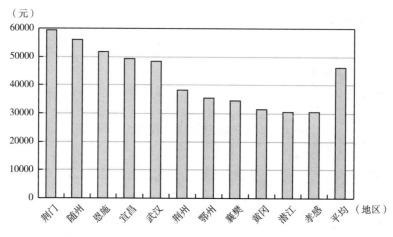

图 2 - 1　各地区城镇人均收入分布

家庭人均收入分别为 12554.96 元，收入最低的是恩施州，为 5276.07 元。各地区农村家庭人均收入分布如图 2 - 2 所示。

（元）

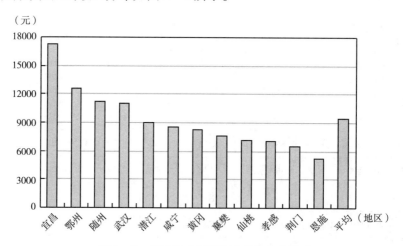

图 2 - 2　各地区农村家庭人均收入分布

3. 湖北省各地区城乡收入差距。我们用城镇居民人均收入与农村家庭人均收入之比来衡量城乡收入差距，表 2 - 2 最后一列报告了湖北省各地区城乡收入比。结果表明，湖北省城乡收入比为 4.89 倍，其中，恩施州的城乡收入差距最大，其城乡收入比为 9.79 倍，荆门市次之，为 9.14 倍；收入差距最低的鄂州市，其城乡收入比为 2.83 倍。图 2-3 更清晰地显示了湖北各地区城乡收入比。

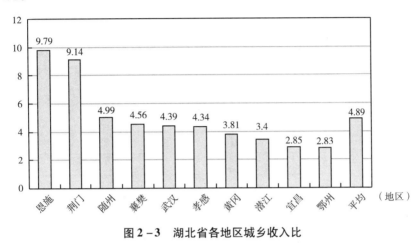

图 2-3　湖北省各地区城乡收入比

第三节　湖北省城镇居民收入统计分析

在我们的调查数据中，城镇居民收入包括工资、奖金、经营性收入、投资收入、财产收入、转移性收入、个人禀赋收入、遗产和继承收入、赠与收入共9 项。个人收入的决定和收入差距的产生，不仅与教育、职业、社会地位、性别、经验、行业、专业技能等因素的影响，还与政治和经济环境的变化等外在因素也有很大关系。

下面根据被调查对象的禀赋特征、工作单位所在地、就业行业和工作单位所有制性质、社会地位以及政治面貌等几个方面分别说明其收入分布状况。

表 2-3　　　　　　　2010 年湖北省城镇居民人均收入统计结果

群　　组	类　　别	样本数	百分比（%）	人均收入（元）
性别	男性	789	58.49	52316.57
	女性	560	41.51	37339.64
婚姻	已婚	1093	81.02	48016.19
	未婚	256	18.98	37915.14

续表

群　　组	类　　别	样本数	百分比（%）	人均收入（元）
政治面貌	党员	423	31.36	53317.31
	非党员	926	68.64	42802.1
工作行业	垄断行业	723	53.60	46928.68
	竞争性行业	626	46.40	45141.43
工作单位所在地	省会城市	518	38.40	48359.83
	地级市	509	37.73	47010.2
	县城	318	23.57	41212.04
	城镇	4	0.30	25990
教育	小学以下	10	0.74	25210
	小学毕业	32	2.37	38738.13
	初中毕业	165	12.23	43506.45
	高中毕业	372	27.58	42435.58
	大专毕业	340	25.20	45484.95
	本科毕业	373	27.65	47828.69
	研究生毕业	57	4.23	77660.79
健康状况	健康	853	63.23	47133.08
	一般	496	36.77	44321.48
职业	机关、企事业单位负责人	46	3.41	72093.48
	机关、企事业单位部门负责人	119	8.82	63223.53
	一般行政人员	187	13.86	41312.99
	专业技术人员	262	19.42	44607.23
	技术工人	152	11.27	35925.72
	非技术工人	58	4.30	30343.28
	商业和服务业人员	157	11.64	34635.92
	私营业主	13	0.96	159838.5
	个体户主	120	8.90	72134.17
	其他	235	17.42	36353.14

群　　组	类　　别	样本数	百分比（%）	人均收入（元）
职务或职称	厅局级及以上	3	0.22	82266.67
	处级	29	2.15	94648.28
	科级	113	8.38	62186.73
	科员	150	11.12	49194.13
	高级职称	106	7.86	54844.53
	中级职称	200	14.83	41260.49
	初级职称	133	9.86	34471.13
	技术员级	85	6.30	37178.93
工作单位性质	党政机关	104	7.71	49163.85
	事业单位	370	27.43	44720.75
	中央企业	182	13.49	43537.99
	地方国企	145	10.75	38268.89
	集体企业	56	4.15	42015.36
	私营企业	236	17.49	41306.56
	个体工商户	155	11.49	65197.74
	外资企业	31	2.30	74809.29
	其他	70	5.19	36134.29

根据表 2-3 的统计结果可以发现，在湖北省城镇，男女人均收入分别为 52316.57 元和 37339.64 元，男性收入是女性的 1.4 倍；党员的人均收入为 53317.31 元，非党员为 42802.1 元，党员收入是非党员的 1.25 倍；垄断行业的人均收入为 46928.68 元，比非垄断行业的收入高出 1787.25 元。此外，个人婚姻状况体现在收入分配方面也存在一定差异，已婚人口的人均收入为 48016.19 元，是未婚人口的人均收入的 1.3 倍。

从被调查者工作单位所在地比较来看，在省会城市工作的收入最高，为 48359.83 元，而在县城或城镇工作则收入较低，分别为 41212.04 元和 25990 元。

受教育程度与健康状况通常是衡量人力资本的两个重要指标，且个人接受教育的程度不同对收入的影响往往很大，我们通过对小学、初中、高中

（含中专）、大专、本科、研究生及以上学历不同文化程度的收入进行统计。发现学历越高，其收入也越高。其中，研究生及以上毕业的人均收入为77660.79元，其收入分别是高中毕业和初中毕业收入的1.83倍和1.78倍。身体健康的人均收入为47133.08元，比健康状况一般的人的收入高出2811.6元。

从事不同职业，其收入存在较大差异，我们发现，私营业主的收入最高，为159838.5元，其次是个体户主，其收入为72134.17元，机关、企事业单位领导和部门负责人的收入分别为72093.48元和63223.53元，非技术工人的收入最低，仅为30343.28元。

我们还考察了在机关、企事业单位的干部或专业技术人员的职务以及职称的收入差异，从统计结果来看，行政职务或职称越高，其收入越高。其中，处级干部的收入是科员收入的1.92倍，具有高级职称的人均收入是普通技术人员人均收入的1.48倍，这个结果表明行政人员之间的收入差距比专业技术人员之间的收入差距大。

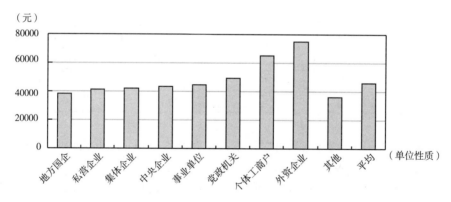

图2-4 不同所有制性质单位的人均收入

个人所在工作单位的性质不同，其收入通常存在较大的差异。图2-4的统计结果表明，在湖北省，外资企业的收入最高，其收入为74809元、个体工商户的人均收入次之，为65198元，而地方国企、私营企业以及集体企业收入较低，分别为38269元、41307元和42015元。

第四节　湖北省农村居民收入统计分析

根据农村的特点，在问卷调查时，以农村家庭户主为调查对象，问询了户主的性别、年龄、受教育程度、政治面貌、婚姻状况、健康状况、民族，以及家庭年收入、家庭人口、承包土地、是否有人担任乡镇干部或村干部等职务，是否有人在外务工等个人或家庭信息。农村居民家庭人均纯收入的分组统计结果如表2-4所示。

表2-4　　　　　　　　2010年农村家庭人均收入描述性统计结果

群组	类别	样本数	所占比例（%）	人均总收入（元）
性别	男性	799	78.41	9583.22
	女性	220	21.59	8837.56
政治面貌	中共党员	108	10.60	11314.51
	非党员	911	89.40	9197.91
外出务工	有外出务工人员	714	70.07	9537.76
	没有	305	29.93	9151.80
民族	汉族	964	94.60	9599.41
	少数民族	55	5.40	6316.85
健康状况	健康	466	45.73	10079.81
	一般	553	54.27	8868.11
婚姻状况	已婚	982	96.37	9454.41
	未婚	37	3.63	8568.33
受教育程度	没上过学	44	4.32	6895.53
	小学毕业	216	21.20	7649.32
	初中毕业	516	50.64	9709.05
	高中毕业	205	20.12	11234.15
	大专毕业	23	2.26	7760.72
	本科毕业	15	1.47	10282.56
担任职务	乡镇干部	11	1.08	10768.94
	村干部	52	5.10	10346.87
	普通农民	816	93.82	9356.45

表 2-4 给出了按不同人群组划分的农村家庭人均收入描述性统计结果。通过对被调查者按个人特征分别统计的收入情况来看，男性收入高于女性、个人受教育程度越高，收入越高。个人政治身份不同，其收入也存在很大差异，其中，拥有中共党员身份的人均收入为 11314.51 元，是非党员收入的 1.23 倍。

在农村，家庭中有人担任乡镇干部或村干部的家庭人均收入明显高于普通农民家庭，其中，乡镇干部家庭的人均收入为 10768.94 元，村干部家庭的人均收入为 10346.87 元，而普通农民家庭的人均收入为 9356.45 元；随着农村劳动力外出务工人数的增加，我们发现，农村家庭有外出务工人员的家庭人均收入为 9537.76 元，没有外出务工人员家庭的人均收入为 9151.80 元。

表 2-4 的结果还表明，汉族家庭的人均收入高于少数民族家庭的人均收入；身体健康家庭的人均收入高于身体欠佳家庭的人均收入。

本 章 小 结

在 2011 年年初，我们对湖北省 13 个地区（不含黄石市、十堰市、天门市和神农架林区）的居民收入进行了抽样问卷调查，通过对问卷调查数据的描述性统计分析，我们初步得出以下结论：

1. 在 2010 年，湖北省城乡居民的人均收入为 30316.40 元，比全国人均收入低 2916 元。湖北省城镇居民人均收入为 46099.31 元，比全国城镇居民人均收入低 2926 元；湖北省农村居民家庭人均收入为 9422.24 元，比全国农村居民家庭人均收入高 126 元。湖北省城镇居民收入是农村家庭人均收入的 4.89 倍，比全国的 5.27 倍略低。

2. 湖北省荆门市城镇居民的人均收入最高，为 59331 元，孝感市的人均收入最低，为 30643 元。湖北省宜昌市农村家庭人均收入最高，为 17238 元，收入最低的是恩施州，为 5276 元。城乡收入差距的比较结果表明，恩施州的城乡收入差距最大，其城乡收入比为 9.79 倍，鄂州市的收入差距最低，其城乡收入比为 2.83 倍。

3. 在湖北省无论是城市和农村，通过对个人禀赋特征的收入分析可以发现：党员收入高于非党员的收入；担任一定行政职务的干部收入要高于一般职员的收入；男性收入高于女性收入；个人受教育程度越高，其收入也越高。

4. 在城市，垄断性行业的收入高于竞争性行业；国有企业、外资企业、中央企业、自营经商、党政机关和私营企业的群体有着较高的收入；从事管理工作、技术工作的群体，其收入较高。再就是在省会城市或地级市工作，其收入均高于县城和城镇。

5. 在农村，随着农村劳动力外出务工人数的增加，我们发现，农村家庭有外出务工人员的家庭人均收入高于没有外出务工家庭的人均收入。

第三章　湖北省居民收入差距度量

第一节　引　言

改革开放以来，中国经济持续高速增长，但与此同时，收入不平等程度也大幅提高（Quah，2002）。很多学者和机构用基尼系数、泰尔指数、变异系数等指标来度量中国收入不平等的程度，既包括全国城乡的收入不平等，也包括城市内部和农村内部的收入不平等，还包括地区之间的收入不平等。

我国目前的收入差距到底有多大？中国居民收入分配研究课题组分别于1989年、1996年和2003年在全国范围内，调查了中国城乡居民1988年、1995年和2002年的收入情况，所估计的基尼系数分别为0.382、0.45和0.47[①]。分城乡来考察，《中国人类发展报告》（2005）的计算结果表明，城市基尼系数从1978年的0.16提高到1997年的0.29和2002年的0.34；而农村这几年的基尼系数分别为0.21、0.34和0.38[②]。

这些结果都充分说明了我国总体的收入差距、城乡之间以及地区之间的收入差距都在不断扩大，且在世界范围的比较中也处于很高的水平。

李实和岳希明（2004）的研究发现，在2002年，城镇最富的10%人群组的平均收入是最穷的10%人群的近10倍，农村最富的10%人群组的平均收入是最穷的10%人群的11倍多，全国最富的10%人群组的平均收入是最穷的10%人群的近19倍；他们的研究还发现，1995～2002年，城乡之间的收入差距对全国收入差距的贡献从38%提高到43%，上升了5个百分点。

Martin和Chen（2007）的计算结果表明，我国的基尼系数从1981年的

---

① 赵人伟、格里芬主编：《中国居民收入分配研究》，中国社会科学出版社1994年版；赵人伟、李实、李思勤主编：《中国居民收入分配再研究》，中国财政经济出版社1999年版；李实、史泰丽、别雍·古斯塔夫森：《中国居民收入分配研究Ⅲ》，北京师范大学出版社2008年版。

② 联合国计划开发署：《中国人类发展报告》，2005年。

0.31 上升到 2001 年的 0.447；Khan 和 Riskin（2005）计算出我国 2002 年的基尼系数为 0.46。李实和罗楚亮（2011）采用中国居民收入分配课题组和中国城乡劳动力流动课题组 2007 年的抽样调查数据，并根据城乡和地区购买力平价指数对个人收入进行调整后，估计出全国的基尼系数为 0.485。中国居民收入分配研究课题组分别于 1989 年、1996 年和 2003 年在全国范围内，调查了中国城乡居民 1988 年、1995 年和 2002 年的收入情况，所估计的基尼系数分别为 0.382、0.45 和 0.47（李实等，2008）。程永宏（2007）对 1978～2005 年我国的基尼系数进行了测算，研究发现，全国总体基尼系数、农村和城镇基尼系数均趋于持续上升的态势，全国总体基尼系数自 1992 年以来一直大于或等于 0.4，其中，在 2003 年和 2004 年全国总体的基尼系数分别为 0.443 和 0.442。这些计算结果表明，目前我国居民收入不平等程度在世界范围内都是相当高的。

　　收入不平等的分解通常采用 Shorrocks（1980，1982，1984）以及 Bour-guignon（1979）所提出的方法，根据这些方法，人们可以将收入按人口分组或按收入的构成来分解收入不平等。分组分解可分解出组内贡献和组间贡献，如分解城乡收入差距、地区收入差距、行业收入差距等；按收入构成进行收入不平等的分解，则要求将总收入表示为各分项收入之和。

　　Kanbur 和 Zhang（1999）采用 Shorrocks（1980，1984）所提出的 GE 指数分解方法，利用中国 28 个省市区（不含西藏和海南）1983～1995 年的人均消费支出数据，研究了中国城市与农村、沿海与内陆之间的不平等。黄祖辉等（2003）采用 GE 指数及其分解方法，对我国 1993～2001 年 29 个省市区（不含西藏，重庆并入四川）城乡居民收入差距进行了分析，研究发现，转移性收入不仅没有缩小城乡差距，反而加剧了收入不平等。

　　Khan，Griffin 和 Riskin（1999）利用 1998 年和 1995 年大型问卷调查数据的研究结果发现，中国城市居民收入的主要构成部分的不平等程度均大幅提高，其中，工资收入对总收入不平等的贡献从 33.9% 上升到 45.6%，提高了近 12 个百分点。Wan（2004）、Wan 和 Zhou（2005）采用基于回归的分解结果表明，在构成农村收入不平等的因素中，地理位置的作用已经逐渐降低，而资本投入的作用日益显著，农业产业结构对收入差距扩大的作用大于劳动和其他投入要素。王祖辉等（2003）的研究结果则表明，转移性收入不仅没有缩小收入差距，反而加剧了收入不平等。

　　不少研究者对各种影响不平等的因素进行分解，试图从中寻找出造成收入不平等重要因素。林毅夫等（1998）通过分解反映地区差距的泰尔指数，发现东部和中西部地区之间的差距对中国改革以来出现的地区差距扩大贡献显著。李实和岳希明（2004）的研究表明，城乡之间的收入差距是构成中国总体地区差距的主要贡献部分。而 Kanbur 和 Zhang（2004）利用 GE 指数分解的结果的表明，沿海和内地之间的差距在整个地区差距中的贡献越来越大。

这些结果都充分说明了我国总体的收入差距、城乡之间以及地区之间的收入差距都在不断扩大，且在世界范围的比较中也处于很高的水平。

目前湖北省居民收入差距到底有多大，我们将通过采取多种方法来进行度量，并回答这个问题。

第二节 收入差距的度量方法

一、收入差距的度量

对收入分配的研究，其中一个非常重要的问题是采取什么指标来度量收入差距。目前，度量收入差距的指标很多，总体而言，可以分为绝对指标和相对指标两大类。常用的指标有极值差、标准差、变异系数、基尼系数和广义熵指数等。

为了方便叙述，假设 n 个人的收入样本可表示为 $y = (y_1, y_2, \cdots, y_n)$，并已将每个人的收入按由低到高排序，即：$y_1 \leqslant y_2 \leqslant \cdots \leqslant y_n$。收入差距用不平等指标 $I(y)$ 表示，那么，$I(y)$ 应该满足以下几个性质（Shorrocks 和万广华，2005）：

1. 庇古 - 道尔顿转移原则。在保持收入均值不变的情况下，将一笔收入由富人转给穷人后（不改变原来的收入排序顺序），则不均等程度下降。反之，若将一笔收入从低收入者转给高收入者，则不平等程度提高。即对任意的 $\varepsilon > 0$，不平等指标 I 满足：

$$I(y_1, y_2, \cdots, y_i + \varepsilon, \cdots, y_j - \varepsilon, \cdots, y_n) < I(y_1, y_2, \cdots, y_n)$$

2. 对称性或匿名性。不平等度量结果只与收入水平有关，与收入水平的排列顺序以及个体名称无关。即不平等的度量结果与观测对象的地位、身份没有任何关系。如：假设某样本含有收入不同的一组人，在用这些收入观察值度量不平等时，若对调任意两个人，度量结果应该保持不变。

3. 规模无关性或 0 次齐次性。如果将所有的收入观察值同乘以或同除以一个常数，则不平等的度量结果应该保持不变；但如果同加或同减一个正数，不平等的值应该下降或上升。如假设不平等指标为 I，λ 为大于 0 的常数，则有 $I(y)=I(\lambda y)$。该性质也称之为 0 次其次性。即该性质要求，当改变收入的度量单位时，指标值估算结果不受影响。

4. 人口无关性。如果把几个收入相同的样本合并成一个样本，收入不平等程度不变。该性质也称之为复制不变性，即将某个收入样本复制多次，所得到的新的收入样本的不平等程度不发生改变。也就是说，样本的大小不影响度量结果，只要收入分配状况一样，同时数据样本具有代表性，不平等的度量结果应该相同。

5. 标准化。该性质是指当且仅当每人的收入相同时，不平等程度一定为0；但所有收入被一个人取得时，则不平等程度最大（即要求此时不平等的度量结果为1）。

通常，一个好的不平等指标应该要能满足上述 5 个性质。而且，在度量收入分配的时候，应该把所有的样本观测值、所有的样本信息都考虑进来。

尽管衡量收入不平等的指标有很多，但能满足上述 5 个性质的指标常用的有基尼系数和广义熵指数①。此外，在度量如不平等时，基尼系数和广义熵指数均可以选用。但是，在分解收入不平等时，如果是按收入构成进行分解，即分解各分项收入对总收入不平等的贡献，宜采用基尼系数；而如果要对收入不平等样本进行分解（如城乡分解、地区分解等），则只能采用广义熵指数。因此，在本章我们用基尼系数和 GE 指数作为收入差距的衡量指标，并且，在对收入构成进行分解时，我们采用基尼系数；在分解城乡之间、地区之间的收入差距时，我们采用 GE 指数。

二、基尼系数及其分解

1. 洛伦兹曲线和基尼系数。洛伦兹曲线是研究不平等的有力工具。图3-1 中，横轴表示累计的人口比例，纵轴表示的是与相对应的人口比例所拥有的收入占总收入的比例。将人均收入按由高到低进行排序，分别计算 10%，20%，…，90% 的人口的收入占总收入的比重，并将它们在图中描出，由这些点连成的曲线即为洛伦兹曲线。

① 这里我们没有考虑 Atkinson 指数，因为 Atkinson 指数与广义熵指数之间存在一一对应的单调转换关系（Shorrocks and Slottje，2002）。

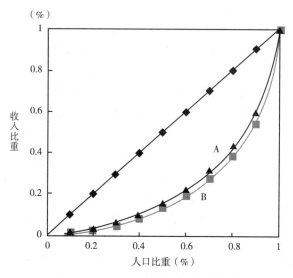

图 3 - 1 洛伦兹曲线

基尼系数是根据洛伦兹曲线推导出来的。即 45°线与洛伦兹曲线围成的面积与 45°线以下三角形面积之比。该比例越大，不平等程度越高。

自从基尼（1912）在相对平均差的基础上定义了基尼系数以后，很多学者对基尼系数的度量进行了研究，提出了很多的计算方法，目前较常用的一些计算基尼系数的公式有[1]：

$$G = \frac{1}{2n^2\mu} \sum_{i=1}^{n} \sum_{j=1}^{n} |y_i - y_j| \tag{3.1}$$

Sen（1973）所定义的基尼系数计算公式如（3.2）式所示[2]：

$$G = 1 + \frac{1}{n} - \frac{2}{n^2\mu} \sum_{i=1}^{n} [(n - i + 1)y_i] \tag{3.2}$$

Anand（1983）提出的基尼系数协方差计算公式如（3.3）式所示：

---

① 尽管计算基尼系数的公式其表示形式存在一定的差异，但利用这些公式所计算的基尼系数值是相同的。

② Sen, Amartya K., On Economic Inequality, Oxford：Clarendon Press, 1973. 具体可参见徐宽：《基尼系数的研究文献在过去八十年是如何拓展的》，《经济学》（季刊），2003 年 7 月第 2 卷第 7 期。

$$G = \frac{2\mathrm{cov}(y_i,i)}{n\mu} \tag{3.3}$$

在（3.1）式、（3.2）式和（3.3）式中，μ 为全部样本的人均收入；n 为样本数量；y_i 为排在第 i 位的个体收入。在计算基尼系数时，首先要将各个体的收入按由低到高进行排序，尽管（3.1）式 ~（3.3）式表示形式不同，但计算结果完全相同。

在实际中计算基尼系数时，通常是先将人均收入由低到高排序，再等分成若干组（如果不分组，则每户或每人为一组），则基尼系数的计算还可以用如下近似公式进行计算，即：

$$Gini = 1 - \sum_{i=1}^{n} P_i(2Q_i - W_i) \tag{3.4}$$

其中，W_i 为每组收入占总收入的比重；P_i 为人口比重，$Q_i = \sum_{k=1}^{i} W_i$ 为累计收入比重。

若不按等分进行分组，则基尼系数的计算公式（陈昌兵，2007）为：

$$Gini = \sum_{i=1}^{n-1} P_i W_i + 2\sum_{i=1}^{n-1} P_i(1 - Q_i) - 1 \tag{3.4'}$$

如果要计算全国总体的收入差距，通常我们可以先分别计算出城乡居民收入差距的基尼系数，然后，再根据城乡人口进行城乡加权，得到总体的收入差距。计算方法如下（Sundrum，1990）：

$$Gini = P_u^2 \frac{\mu_u}{\mu} G_u + P_r^2 \frac{\mu_r}{\mu} G_r + P_u P_r \frac{|\mu_u - \mu_r|}{\mu} \tag{3.5}$$

在（3.5）式中，G、Gu、Gr 分别为全国居民、城镇居民和农村居民收入分配差距的基尼系数；Pu 和 Pr 分别为城镇人口和农村人口占全国总人口的比重；μ_u 和 μ_r 分别为城镇居民和农村居民的人均收入；μ 为全国居民的人均收入，可通过（3.6）式计算得到：

$$\mu = P_u \times \mu_u + P_r \times \mu_r \tag{3.6}$$

2. 基尼系数的分解。居民收入来源通常包括工资收入、投资收入、经营性收入、转移性收入等。对于不同收入阶层的居民而言，不同收入占总收入的比重不尽相同，且这些收入来源对总收入不平等程度的影响也不同。为了分解不同收入来源对总收入不平等的贡献，假设个人总收入 y 由 k 项收入构成，即 $y = y_1 + y_2 + \cdots + y_k$，那么，各分项收入对总收入不平等的贡献可表示为：

$$s_k = \frac{\mu_k}{\mu} \times \frac{C_k}{G} \qquad (3.7)$$

且 *s. t.* $\sum_k s_k = 1$。

在（3.7）式中，μ_k 为第 k 项收入的平均值；μ 为总收入的平均值；G 为总收入不平等的基尼系数；C_k 为第 k 项收入的集中指数，其计算方法与基尼系数的计算方法相同，但是在计算 C_k 时，是按照总收入由低到高的顺序排序，而不是按第 k 项收入进行排序，因此，C_k 又称为伪基尼系数。

从（3.7）式可以看出，某分项收入对总收入不平等的贡献主要取决于该分项收入占总收入的比重，以及该分项收入的集中指数 C_k。如果 $C_k > G$，则该分项收入是促使总体收入差距扩大的因素；反之，如果 $C_k < G$，则该分项收入是促使总体收入差距缩小的因素。

三、方差分解

前面介绍了根据基尼系数来分解各分项收入对总收入不平等的贡献。下面，采用 Shorrocks（1982）[①] 所提出的另一种按照不同收入来源对收入不平等的分解方法，即只要不平等指数能设计成按分项收入进行加权相加的形式，则该指数便能按收入来源进行不平等分解，即各项收入对总收入不平等程度的贡献率之和为 1。

为了计算简便，我们采用方差作为不平等指数进行分解，各项收入对总收入不平等的贡献率计算公式如（3.8）式所示：

$$s_k = \frac{\text{cov}(y_k, y)}{\sigma^2(y)} = \rho_k \sigma_k / \sigma(y)$$
$$\text{s. t. } \sum_k s_k = 1 \qquad (3.8)$$

---

① Shorrocks, A. F., 1982, Inequality Decomposition by Factor Components. Econometrica, Vol. 50, pp. 193 –211.

在（3.8）式中，s_k 为第 k 项收入不平等对总收入不平等的贡献率；y_k 为第 k 项收入；y 为总收入；$\mathrm{cov}(y_k, y)$ 为各样本的第 k 项收入与总收入的协方差值；$\sigma^2(y)$ 为总收入的样本方差值；ρ_k 为第 k 项收入与总收入的相关系数；σ_k 为第 k 项收入的标准差；$\sigma(y)$ 为总收入的标准差。

对于正的收入来源，如果 s_k 大于零，表示该收入对总收入不平等有放大的作用，反之，则有缩小总收入不平等的作用。

四、广义熵指数及其分解

1. 广义熵指数。为了度量不同人群组收入差距对整个区域不平等的贡献，我们采用广义熵（Generalized Entropy，简称 GE 指数，Shorrocks，1980，1984）[①] 指数来度量不平等的程度。GE 指数的表示如下：

$$
I(y) = \begin{cases}
\sum_{i=1}^{n} f(y_i) \left[(y_i/\mu)^c - 1 \right], & c \neq 0,1 \\[2mm]
\sum_{i=1}^{n} f(y_i) \left[(y_i/\mu) \log(y_i/\mu) \right], & c = 1 \\[2mm]
\sum_{i=1}^{n} f(y_i) \left[\log(\mu/y_i) \right], & c = 0
\end{cases}
\tag{3.9}
$$

在（3.9）式中，$I(y)$ 为整体不平等程度，即 GE 指数；$f(y_i)$ 为人口比重；y_i 为第 i 个样本的收入；μ 为全部样本的平均收入；c 为常数，表示厌恶不平等的程度，c 越小，所代表的厌恶程度越高。无论 c 取何值，GE 指数都是可加可分解的。当 $c = 0$ 时，$I(y)$ 为平均对数离差，又称为第二泰尔指数，或称之为泰尔 $-L$ 指数，或 $GE(0)$ 指数；当 $c = 1$ 时，$I(y)$ 为泰尔指数，又称为第一泰尔指数，或称之为泰尔 $-T$ 指数，或 $GE(1)$ 指数；当 $c = 2$ 时，$I(y)$ 为变异系数平方的一半。

无论 $c = 1$ 还是 $c = 0$，两种不平等指数的计算结果基本上是相同的。因此，为了处理简单，在此取 $c = 0$，即 $GE(0)$。

2. GE 指数的分解。我们将全部人口按城乡划分或按东中西部地区划分，则整体收入的不平等等于城乡内部（或地区内部）的收入不平等加上城乡之

[①] Shorrocks，Anthony F.，1980，The class of additively decomposable inequality measures. *Econometrica*，Vol. 48，pp. 613 – 625.；Shorrocks，Anthony F.，1984，Inequality Decomposition by Population Subgroups. *Econometrica*，Vol. 52，pp. 1369 – 1385.

间（或地区之间）收入不平等。其表示形式如（3.10）式所示：

$$I(y) = W + B = \sum_{g=1}^{k} n_g I_g(y) + B \qquad (3.10)$$

这里，W 和 B 分别为组内不平等和组间不平等；k 为将全部人口按不同群体分组后的组数，如按城乡分组，$k=2$，若按东、中、西部地区分组，则 $k=3$；n_g 和 $I_g(y)$ 分别为各群组的人口规模和收入不平等的指数，即组内不平等。

对收入差距的衡量通常采用分组的方法处理数据，因此中国整体的收入差距包括组间差距和组内差距两大部分，而组间差距根据衡量的对象不同又分为城乡差距、区域差距、行业差距等几种形式。

Kanbur 和 Zhang（1999，2000）[①] 根据 GE 指数，在对样本进行分组的基础上，将 GE 指数分解成组内不平等和组间不平等。其表达式如（3.11）式所示：

$$I(y) = \sum_{g=1}^{k} W_g I_g + I(\mu_1 e_1, \cdots, \mu_k e_k) \qquad (3.11)$$

其中：

$$W_g = \begin{cases} f_g(\mu_g/\mu)c & c \neq 0,1 \\ f_g(\mu_g/\mu) & c = 1 \\ f_g & c = 0 \end{cases}$$

k 是外生给定的组数，用 g 标明。I_g 为第 g 组的不平等（GE 指数值），μ_g 是第 g 组的人均值；e_g 是长度为 n_g 的一个向量；n_g 是第 g 组的人口数，n 为所有组的总人口数，那么，$f_g = n_g/n$。在（3.11）式中，$W_g I_g$ 表示组内不平等程度，$[W_g I_g/I(y)] \times 100\%$ 表示第 g 组的不平等程度对总体不平等程度的贡献率。$I(\mu_1 e_1, \cdots, \mu_k e_k)$ 表示总不平等程度的组间不平等部分，$[I(\mu_1 e_1, \cdots, \mu_k e_k)/I(y)] \times 100\%$ 表示组间不平等程度对总体不平等程度的贡献率。

---

① Kanbur, Ravi and Xiaobo Zhang, 1999, Which Regional Inequality: Rural-Urban or Coast-Inland? An Application to China, Journal of Comparative Economics Vol. 27, pp. 686 – 701.; Kanbur, Ravi and Xiaobo Zhang, 2005, Fifty Years of Regional Inequality in China: a Journey Through Central Planning, Reform, and Openness, Review of Development Economics, Vol. 9, pp. 87 – 106.

第三节 湖北省居民收入差距及分解

一、居民收入差距分组统计

1. 全省居民收入分组统计。第二章的统计结果显示，在 2010 年，湖北省城镇居民人均收入为 46099.31 元，农村居民家庭人均收入为 9422.24 元，城乡收入比为 4.89。

进一步，将湖北全省城乡居民收入合并，按收入由低到高的顺序进行排序，并按人口十等分进行分组，分别统计各组的人均收入，并计算各组收入占总收入的比重，各分组内的人均收入及分布如表 3 - 1 所示。

表 3 - 1 　　　　　　　　2010 年湖北城乡收入 10 分位组统计

组别	组内人均收入（元）	各组收入占总收入的百分比（%）	各组收入与最低收入组之比
1	3604.47	1.19	1
2	6373.63	2.10	1.77
3	8968.18	2.96	2.49
4	11909.94	3.93	3.30
5	16432.57	5.42	4.56
6	22584.21	7.46	6.27
7	29976.80	9.90	8.32
8	38697.11	12.78	10.74
9	53714.56	17.73	14.90
10	110646.70	36.53	30.70

在表 3 - 1 中，通过对湖北全省城乡居民收入分布的比较，我们发现，收入最低的 10% 人口的人均收入为 3604 元，占总收入的比重为 1.19%；收入最高的 10% 人口的人均收入为 110647 元，占总收入的比重为 36.53%；收入最高的 10% 人口的收入是收入最低的 10% 人口收入的 30.7 倍。

2. 湖北城镇居民人均收入分组统计。表 3 - 2 报告了 2010 年湖北省城镇居民收入按人口十等分分组的统计结果。

表 3 - 2 　　　　　　　　2010 年湖北城镇居民人均收入 10 分位组统计结果

组别	组内人均收入（元）	各组收入占总收入的百分比（%）	各组收入与最低收入组之比
1	12410.67	2.69	1
2	18463.64	4.01	1.49
3	23226.07	5.04	1.87
4	27782.56	6.03	2.24
5	32465.19	7.05	2.62
6	37543.57	8.15	3.03
7	44595.11	9.68	3.59
8	54726.37	11.88	4.41
9	70582.21	15.32	5.69
10	138856.25	30.14	11.19

表 3 - 2 结果表明，在湖北省城镇，收入最低的 10% 人口的人均收入为 12410.67 元，占总收入的比重为 2.69%；收入最高的 10% 人口的人均收入为 138856.25 元，占总收入的比重为 30.14%；收入最高的 10% 人口的收入是收入最低的 10% 人口收入的 11.19 倍。

3. 湖北农村居民人均收入分组统计。表 3 - 3 报告了 2010 年湖北省农村居民家庭人均收入按人口十等分分组的统计结果。

表 3 - 3 　　　　　　　　2010 年湖北农村居民人均收入 10 分位组统计结果

组别	组内人均收入（元）	各组收入占总收入的百分比（%）	各组收入与最低收入组之比
1	2427.96	2.58	1
2	4366.90	4.64	1.80
3	5357.05	5.69	2.21
4	6414.44	6.81	2.64
5	7446.35	7.91	3.07
6	8658.51	9.20	3.57
7	10044.57	10.67	4.14
8	11724.24	12.46	4.83
9	14021.19	14.90	5.77
10	23668.80	25.14	9.75

表 3-3 中结果表明，在湖北省农村，收入最低的 10% 人口的人均收入为 2427.96 元，占总收入的比重为 2.58%；收入最高的 10% 人口的人均收入为 23668.80 元，占总收入的比重为 25.14；收入最高的 10% 人口的收入是收入最低的 10% 人口收入的 9.75 倍。

结合表 3-1、表 3-2 和表 3-3 的计算结果，湖北省各地区、湖北省城镇以及农村的洛伦兹曲线如图 3-2 所示。从图 3-2 可以看出，湖北省城镇收入差距大于农村收入差距。

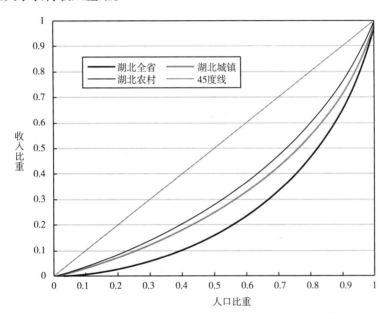

图 3-2　2010 年湖北全省及城乡居民收入的洛伦兹曲线

4. 湖北城乡不同收入阶层的收入差距。为了分析不同收入阶层的城乡收入差距，根据表 3-2 和表 3-3 中城乡居民十等分分组后各组的人均收入，对应计算各组城乡居民人均收入比，城乡居民各阶层收入比如图 3-4 所示。

在图 3-3 显示的结果可以发现，湖北省居民收入最低的 10% 人口的城乡收入比为 5.11 倍，收入最高的 10% 人口的城乡收入比为 5.87 倍。

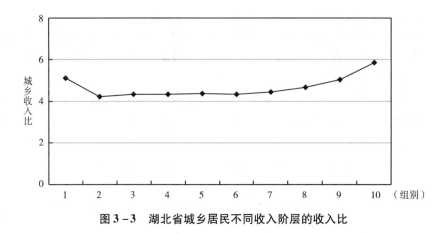

图3-3 湖北省城乡居民不同收入阶层的收入比

二、城乡收入差距度量结果

表3-4报告了相对均值离差、变异系数、对数标准差、基尼系数、泰尔指数（GE（1））、平均对数离差（GE（0））、熵指数（GE（-1））以及变异系数平方的一半（GE（2））等收入不平等指标的度量结果。下面，以基尼系数和平均对数离差（GE（0））为例来说明湖北全省以及城乡的收入差距。

表3-4   2010年湖北收入差距度量结果

不平等指标	湖北省	城镇	农村
相对均值离差（Relative mean deviation）	0.373	0.275	0.231
变异系数（Coefficient of variation）	1.206	0.904	0.686
对数标准差（Standard deviation of logs）	1.008	0.667	0.650
基尼系数（Gini coefficient）	0.509	0.382	0.329
泰尔指数（Theil index：GE（1））	0.464	0.268	0.188
均值对数离差（Mean Log Deviation：GE（0））	0.486	0.243	0.195
熵指数（Entropy index：GE（-1））	0.893	0.294	0.292

表3-4的结果表明，在2010年，湖北省的基尼系数为0.509，城镇基尼系数为0.382，农村基尼系数为0.329，这个结果表明湖北全省的基尼系数均已超过了0.4的国际警戒线，湖北省目前的收入差距非常严重，但城镇和农村

的基尼系数均在 0.4 以内，且城镇收入差距大于农村收入差距。通过与 2009 年湖北省收入差距的比较，2010 年湖北全省以及城乡的收入差距均有所下降，其中，湖北全省的基尼系数下降了 5 个百分点，城镇基尼系数下降了 8 个百分点，农村下降了 3 个百分点。此外，我们计算的 2010 年全国以及全国城乡的基尼系数分别为 0.54、0.431 和 0.374，相比较而言，在 2010 年，湖北省的收入差距低于全国整体的收入差距。

三、湖北省收入不平等的城乡分解

将湖北全省样本分为城镇和农村两个子样本，分别计算城镇和农村的 GE(0) 指数，并将全省的收入不平等分解为城镇内部、农村内部以及城乡之间的不平等，其分解结果如表 3-5 所示。

表 3-5　　　　　　　　　湖北省城乡收入差距分解结果

总收入差距	GE (0)	贡献度（%）	基尼系数
总收入差距	0.48646	100	0.50863
城乡之间差距	0.26412	54.29	
城乡内部差距	0.22233	45.71	
其中：城市内部差距	0.24299	28.46	0.38210
乡村内部差距	0.19499	17.25	0.32861

表 3-5 报告了采用广义熵指数不平等的分解结果，我们发现，城镇之间和城乡内部的 GE（0）指数分别为 0.264 和 0.222，且城乡之间的收入差距略大于城乡内部的收入差距，它们对总收入差距的贡献分别达到了 54.29% 和 45.71%，其中，城市内部差距和乡村内部差距对城乡内部收入差距的贡献分别为 28.46% 和 17.25%。

四、城乡居民收入构成对收入不平等的影响

在我们的调查数据中，由于城乡居民的收入构成不同，因此，我们分别分解城乡居民的收入构成对总收入不平等的贡献。湖北省城乡居民人均收入构成对总收入不平等的贡献的分解结果如表 3-6 所示。

表3-6　　　　　　湖北省城乡居民收入构成对总收入不平等的贡献　　　　　单位:%

城　市		农　村	
收入构成	不平等的贡献	收入构成	不平等的贡献
工资	51.73	农业收入	15.90
奖金	10.21	副业收入	23.12
经营性收入	24.57	外出务工收入	41.68
投资收入	4.12	投资收入	0.31
财产性收入	3.35	财产收入	1.40
转移性收入	0.37	赠与收入	-0.02
赠与收入	0.57	转移性收入	-0.05
遗产继承收入	0.19	禀赋收入	0.73
禀赋收入	4.89	遗产继承收入	-0.03
		其他收入	16.96
合计	100	合计	100

表3-6中城镇居民各项收入构成对总收入不平等影响的分解结果表明，在总收入的各项收入构成中，工资收入对总收入不平等程度的贡献最大，达到了51.73%，经营性收入的贡献率为24.57%，奖金收入的贡献率为10.21%；而投资收入、财产性收入、转移性收入、赠与收入、遗产继承收入和禀赋收入对总收入不平等的贡献都比较小（均没有超过5%）。

表3-6针对农村家庭各项人均收入构成对总收入不平等的贡献的分解结果表明，在总收入的各项收入构成中，外出务工收入对总收入不平等程度的贡献最大，达到了41.68%，其次是副业收入对收入不平等的贡献率达到了23.12%，农业收入的贡献率为15.9%，其他收入的贡献率为16.96%；而投资收入、财产收入和禀赋收入对总收入不平等的贡献非常小（均不到2%）；另外，从表中我们看到，转移性收入、赠与收入和遗产继承收入对总收入不平等的贡献为负，这说明这三项收入尽管对总收入不平等程度的扩大具有一定的抑制作用，但作用非常小。

本章小结

在本章的研究中，根据2010年湖北省居民收入调查数据，采用基尼系数测算了湖北全省以及城镇和农村的收入差距，采用基尼系数的分解方法分析了不同收入来源对总收入不平等的贡献，将全部样本分为城镇和农村两个子样本，采用广义熵指数的分解方法，度量了城乡内部和城乡之间收入不平等对全省收入不平等的贡献，得到如下几点结论。

1. 在湖北全省，收入最低的 10% 人口的收入占总收入的比重为 1.19%，收入最高的 10% 人口的收入占总收入的比重为 36.53%，收入最高的 10% 人口的收入是收入最低的 10% 人口收入的 30.7 倍。

湖北省城镇居民收入最低的 10% 人口的收入占总收入的比重为 2.69%，收入最高的 10% 人口的收入占总收入的比重为 30.14%，收入最高的 10% 人口的收入是收入最低的 10% 人口收入的 11.19 倍。

湖北省农村家庭人均收入最低的 10% 人口的收入占总收入的比重为 2.58%；收入最高的 10% 人口的收入占总收入的比重为 25.14%，收入最高的 10% 人口的收入是收入最低的 10% 人口收入的 9.75 倍。

2. 湖北省城乡收入差距的基尼系数度量结果表明，在 2010 年，湖北省的基尼系数为 0.509，其中，城镇的基尼系数为 0.382，农村为 0.329。且湖北全省的基尼系数已超过了 0.4 的国际警戒线，城镇的收入差距大于农村的收入差距。

3. 广义熵指数所度量的收入不平等的结果表明，在 2010 年，湖北省城镇和农村的 GE（0）指数分别为 0.243 和 0.195，且城乡之间的收入差距略大于城乡内部的收入差距，它们对总收入差距的贡献分别达到了 54.29% 和 45.71%，其中，城市内部差距和乡村内部差距对城乡内部收入差距的贡献分别为 28.46% 和 17.25%。

4. 通过分解 2010 年湖北省城乡居民各项收入构成对总收入不平等的贡献，我们发现，在城镇，工资收入对总收入不平等的贡献最大，其贡献率为 51.73%；在农村，农民外出务工收入对家庭人均收入不平等的贡献最大，其贡献率为 41.68% 左右。此外无论是城镇还是农村，财产收入、投资收入、禀赋收入、转移性收入、赠与收入以及遗产继承收入对总收入不平等的贡献都非常小。

第四章 湖北省居民收入的影响因素分析

第一节 引　　言

　　影响居民收入分配的原因是多方面的，个人收入不仅与个人禀赋特征有关，还与所有制结构、市场结构、地域环境等因素密切相关。对中国收入分配及不平等的研究文献甚多。中国的经济体制改革在为经济高速增长提供有效制度保障的同时，也意味着激励机制和分配制度的改变，其结果是中国居民收入分配格局的演变和收入差距的扩大（Khan and Carl，1998；Yang，1999；Coes，2008；Wan and Zhang，2006）。

　　边燕杰和张展新（2002）利用1988年和1995年《中国城市住户收入调查数据》的研究发现，随着城市的市场化程度的提高，人力资本和政治资本都会增值。受教育程度越高，收入也越高，大专以上学历的收入在1988年比初中生高10.2%，在1995年则上升到31.7%；党员收入比非党员高，其收入优势从1988年的9.7%上升到1995年的12.9%；干部的收入在1988年比工人高9.1%，到1995年，提高到14.0%。李实和丁赛（2003）利用抽样调查数据对1990~1999年我国城镇的个人教育收益率的动态变化进行了经验估计，从中发现个人教育收益率是逐年上升的，10年间上升了近3倍，并认为教育对收入增长的影响作用在很大程度上是通过就业途径的选择来实现的，且不同所有制单位之间存在着较为显著的差异，不同地区之间也有一定的差异。白雪梅（2004）利用中国1982~2000年的数据对中国的经验研究表明，教育与收入不平等之间不仅存在密切关系，且这种关系比较稳定，并且认为平均受教育年限的增加不是降低而是提高了收入的不平等程度。

　　Wu和Xie（2003）采用1996年的《当代中国的生活史和社会变迁》调查数据的研究结果表明，市场部门的教育回报高于国有部门，市场部门劳动者的收入比国有部门高49%，教育的收入回报约为5%，党员的收入比非党员高11%。在Zhou（2000）的研究中，提出了一个政治和市场共同演化的概念模型，通过对中国 20 个城市 1955～1994 年收入的决定因素分析，针对面板数据的研究发现，在改革前（1955～1984 年），受过大学教育或高中教育的收入分别比小学或文盲高出 11% 和 8%，而在改革期间（1987～1994 年），受过大学教育或高中教育的收入分别比小学或文盲高 23% 和 17%；党员收入比非党员高 6%；改革前高级干部的收入比非技术工人高 7%；无论是改革前还是改革期间，相对集体企业，私营混合企业职工的收入高出近 26%，中央直属企业高出 15.3%。

Bian 和 Zhang（2002）利用 1988 年和 1995 年的调查数据，研究了在市场化进程中，中国城市的收入分配。研究发现，在由计划经济向市场经济转轨进程中，垄断部门和竞争部门之间个人收入差距扩大，党员身份和干部身份等政治资本使收入回报提高，个人技能和教育等人力资本的收入回报提高了，且在劳动力市场和资本市场，政治地位和人力资本的收入回报进一步提高。郝大海和李路路（2006）以社会主义国家经济转型的学术争论为出发点，根据 2003 年全国综合社会调查城镇部分的数据资料，通过构建收入的区域差异模型，检验了区域差异、人力资本、个人特征、政治资本以及国家垄断等因素对收入差异的作用。并特别强调"区域差异改革"和"国家垄断部门"两种策略对个人收入差异的影响。

在国内，分位回归方法的应用也越来越广泛，涉及收入分配方面，大量的研究集中在教育的收入回报率方面。罗楚亮（2007）以中国居民收入分配课题组 2002 年城镇住户调查数据为基础，利用分位回归分析方法讨论城镇居民教育收益率与收入条件分布之间的关联形式，研究发现，在收入条件分布较高的分位点上，所对应的教育收益率相对较低，即教育收益率随着收入等级的提高而下降。张车伟（2006）利用 2004 年 7 月在上海、浙江和福建三省市的调查数据的分析结果表明，教育收益率随收入分布状况而变化，表现为收入越高的人教育回报率越高，而收入越低的人教育回报率也越低，并呈现出明显的让"富有者更富有、贫穷者更贫穷"的"马太效应"。邢春冰（2006）通过研究中国不同所有制部门教育的工资回报发现，在国有部门，低分位回归的教育回报率比较高，在私营经济部门，高分位回归中的教育回报率高于低分位回归。

由计划经济向市场经济转型的过程中，党员身份和干部身份等政治资本的收入回报是提高了还是降低了，这个问题已引起了不少学者的关注。我国现行的收入分配制度是以按劳分配为主体，多种分配方式并存，是按资本、劳动、技术和管理等生产要素的贡献参与分配的。那么，党员身份并不是在进行分配时所需要考量的一个指标。然而，党员身份体现了对党组织的政治忠诚，是党组织考察干部并决定其职位升迁的一个非常重要的政治资格指标（Walder et al.，2000）。拥有党员身份并担任一定职务的领导干部代表了个人的政治资本，这不仅体现了个人能力，同时也体现了个人的进取心和政治抱负（边燕杰和张展新，2002）。随着职位的升迁，特别是当权力与资源、资本以及社会关系相结合时，担任一定职务的领导干部在决定或影响收入分配时的作用越来越大。

关于政治资本的收入回报，Nee（1989，1996）通过对福建农村调查数据的研究，在他的市场转型论中提出，由再分配经济向市场经济转型的过程中，人力资本的收入回报上升，政治资本的收入回报下降。但是，在 Nee（1989）的文章中，现任干部变量的回归系数尽管为负，但并不显著。自从 Nee 的市场转型论提出后，重点围绕其政治资本收入回报下降的观点引发了很多的争论和检验。Bian 和 Lorgan（1996）通过对天津 1988 年和 1993 年调查数据的研究，所提出的权力维续论认为，在中国的市场转型过程中，共产党的领导地位和城市单位制度没有发生改变，拥有再分配权力的人可以优先在市场体制中获得实惠，拥有党员身份的人享有了更多的收入优势。Rona-Tas（1994）的权力变形理论认为，在匈牙利向市场经济转型的过程中，共产党干部的再分配权力转化成社会网络资源，再由社会网络资源变型为私有财产，其政治资本的优势地位继续保持。Parish 和 Michelson（1996）认为，转型经济中出现的政治市场影响着利益分配，并且影响着经济市场的运行，因此，政治权力的经济回报将会持续保持优势。

刘和旺和王宇锋（2010）的研究认为，政治资本对个人收入的影响主要来自个人能力、社会资本和权力寻租三个方面，他们用党员身份作为政治资本的衡量指标，研究发现，自改革开放以来，政治资本的收益总体上呈现出下降的趋势，并认为政治资本在不同年龄、不同地区以及城乡之间的收入回报是不同的。李爽等（2008）的研究发现，党员身份显著地提高了个人收入，且在不同所有制部门党员身份的作用并不存在显著差异。李明和李慧中（2010）通过构造各省的政治资本指标体系，采用 1998～2002 年 30 个省份的面板数据，研究发现政治资本对中国各地区的收入差距有显著正的影响，但其边际效应递减。边燕杰和张展新（2002）利用 1988 年和 1995 年"中国城市住户收入调查数据"的研究发现，随着城市市场化程度的提高，党员身份和干部身份等政治资本使收入回报提高，其中党员的收入优势从 1988 年的 9.7% 上升到 1995 年的 12.9%；干部的收入在 1988 年比工人高 9.1%，到 1995 年，提高到 14%。杨瑞龙等（2010）研究了拥有政治资本的个人利用权力和资源对自身和家庭成员获取额外收入的影响。Wu 和 Xie（2003）的研究结果表明，党员的收入比非党员高 11%。Zhou（2000）通过对中国 20 个城市 1955～1994 年收入决定因素的分析结果表明，没有证据显示党员身份或干部地位的作用在下降。

在经济中要获取更多的收入回报，除政治资本外，人力资本或个人受教育水平这个因素是不容忽视的，且政治资本和人力资本的内在联系非常紧密。改革开放以来，随着经济发展和体制变革，为了更有利于经济建设的需要，个人学历与技能越来越受到重视，执政党会吸收受过良好教育的知识分子加入党组织（Bian et al.，2001）。在干部职位升迁方面，从改革开放前的重点考察政治忠诚到现在的政治忠诚与教育水平并重，并给予了受过良好教育的党员更多的机会进入领导阶层，使党的干部既具有政治忠诚又具有较高的学历和专业技能（Walder et al.，2000）。Walder（1995）认为，受过良好教育的党员与受过良好教育的非党员在共产主义制度下可能得到不同的回报。因此，个人良好的教育背景、丰富的专业知识和管理能力成为干部职位升迁的一个重要考核指标。

改革开放以来，无论是城乡之间、地区之间还是行业之间，我国收入差距都在不断扩大，收入不平等程度持续提高。中国居民收入分配研究课题组分别于 1989 年、1996 年和 2003 年在全国范围内，调查了中国城乡居民 1988 年、1995 年和 2002 年的收入情况，所估计的基尼系数分别为 0.382、0.45 和 0.47（李实等，2008）。

那么，在收入差距扩大的同时，政治资本对城市居民收入差距的贡献到底有多大，专门针对这个问题的研究在已有的文献中并不多见。在研究方法上，基本上都是采用基于回归的方法来分解不同因素对收入不平等的贡献。如 Oaxaca（1973）和 Blinder（1973）最早采用回归方法研究了男、女职工的收入差异和导致收入差异的原因，并量化了工作经验、受教育程度等因素对工资收入不平等程度的贡献。Fields 和 Yoo（2000）以及 Fields（2003）则采用半对数收入决定函数，分别研究了多种因素对韩国和美国收入差距的影响。再就是 Shorrocks（1999）提出的基于夏普里值的分解方法，它适合任意不平等指数的分解，且充分考虑了回归中常数项和残差的处理。Wan（2004）、Wan 和 Zhou（2005）以及万广华（2006）在此基础上针对中国的收入不平等，进行了很多开拓性的研究,为收入不平等的分解提供了新的视角。

在近期的研究中,陈钊等(2010)在研究中国城镇不同行业间收入差距的成因时,采用基尼系数、变异系数和泰尔指数作为收入差距的衡量指标,针对 2002 年数据采用基于回归分解的结果表明,党员身份对不同行业收入不平等的贡献为 3% ~ 4%。赵剑治和陆铭(2009)采用夏普里值分解方法,在研究关系对农村收入差距的贡献时,采用基尼系数、阿特金森指数和广义熵指数作为收入差距的度量指标,发现政治资本(党员身份)对农村居民收入差距的贡献为 0.6%,其影响甚微。陈玉宇等(2004)研究了地区因素以及人力资本对 20 世纪 90 年代中国城镇居民收入不平等的作用,研究发现,其中党员身份对收入不平等的贡献在 1995 年和 1999 年分别为 1.52% 和 1.17%。岳希明等(2008)针对 1995 年和 2002 年住户调查数据,并分别采用基尼系数和泰尔指数作为衡量收入不平等的指标,分析了中国个人收入差距及其变动,发现党员身份对收入不平等的贡献尽管很小,但有所提高,并认为可能是政治资本和政治关系的价值上升,或者是与党员身份相联系但未被观察到的能力在加强的原因所导致的。

Morduch 和 Sicular(2002)以山东省邹平县 16 个村庄 1990 ~ 1993 年农户收入的调查数据为分析对象,采用基于回归的分解方法,研究了中国农村的收入差距,研究发现,用基尼系数作为收入差距的衡量指标的分解结果表明,党员身份对收入不平等的贡献为正但不显著,干部身份对收入不平等的贡献为 4.5%。Morduch 和 Sicular(2000)的另一项研究结果表明,在中国农村,党员身份的收入优势不显著,但村干部的收入优势比平均收入高出近 20%。Meng(2004)采用基于回归的分解方法,研究结果表明,在中国城市,1988 年、1995 年和 1999 年党员身份对收入不平等的贡献分别为 0.75%、2.4% 和 1.9%,对收入不平等变化的贡献在 1988 ~ 1995 年和 1995 ~ 1999 年分别为 27.98% 和 -12.72%。

通过对已有文献的回顾,首先,可以发现,针对市场转型理论的质疑而展开的研究多集中于检验政治资本贬值这个命题而展开,从而产生了不同的观点和结论,但没有分析政治资本对收入不平等的贡献;而针对不同因素对收入不平等贡献的分解研究,尽管有部分文献考虑了党员身份这个因素,但大多没有考虑干部身份这个因素对城市居民收入不平等的贡献。

第二节 湖北省居民收入回报的影响因素分析

一、分析方法及变量的说明

影响收入分配的原因有很多，不仅与所有制结构、市场结构、地域环境等因素密切相关，还与人力资本、政治资本、职业、个人地位等因素紧密相关。为了分析这些因素对收入回报的影响，我们采用最小二乘法回归模型来进行考察，并建立如（4.1）式所示的对数线性回归方程：

$$\ln y_{it} = \beta_0 + \beta_1 age_{it} + \beta_2 age_{it}^2 + \beta_3 gender_{it} + \beta_4 educ_{it} + \beta_5 party_{it}$$
$$+ \beta_6 health_{it} + \beta_7 nation_{it} + \beta_8 urban_{it} + \varepsilon_{it} \qquad (4.1)$$

（4.1）式中，i 表示第 i 个调查样本；t 分别表示 2009 年和 2010 年；$\ln y_{it}$ 是被解释变量，表示收入的自然对数；ε 为随机误差。

解释变量由表示个人特征的年龄（*age*）、年龄的平方（*age²*）、性别（男性：*gender* = 1）、教育年限①、政治身份（党员：*party* = 1）、民族（汉族：*nation* = 1）、健康状况（健康：*health* = 1）等变量组成。由于调查数据中没有个人工作经验数据，在此，用年龄来代替工龄或工作经验。希望通过分析这些反映个人禀赋特征的因素对收入回报的影响。

解释变量还包括表示区域层面的城乡（城镇：*urban* = 1）虚拟变量，以此来分析个人收入在城乡之间的收入差距。

年龄在一定程度上反映了人力资本的特征，随着年龄的增长，个人经验增加，体现在收入回报方面，表现为随着年龄的增长，收入先增加，当年龄增长到一定年限后，收入开始有所下降，即年龄的收入回报遵循倒 U 曲线（或拱形曲线）。

性别差异所引起的收入差异在劳动力市场一直存在，在一定程度上反映了性别歧视，通常认为，男性的收入高于女性。

共产党员身份表示个人的政治归属，因此，用它来表示个人政治资本。

教育的收入回报一直是人们非常重视的问题，并认为，随着市场化程度的提高，教育的收入回报也日益提高。根据 Mincer（1974）的观点，教育程度

---

① 教育年限表示：小学以下为 3 年，小学毕业为 6 年，初中毕业为 9 年，高中毕业（包括中专和技校）为 12 年，大专毕业为 15 年，本科毕业为 16 年，研究生毕业为 19 年。

表明生产性知识和技能水平，即教育回报的基础是生产者和管理者对企业生产力的促进作用，这种回报是企业对人力资本的报酬（边燕杰和张展新，2008）。因此，个人的人力资本用受教育年限或受教育程度来表示。

为了进一步分析不同教育层次对收入回报的影响，在调查中，将调查对象的受教育程度分为：小学以下、小学毕业、初中毕业、高中毕业（含中专、职高、技校）、大专毕业、本科毕业、研究生及以上等 7 个层次。并分别引入小学以下（$educ1 = 1$）、小学毕业（$educ2 = 1$）、初中毕业（$educ3 = 1$）、高中毕业（$educ4 = 1$）、大专毕业（$educ5 = 1$）、本科毕业（$educ6 = 1$）和研究生毕业（$educ7 = 1$）7 个虚拟变量，并以高中毕业作为参照基准。在（4.1）式的基础上，建立如（4.2）式所示的回归方程。

$$\ln y_{it} = \beta_0 + \beta_1 age_{it} + \beta_2 age_{it}^2 + \beta_3 gender_{it} + \gamma \sum_{k=1}^{7} educ_{it}^k + \beta_5 party_{it}$$
$$+ \beta_6 health_{it} + \beta_7 nation_{it} + \beta_8 urban_{it} + \varepsilon_{it} \tag{4.2}$$

在（4.2）式中，$educ_{it}^k$（$k = 1 \sim 7$，且 $k \neq 4$）表示在 t 年第 i 个样本的受教育程度。其他变量的含义与（4.1）式相同。

分别从 2009 年和 2010 年城镇样本和农村样本中选取共同变量，形成全国居民收入样本并进行相应分析，各变量的含义及描述性统计结果如表 4-1 所示。

表 4-1　　　　　　　　　各变量的含义及描述性统计结果

变量	观测值	均值	标准差	最小值	最大值	变量说明
$\ln Y$	2368	9.83	1.01	5.30	13.35	人均收入对数
age	2368	41.11	10.06	18	65	年龄
$age2$	2368	17.91	8.27	3.24	42.25	年龄的平方/100
$gender$	2368	0.67	0.47	0	1	男性：$gender = 1$
$nation$	2368	0.95	0.22	0	1	汉族：$nation = 1$
$marry$	2368	0.88	0.33	0	1	已婚：$marry = 1$
$health$	2368	0.56	0.50	0	1	健康：$health = 1$
$party$	2368	0.22	0.42	0	1	中共党员：$party = 1$
$urban$	2368	0.57	0.50	0	1	城镇：$urban = 1$
$educ$	2368	11.59	3.64	3	19	受教育程度

变量	观测值	均值	标准差	最小值	最大值	变量说明
*educ*1	2368	0.02	0.15	0	1	小学以下：*educ*1 = 1
*educ*2	2368	0.10	0.31	0	1	小学毕业：*educ*2 = 1
*educ*3	2368	0.29	0.45	0	1	初中毕业：*educ*3 = 1
*educ*4	2368	0.24	0.43	0	1	高中毕业：*educ*4 = 1
*educ*5	2368	0.15	0.36	0	1	大专毕业：*educ*5 = 1
*educ*6	2368	0.16	0.37	0	1	本科毕业：*educ*6 = 1
*educ*7	2368	0.02	0.15	0	1	研究生毕业：*educ*7 = 1

二、实证结果及分析

在表 4 - 2 中，模型 I 是基本的回归模型，它报告了个人特征以及政治资本等因素对收入回报的影响。所有变量的回归系数都有预期的符号，且具有统计显著性。在其他因素保持不变的情况下，可以发现，城乡差距对收入的影响非常明显，城市收入比农村高 288.87%[①]。与非党员相比，党员收入要高 11.97%，男性收入比女性高 20.95%，汉族的收入比少数民族高出 17.45%，拥有健康的身体，其收入比身体状况欠佳人显著高出 4.95%，受教育年限对个人收入有显著的正效应，每当受教育程度提高一个层次，收入增加 4.81%，年龄对收入影响具有显著的非线性正效应（年龄平方的回归系数为负），随着个人年龄的增加，其收入具有递减的边际效应。

表 4 - 2　　　　　　　　　湖北省各地区居民收入的 OLS 回归结果

变量	被解释变量为人均总收入的对数：Ln*Y*			
	模型 I		模型 II	
	回归系数	*t* 统计值	回归系数	*t* 统计值
age	0.037	3.48 ***	0.036	3.38 ***
*age*²	− 0.043	− 3.44 ***	− 0.041	− 3.28 ***
gender	0.190	6.57 ***	0.183	6.33 ***

---

① 设回归系数为 β，对于对数线性模型，解释变量对被解释变量的影响程度为 $(e^{\beta} - 1) \times 100\%$。

续表

变量	被解释变量为人均总收入的对数：LnY			
	模型 I		模型 II	
	回归系数	t 统计值	回归系数	t 统计值
nation	0.161	2.75 ***	0.152	2.6 ***
marry	0.101	1.78 *	0.098	1.74 *
health	0.048	1.78 *	0.048	1.78 *
party	0.113	3.29 ***	0.106	3.07 ***
urban	1.358	39.44 ***	1.386	39.39 ***
educ	0.047	9.28 ***		
*educ*1			−0.375	−4.05 ***
*educ*2			−0.293	−5.62 ***
*educ*4			−0.057	−1.47
*educ*5			0.075	1.73 *
*educ*6			0.228	5.11 ***
*educ*7			0.603	6.72 ***
常数项	7.327	34.84 ***	7.872	37.83 ***
Adj. R^2	0.61		0.62	
F 统计值	418.25 ***		272.69 ***	
观测值	2368		2368	

注：*、*** 分别为10%、1%统计显著性水平。

为了比较不同教育层次的收入差异，我们以高中毕业为参照基准，用受教育程度虚拟变量代替受教育年限，在模型 I 的基础上进行回归，其结果如表4-2中模型 II 所示。结果表明，受教育程度越高，其收入也越高，且都具有统计显著性。具体是小学以下、小学毕业以及初中毕业的收入分别比高中毕业的低31.26%、25.43%和5.52%；而大专毕业、本科毕业以研究生及以上毕业的收入要比高中毕业的分别高7.81%、25.55%和82.68%。

三、教育对城镇居民不同收入层次的影响

前面采用 OLS 回归，分析了不同因素对收入的影响。但是，对于某些因

素来说，其收入回报率在不同收入阶层可能是不一样的。为此，采用 Koenker 和 Bassett（1978）[1] 所提出的分位回归方法来分析相关因素对不同收入阶层的影响。

在国内，分位回归方法的应用也越来越广泛，涉及收入分配方面，大量的研究集中在教育的收入回报率方面。罗楚亮（2007）[2] 采用中国居民收入分配课题组 2002 年城镇住户调查数据为基础，利用分位回归分析方法讨论城镇居民教育收益率与收入条件分布之间的关联形式，研究发现，在收入条件分布较高的分位点上，所对应的教育收益率相对较低，即教育收益率随着收入等级的提高而下降。张车伟（2006）[3] 利用 2004 年 7 月在上海、浙江和福建三省市的调查数据的分析结果表明，教育收益率随收入分布状况而变化，表现为收入越高的人教育回报率越高，而收入越低的人教育回报率也越低，并呈现出明显的让"富有者更富有、贫穷者更贫穷"的"马太效应"。邢春冰（2006）[4] 通过研究中国不同所有制部门教育的工资回报发现，在国有部门，低分位回归的教育回报率比较高，在私营经济部门，高分位回归中的教育回报率高于低分位回归。

由于以往这些研究得到的结果并不一致，且针对湖北省的研究更是少见。因此，我们采用湖北省 2010 年的调查问卷数据，运用分位数回归技术，以明瑟收入方程为基础，重点分析教育对不同收入阶层的影响，估计结果如表 4－3 所示。表 4－3 的结果表明，教育年限（*educ*）的估计系数随着分位点的上升呈现出明显的下降趋势，最低收入 10% 的人教育收益率为 7.8%，最高收入的 10% 的人的教育收益率为 3%。这个结果具有的政策含义也非常显著，即提高教育水平，将更加有利于低收入阶层的收入增长，有利于缩小居民收入差距。

---

① Koenker, R. and Bassett, G., 1978, "Regression Quantiles", Econometrica, Vol. 46, No. 1, pp. 33 – 50.

② 罗楚亮：《城镇居民教育收益率及其分布特征》，《经济研究》，2007 年第 6 期。

③ 张车伟：《人力资本回报率变化与收入差距："马太效应"及其政策含义》，《经济研究》，2006 年第 12 期。

④ 邢春冰：《中国不同所有制部门的工资决定与教育回报：分位回归的证据》，《世界经济文汇》，2006 年第 4 期。

表 4 - 3   2010 年湖北省各地区人均收入分位回归结果

变量	q10	q20	q30	q40	q50	q60	q70	q80	q90
age	0.033 (4.34)**	0.036 (2.83)**	0.044 (3.81)**	0.048 (4.31)**	0.052 (2.95)**	0.033 (2.78)**	0.033 (4.81)**	0.034 (2.89)**	0.009 (0.32)
age2	−0.039 (−4.08)**	−0.041 (−2.81)**	−0.052 (−3.69)**	−0.057 (−4.23)**	−0.059 (−2.8)**	−0.035 (−2.41)**	−0.035 (−3.9)**	−0.039 (−2.9)**	−0.008 (−0.24)
gender	0.224 (4.92)**	0.174 (4.25)**	0.174 (6.46)**	0.170 (5.05)**	0.158 (3.79)**	0.156 (3.5)**	0.167 (3.81)**	0.146 (3.19)**	0.162 (2.68)**
nation	0.254 (2.73)**	0.141 (1.47)	0.186 (3.56)**	0.168 (2.57)*	0.172 (2.22)*	0.119 (1.71)	0.140 (2.1)*	0.093 (1.18)	0.019 (0.16)
marry	0.055 (1.35)	0.057 (1.01)	0.082 (1.55)	0.052 (1.27)	−0.006 (−0.08)	0.096 (1.68)	0.130 (2.29)*	0.173 (2)*	0.300 (2.78)**
health	0.003 (0.06)	0.002 (0.04)	0.030 (0.99)	0.019 (0.69)	0.035 (1.13)	0.052 (1.55)	0.073 (2.05)*	0.070 (1.59)	0.086 (1.44)
party	0.087 (1.56)	0.145 (3.37)**	0.165 (5.46)**	0.148 (4.82)**	0.137 (4.38)**	0.098 (2.4)*	0.058 (1.69)	0.081 (1.21)	0.050 (0.65)
urban	1.271 (19.42)**	1.215 (19.41)**	1.219 (29.94)**	1.256 (34.77)**	1.256 (37.95)**	1.292 (23.73)**	1.365 (30.56)**	1.467 (26.61)**	1.514 (16.48)**
educ	0.075 (7.66)**	0.067 (8.13)**	0.056 (14.22)**	0.049 (12.96)**	0.050 (10.49)**	0.046 (6.35)**	0.039 (5.86)**	0.029 (3.81)**	0.030 (2.24)*
常数项	6.377 (27.9)**	6.791 (25.49)**	6.878 (33.91)**	7.065 (34.02)**	7.131 (22.6)**	7.617 (30.2)**	7.749 (47.92)**	8.036 (32.42)**	8.712 (15.75)**

注：*、** 分别为 5%、1% 统计显著性水平。

第三节　湖北省城镇居民收入回报的影响因素分析

一、分析方法与变量说明

在城镇居民收入调查问卷中，不仅考虑了关于个人特征的一般因素，还考虑了城镇居民的就业行业、职业、担任领导职务等情况。城镇居民收入回报的基本回归方程如（4.3）式所示：

$$\ln y_{it} = \beta_0 + \beta_1 age_{it} + \beta_2 age_{it}^2 + \beta_3 gender_{it} + \beta_4 educ_{it}$$
$$+ \beta_5 party_{it} + \beta_6 cadre_{it} + \varepsilon_{it} \qquad (4.3)$$

在（4.3）式中，除 *cadre* 和 *monopoly* 两个变量外，其他变量的含义同（4.1）式。

由于领导职务表明在经济组织中参与或影响分配决策的能力，因此，为了分析在经济组织中领导职务对收入回报的影响，将具有副科级及以上职务的调查对象认为是担任了领导职务。为了说明领导与一般职员的收入差异，我们定义了相应的虚拟变量（领导：*cadre* = 1）。

进一步，考虑不同教育水平对城镇居民收入回报的影响，其回归模型如（4.4）式所示，各变量的含义如前所述。

$$\ln y_{it} = \beta_0 + \beta_1 age_{it} + \beta_2 age_{it}^2 + \beta_3 gender_{it} + \gamma \sum_{k=1}^{7} educ_{it}^k + \beta_5 party_{it}$$
$$+ \beta_6 cadre_{it} + \varepsilon_{it} \tag{4.4}$$

在城镇，个人职业对收入存在很大的影响。在我们的调查中，将调查对象的职业分为：单位或部门负责人（*occup*1 = 1）、行政人员（*occup*2 = 1）、技术人员（*occup*3 = 1）、工人（*occup*4 = 1）及其他职业（*occup*5 = 1），并设置了相应的虚拟变量，且把工人作为参照基准。在（4.4）式的基础上，建立如（4.5）式所示的回归方程。

$$\ln y_{it} = \beta_0 + \beta_1 age_{it} + \beta_2 age_{it}^2 + \beta_3 gender_{it} + \gamma \sum_{k=1}^{7} educ_{it}^k + \beta_5 party_{it}$$
$$+ \beta_6 cadre_{it} + \varphi \sum_{k=1}^{5} occup_{it}^k + \varepsilon_{it} \tag{4.5}$$

在（4.5）式中，$occup_{it}^k$（$k = 1 \sim 5$，且 $k \neq 4$）表示不同职业相应的虚拟变量。

各变量的含义及描述性统计结果如表4-4所示。

表4-4　　　　　　　　城镇变量的含义及描述性统计结果

变量	观测值	均值	标准差	最小值	最大值	变量说明
ln*Y*	1349	10.496	0.667	6.908	13.353	人均收入对数
age	1349	38.514	9.826	19	65	年龄
*age*2	1349	15.798	7.668	3.61	42.25	年龄的平方/100
gender	1349	0.585	0.493	0	1	男性：*gender* = 1

变量	观测值	均值	标准差	最小值	最大值	变量说明
party	1349	0.314	0.464	0	1	中共党员：*party* = 1
cadre	1540	0.25	0.43	0	1	担任干部：*cadre* = 1
health	1349	0.632	0.482	0	1	健康：*health* = 1
educ	1349	13.582	2.970	3	19	受教育年限
*educ*1	1349	0.007	0.086	0	1	小学以下：*educ*1 = 1
*educ*2	1349	0.024	0.152	0	1	小学毕业：*educ*2 = 1
*educ*3	1349	0.122	0.328	0	1	初中毕业：*educ*3 = 1
*educ*4	1349	0.276	0.447	0	1	高中毕业：*educ*4 = 1
*educ*5	1349	0.252	0.434	0	1	大专毕业：*educ*5 = 1
*educ*6	1349	0.277	0.447	0	1	本科毕业：*educ*6 = 1
*educ*7	1349	0.042	0.201	0	1	研究生及以上：*educ*7 = 1
*seat*1	1349	0.385	0.487	0	1	省会城市：*seat*1 = 1
*seat*2	1349	0.377	0.485	0	1	地级市：*seat*2 = 1
*seat*3	1349	0.236	0.425	0	1	县城：*seat*3 = 1
*seat*4	1349	0.003	0.054	0	1	城镇：*seat*4 = 1
*occup*1	1349	0.122	0.328	0	1	单位或部门负责人：*occup*1 = 1
*occup*2	1349	0.139	0.346	0	1	行政人员：*occup*2 = 1
*occup*3	1349	0.194	0.396	0	1	技术人员：*occup*3 = 1
*occup*4	1349	0.113	0.316	0	1	技术工人：*occup*4 = 1
*occup*5	1349	0.043	0.203	0	1	非技术工人：*occup*5 = 1
*occup*6	1349	0.116	0.321	0	1	商业或服务业：*occup*6 = 1
*occup*7	1349	0.010	0.098	0	1	私营企业主：*occup*7 = 1
*occup*8	1349	0.089	0.285	0	1	个体户主：*occup*8 = 1
*occup*9	1349	0.174	0.379	0	1	其他职业：*occup*9 = 1

　　根据 Mincer（1974）① 的观点，教育程度表明生产性知识和技能水平，即教育回报的基础是生产者和管理者对企业生产力的促进作用，这种回报是企业对人力资本的报酬（边燕杰和张展新，2008）②。因此，个人的人力资本我们用受教育年限或受教育程度来表示，在我们的调查中，将调查对象的受教育程度分为：小学以下、小学毕业、初中毕业、高中毕业（含中专、职高、技校）、大专毕业、本科毕业、研究生及以上 7 个层次；此外，我们的模型中还包含了表示个人特征的一些指标，如用性别来分析收入的性别差异；由于调查数据中没有个人工作经历数据，在此，用年龄作为工作经历的代理变量，为了说明收入随年龄的增长的变化情况，还用了年龄的平方。

　　个人政治资本由共产党员身份以及是否担任领导职务这两个指标来表示。共产党员表示个人的政治归属，而领导职务则表明在经济组织中参与或影响分配决策的能力。在我们的数据中，具有副科级及以上职务的调查对象认为是担任了领导职务。为了说明担任不同级别领导职务人员的工资差异，我们还定义了相应的虚拟变量。

　　此外，由于职业不同，其收入也会存在较大的差异，因此，我们将城镇职工的职业分为了 9 大类，具体为：单位或部门负责人、行政人员、技术人员、技术工人、非技术工人、商业或服务业、私营企业主、个体户主和其他职业。

二、实证结果及分析

　　表 4 - 5 给出了回归结果，模型 I 是基本的回归模型，它报告了个人特征等因素对收入的影响。所有变量的回归系数都有预期的符号，且具有统计显著性。在其他因素保持不变的情况下，男性收入比女性高 30.94%；受教育年限对个人收入有显著的正效应，每当受教育程度提高一个层次，收入增加4.86%，身体健康的收入回报为 6.36%，党员收入比非党员高 7.3%，担任干部职务的收入比一般职员高 12.03%，年龄对收入影响具有显著的非线性正效应（年龄平方的回归系数为负），随着个人年龄的增加，其收入具有递减的边际效应。

---

① Mincer, J., Schooling, Experience, and Earnings. New York：Columbia University Press，1974.
② 边燕杰、张展新：《市场化与收入分配——对 1988 年和 1995 年城市住户收入调查的分析》，《中国社会科学》，2002 年第 5 期。

表 4 – 5 城市人均收入的 OLS 回归结果

变量	模型 I		模型 II		模型 III		模型 IV	
	回归系数	t 统计值	回归系数	t 统计值	回归系数	t 统计值	回归系数	t 统计值
age	0.066	5.38 ***	0.065	5.27 ***	0.069	5.62 ***	0.053	4.57 ***
age2	−0.078	−4.97 ***	−0.076	−4.81 ***	−0.082	−5.17 ***	−0.063	−4.26 ***
gender	0.270	7.63 ***	0.264	7.49 ***	0.259	7.37 ***	0.220	6.57 ***
party	0.070	1.71 *	0.060	1.46	0.068	1.64 *	0.069	1.73 *
cadre	0.114	2.81 ***	0.113	2.8 ***	0.107	2.66 ***	0.096	2.24 **
health	0.062	1.74 *	0.060	1.7 *	0.075	2.09 **	0.067	2.01 **
educ	0.047	7.55 ***						
educ1			−0.398	−2.01 **	−0.359	−1.82 *	−0.255	−1.38
educ2			−0.302	−2.65 ***	−0.278	−2.43 **	−0.398	−3.67 ***
educ3			−0.015	−0.26	−0.014	−0.25	−0.082	−1.5
educ5			0.101	2.15 **	0.088	1.86 *	0.101	2.24 **
educ6			0.235	4.93 ***	0.225	4.69 ***	0.253	5.28 ***
educ7			0.604	6.65 ***	0.585	6.44 ***	0.596	6.83 ***
seat2					−0.092	−2.36 ***	−0.107	−2.94 ***
seat3					−0.142	−3.17 ***	−0.192	−4.54 ***
seat4					−0.318	−1.03	−0.204	−0.71
occup1							0.360	3.67 ***
occup2							0.095	1.03
occup3							0.196	2.24 **
occup4							0.108	1.2
occup6							0.065	0.72
occup7							1.258	7.16 ***
occup8							0.787	8.55 ***
occup9							0.043	0.5
常数项	8.293	33.92 ***	8.853	38.37 ***	8.842	38.42 ***	9.019	38.86 ***
观测值	1349		1349		1349		1349	
R²	0.15		0.16		0.17		0.28	
F 统计值	33.55 ***		21.33 ***		17.97 ***		22.94 ***	

注：* 、** 、*** 分别表示 10%、5% 和 1% 的统计显著性水平。

表4-5中的模型Ⅱ是我们考察了不同教育程度对个人收入回报的影响，以高中毕业作为参照对象，可以发现，拥有大专毕业、本科毕业和研究生及以上教育水平的人均收入比高中毕业的收入分别高出10.62%、26.51%和82.98%，而小学以下以及小学毕业的人均收入分别比高中毕业的收入低32.8%和26.07%，但初中毕业与高中毕业之间的收入差距不显著。

模型Ⅲ在模型Ⅱ的基础上分析了工作单位所在地对收入的影响，我们用省会城市作为参照，回归结果表明，地级市和县级市的收入比省会城市分别低8.77%和13.22%，也许是由于城镇样本太少，省会城市与城镇之间的收入差距不显著。

最后，在模型Ⅳ中，我们分析了不同职业对收入的影响，相对于非技术工人，我们发现，私营企业主和个体户主比非技术工人的收入显著高出251.7%和119.75%；单位负责人或部门负责人的收入比非技术工人高43.36%，专业技术人员的收入比非技术工人高21.68%；但行政管理人员、技术工人、商业和服务业人员以及从事其他职业的收入与非技术工人高之间的收入差距不显著。

第四节　湖北省农村居民收入回报的影响因素分析

一、分析方法及变量说明

在农村收入调查问卷中，针对农村家庭的特殊情况，我们不仅考虑了关于个人特征的一般因素，还考虑了人均土地、家庭劳动人口占家庭劳动人口的比重、农民是否担任乡镇干部或村干部以及农村家庭是否有外出务工人员等情况。基本的回归方程如（4.6）式所示：

$$
\begin{aligned}
\ln y_{it} = {} & \beta_0 + \beta_1 age_{it} + \beta_2 age_{it}^2 + \beta_3 gender_{it} + \beta_4 educ_{it} + \beta_5 party_{it} \\
& + \beta_6 labpop_{it} + \beta_7 perland_{it} + \beta_8 nation_{it} \\
& + \beta_9 marry_{it} + \beta_{10} health_{it} + \beta_{11} egress_{it} + \beta_{12} cadre_{it} + \varepsilon_{it} \qquad (4.6)
\end{aligned}
$$

为了分析不同教育程度对农民收入的影响，我们将农民受教育的程度分为小学以下、小学毕业、初中毕业、高中毕业、大专毕业和本科毕业六个层次，在（4.6）式的基础，我们引入相应的虚拟变量来表示不同的教育程度，其回归方程如（4.7）式所示：

$$\ln y_{it} = \beta_0 + \beta_1 age_{it} + \beta_2 age_{it}^2 + \beta_3 gender_{it} + \gamma \sum_{k=2}^{6} educ_{it}^k + \beta_5 party_{it}$$

$$+ \beta_6 labpop_{it} + \beta_7 perland_{it} + \beta_8 nation_{it} + \beta_9 marry_{it}$$

$$+ \beta_{10} health_{it} + \beta_{11} egress_{it} + \beta_{12} cadre_{it} + \varepsilon_{it} \qquad (4.7)$$

在（4.7）式中，$educ_{it}^k$（$k=2$，3，4，5，6）表示不同教育水平相应的虚拟变量，这里我们以小学以下为参照依据。

各变量的含义及描述性统计结果如表4-6所示。

表4-6 农村各变量的含义及描述性统计结果

变量	观测值	均值	标准差	最小值	最大值	变量说明
lnY	1019	8.96	0.65	5.30	11.17	家庭人均收入对数
labpop	1017	0.74	0.21	0	1.5	劳动人口占家庭人口的比例
pergrand	1019	1.55	4.23	0	125	人均土地（亩）
age	1019	44.55	9.31	18	65	年龄
age2	1019	20.71	8.21	3.24	42.25	年龄的平方/100
gender	1019	0.78	0.41	0	1	男性：gender = 1
health	1019	0.46	0.50	0	1	健康：health = 1
nation	1019	0.95	0.23	0	1	汉族：nation = 1
marry	1019	0.96	0.19	0	1	已婚：marry = 1
egress	1019	0.70	0.46	0	1	家庭有外出务工人员：egress = 1
party	1019	0.11	0.31	0	1	中共党员：party = 1
cadre	1019	0.06	0.24	0	1	担任乡镇干部或村干部：cadre = 1
educ	1019	8.95	2.61	3	16	受教育程度
educ1	1019	0.04	0.20	0	1	小学以下：educ1 = 1
educ2	1019	0.21	0.41	0	1	小学毕业：educ2 = 1
educ3	1019	0.51	0.50	0	1	初中毕业：educ3 = 1
educ4	1019	0.20	0.40	0	1	高中毕业：educ4 = 1
educ5	1019	0.02	0.15	0	1	大专毕业：educ5 = 1
educ6	1019	0.01	0.12	0	1	本科毕业：educ6 = 1

二、实证结果及分析

在表4-7中报告影响农民家庭人均收入的回归结果。模型Ⅰ的结果表明，在农村，家庭劳动人口占家庭总人口的比重越大，收入越高；其次是人均土地对增加收入具有显著的积极作用。在此要特别指出的是：农村劳动力外出务工对收入的影响，在检验结果中可以发现，在保持其他条件不变的情况下，有外出务工人员家庭的人均收入要比没有外出人员的家庭高出13.38%。受教育年限对个人收入有显著的正效应，每当受教育程度提高一个层次，收入增加4.3%，与非党员相比，党员收入要高12.76%，已婚家庭的人居收入优势为32.72%，汉族收入比少数民族的收入高出54.98%。在湖北省农村，个人年龄、健康状况以及是否担任乡镇干部或村干部，对收入的影响不显著。

表4-7　　　　　　　湖北省农村家庭人均收入的OLS回归结果

| 变量 | 被解释变量为农村家庭人均收入的对数：LnY | | | |
| | 模型Ⅰ | | 模型Ⅱ | |
	回归系数	t统计值	回归系数	t统计值
labpop	0.507	5.27***	0.490	5.1***
pergrand	0.014	3.02***	0.013	2.94***
age	0.005	0.30	0.002	0.1
age2	-0.007	-0.39	-0.003	-0.15
gender	-0.029	-0.59	-0.043	-0.88
marry	0.283	2.22**	0.169	1.27
nation	0.438	5.04***	0.428	4.93***
egress	0.126	2.90***	0.120	2.78***
health	0.050	1.22	0.042	1.03
party	0.120	1.71*	0.132	1.87**
cadre	0.003	0.04	0.014	0.16
educ	0.042	4.97***		
educ2			0.078	0.75
educ3			0.304	2.99***
educ4			0.421	3.86***

续表

变量	被解释变量为农村家庭人均收入的对数：LnY			
	模型 I		模型 II	
	回归系数	t 统计值	回归系数	t 统计值
educ5			0.131	0.79
educ6			0.408	1.98**
常数项	7.322	22.00***	7.640	22.54***
Adj. R²	0.119		0.131	
F 统计值	11.31***		9.39***	
观测值	1017		1017	

注：*、**、*** 分别为10%、5%和1%统计显著性水平。

为了比较不同教育层次的收入差异，我们以高中毕业为参照基准，用受教育程度虚拟变量代替受教育年限，在模型 I 的基础上进行回归，其结果如表4-7中模型 II 所示。结果表明，受教育程度越高，其收入也越高。具体是小学毕业、初中毕业、高中毕业、大专毕业和本科毕业的收入分别比小学以下的收入高出8.07%、35.58%、52.39%、13.99%和50.42%。

本章小结

通过分别分析湖北全省、湖北省城镇和农村不同因素对收入回报的影响，可以得到如下结论：

1. 湖北全省的分析结果表明，在2010年，城乡差距对收入的影响最大，城市收入比农村高近3倍，党员收入比非党员高11.97%，男性收入比女性高20.95%，汉族的收入比少数民族高出17.45%，拥有健康的身体，其收入比身体状况欠佳的人显著高出4.95%，受教育年限对个人收入有显著的正效应，每当受教育程度提高一个层次，收入增加4.81%

2. 分位回归的结果表明，教育年限的估计系数随着分位点的上升表现出明显的下降趋势，并且这一趋势并不随着控制变量的变化而改变。这个结果具有的政策含义也非常显著，即提高教育水平，将更加有利于低收入阶层的收入增长，有利于缩小居民收入差距。

3. 城市样本的分析结果表明，在城市，担任干部职务的收入比一般员工高12.07%，党员收入比非党员高7.3%，男性收入比女性高30.94%；每当受教育程度提高一个层次，收入增加4.86%，且随着教育水平的提高，人均收入也会增加。我们还发现，地级市和县级市的收入比省会城市分别低8.77%和13.22%。不同职业的收入存在较大的差异，单位负责人或部门负责人、技术人员、私营企业主、个体户主的收入显著高于非技术工人。

4. 湖北省农村的分析结果表明，在2010年，家庭劳动人口占家庭总人口的比重越大，收入越高；人均土地对增加收入具有显著的正向作用。农村劳动力外出务工对农村家庭人均收入有较大影响，有外出务工人员家庭的人均收入要比没有外出人员的家庭高出13.38%。每当受教育程度提高一个层次，收入增加4.3%，与非党员相比，党员收入高12.76%。汉族收入比少数民族的收入高出54.98%，这说明在农村汉族和少数民族之间的收入存在较大的差距。

第五章 湖北省居民收入不平等的分解

第一节 引　言

改革开放以来，中国经济持续高速增长，但与此同时，收入不平等程度也大幅提高。很多学者和机构用基尼系数、泰尔指数、变异系数等指标来度量中国收入不平等的程度，既包括全国城乡的收入不平等，也包括城市内部和农村内部的收入不平等，还包括地区之间的收入不平等。

尽管基尼系数可以说明总体的收入差距，但并不能说明造成收入差距的原因；GE 指数尽管能按不同人群组进行组间和组内的收入差距进行分解，但同样也不能明确导致这种差距的原因；而回归分析虽然能够说明个人特征、政治资本、就业行业等因素对收入的影响，但并不能解释各因素对收入不平等的影响程度。基于上述原因，我们采用基于回归的方法，分析导致收入不平等的原因，分析不同因素对收入不平等的贡献。

在近期的研究中，Morduch 和 Sicular（2002）采用一个标准的线性收入决定方程，通过回归分解方法，研究了中国农村的收入差距。Fields 和 Yoo（2000）以及 Fields（2003）则采用半对数收入决定函数，分别研究了多种因素对韩国和美国收入差距的影响。再就是 Shorrocks（1999）提出的基于夏普里值的分解方法，它适合任意不平等指数的分解，且充分考虑了回归中常数项和残差的处理，Wan（2004），Wan 和 Zhou（2005）以及万广华（2006）在此基础上针对中国的收入不平等，进行了很多开拓性的研究，为收入不平等的分解提供了新的视角。

尽管 Morduch 和 Sicular（2002）以及 Fields 和 Yoo（2000）的基于回归的分解方法受到了 Wan（2004）的质疑，但他们的方法还是得到了不少的应用，如岳希明等（2008）利用 Morduch 和 Sicular（2002）提出的方法，针对 1995 年和 2002 年住户调查数据，并分别采用基尼系数和泰尔指数作为衡量收入不平等的指标，分析了中国个人收入差距及其变动，发现教育已经成为不平等的重要贡献因素，而地理位置仍然是收入不平等的最为重要的决定因素。而 Yu 和 Tsui（2005）则利用 Fields（2003）的方法研究了中国省际财政差距以及不同因素对各地区财政不平等的贡献。陈玉宇等（2004）采用 Fields（2000，2003）的方法研究了地区因素以及人力资本对 20 世纪 90 年代中国城镇居民收入不平等的作用，研究发现，教育回报率的增加造成工资收入不平等的加剧，而教育本身的不平等有所下降并起到减缓工资收入不平等的作用。Meng（2004）采用基于回归的分解方法，研究发现，1985~1995 年，收入不平等主要是一部分人群收入增长快于另一部分人群的结果，而在 1995~1999 年，低收入阶层由于失业等原因导致收入减少是收入不平等程度提高的主要原因。

Qin 等（2009）利用中国 1992~2003 年的省际面板数据，研究了收入不平等对经济增长的影响，其结果表明，无论是城乡内部还是城乡之间，收入不平等与经济增长之间的关系是显著负相关的，且当城乡收入差距最小的时候，经济增长率最高[1]。Wu 和 Perloff（2005）对中国城乡 1985~2001 年的数据研究表明，农村收入不平等程度高于城市，但城市不平等程度上升较快[2]。邢春冰（2005）考察了不同所有制企业的工资决定机制，认为教育回报率在民营部门增加得较为明显，在其他部门则没有增加的迹象[3]。

为了解释不同因素对收入不平等的贡献，Oaxaca（1973）和 Blinder（1973）最早采用回归方法研究了男女职工的收入差异和导致收入差异的原因，并量化了个人经验、受教育程度等因素对工资收入不平等程度的贡献。John、Murphy 和 Pierce（1993）则进一步扩展了他们的方法，使得分解得以建立在两个群体间收入变量的整个分布差别，研究的结果表明，个人技能和教育是男女收入差异的主要原因。

张车伟和薛欣欣（2008）利用微观调查数据，采用 Oaxaca（1973）和 Blinder（1973）分解的方法，对我国国有部门与非国有部门的工资差异进行了实证研究。通过对工资差异进行分解，发现我国国有部门的工资优势中有 80% 以上来自于人力资本的优势。邢春冰（2008）的研究表明，农民工与城

---

① Qin, D., Cagas, M. A., Ducanes, G., He, X., Liu, R., Liu, S., "Effects of income inequality on China's economic growth", Journal of Policy Modeling, Vol. 31, 2009, pp. 69 – 86.

② Wu, X., Perloff, J. M., "China's Income Distribution, 1985 – 2001", The Review of Economics and Statistics, Vol. 87, No. 4, 2005, pp. 763 – 775.

③ 邢春冰：《不同所有制企业的工资决定机制考察》，《经济研究》，2005 年第 6 期。

镇职工小时收入的差异有 90% 左右是由劳动者的特征差异造成的，价格差异所导致的收入差异仅为 10%。在所有的分解结果中，教育水平始终是造成两者收入差距的最主要原因。邓曲恒（2007）的研究发现，对城镇居民与流动人口的工资收入差异进行了分解。Oaxaca-Blinder 分解结果表明，城镇居民和流动人口收入差异的 60% 应归结于歧视。

在岳希明、李实和史泰丽（2010）的研究中，利用微观调查数据，将垄断行业高收入分解为合理和不合理两个部分，实证分析发现，垄断行业与竞争行业之间收入差距的 50% 以上是不合理的，且认为这主要是行政垄断造成的①。陈钊、万广华和陆铭（2010）采用基于回归方程的收入差距分解发现，在 1988 年、1995 年和 2002 年，行业间收入不平等对中国城镇居民收入差距的贡献越来越大，而且这主要是由一些收入迅速提高的垄断行业造成的②。

本章的目的是利用 2007～2010 年全国居民收入的调查问卷数据，采用基于回归的方法，分析不同因素对收入不平等的贡献；并采用 Oaxaca（1973）和 Blinder（1973）所提出的分组分解方法，研究不同因素对不同人群组收入差距的影响。

第二节　基于回归的不平等的分解

一、收入不平等的分解方法

1. 静态分解。我们的分析过程分为两个步骤：（1）通过回归方法识别个人特征、政治资本和结构因素等对收入不平等的影响，（2）将整体收入差距分解成各因素对它的贡献。

设回归方程为：

$$\text{Ln}Y = \alpha + \sum_j \beta_j x_j + \varepsilon \tag{5.1}$$

在（5.1）式中，$\ln Y$ 为收入的对数，是被解释变量；x_j 为解释变量，表示影响收入的各种因素，如受教育年限、年龄、身份、领导职务等；β_j 为回归

---

① 岳希明、李实、史泰丽：《垄断行业高收入问题探讨》，《中国社会科学》，2010 年第 3 期。

② 陈钊、万广华、陆铭：《行业间不平等：日益重要的城镇收入差距成因——基于回归方程的分解》，《中国社会科学》，2010 年第 3 期。

系数。根据 Fields 和 Yoo（2000），Fields（2003）所提出的方法，为了表示方便，将（5.1）式写成：

$$LnY = \alpha'Z \qquad (5.2)$$

或写成：

$$LnY = \sum_{j=1}^{J+2} a_j Z_j \qquad (5.3)$$

其中，$a = [\alpha \beta_1 \beta_2 \cdots \beta_{J1}]$，$Z = [1 x_1 x_2 \cdots x_J \varepsilon]$。

接下来计算每一项收入对总收入不平等的贡献，或根据收入来源进行收入不平等的分解。由于（5.3）式具有与总收入等于各项收入之和的可加的表示形式，即：

$$Y = \sum_j Y_j \qquad (5.4)$$

将 Shorrocks（1982）所提出的可加可分解理论应用于（5.4）式，从而可以计算每项收入对总收入不平等的贡献，即：

$$s_j = \text{cov}(Y_j, Y)/\sigma^2(Y) \qquad (5.5)$$

这里 $\sum_j s_j = 1$。

利用（5.3）式和（5.4）式的同质性，用 LnY 代替 Y，用 $a_j Z_j$ 代替 Y_j，当不包含 Z 中最后一个元素残差项时，则用对数形式表示整个收入不平等的（5.3）式可分解为：

$$\begin{aligned} s_j(LnY) &= \text{cov}(a_j Z_j, LnY)/\sigma^2(LnY) \\ &= a_j \sigma(Z_j) corr(Z_j, LnY)/\sigma(LnY) \end{aligned} \qquad (5.6)$$

其中，$\sum_{j=1}^{J+2} s_j(LnY) = 1$，且 $\sum_{j=1}^{J+1} s_j(LnY) = R^2(LnY)$。

这里，$s_j(LnY)$ 为 s 权重，表示该收入来源对整个收入不平等指标的绝对贡献份额[①]，包含了各种不同收入来源和未解释部分（残差项）。

如果不考虑未解释部分，在可解释部分中各收入来源对收入不平等的可解释程度称为 p 权重，可表示为：

---

① 这里用收入的对数来度量不平等，如基尼系数、广义熵指数、阿特金森指数等。

$$p_j(\mathrm{Ln}Y) = s_j(\mathrm{Ln}Y)/R^2(\mathrm{Ln}Y)$$

p 权重表示被解释变量的差异在多大程度上能被每一个解释变量的差异性所解释，表示了该收入来源对整个收入不平等指标的相对份额。

2. 动态分解。为了分析某个群体的各因素在一定时间区间内对收入不平等变化的贡献，遵循 Fields（2000，2003）的做法，即：

$$I(\cdot)_2 - I(\cdot)_1 = \sum_j [s_{j,2} \times I(\cdot)_2 - s_{j,1} \times I(\cdot)_1] \tag{5.7}$$

这里，下标 1 和下标 2 分别表示不同时期，$I(\cdot)$ 表示任意的对数收入不平等指标；s_j 表示第 j 个因素对收入不平等的贡献。进一步可导出第 j 个因素在收入不平等的变化过程中所起的作用，即：

$$\prod_j [I(\cdot)] = \frac{s_{j,2} \times I(\cdot)_2 - s_{j,1} \times I(\cdot)_1}{I(\cdot)_2 - I(\cdot)_1} \tag{5.8}$$

这里，$\prod_j [I(\cdot)]$ 为第 j 个因素对收入不平等变化的贡献。

且满足：

$$\sum_j \prod_j [I(\cdot)] = \frac{\sum_j [s_{j,2} \times I(\cdot)_2 - s_{j,1} \times I(\cdot)_1]}{I(\cdot)_2 - I(\cdot)_1} = 100\%$$

在下面的分析中，用对数收入的基尼系数作为不平等的度量指标，从静态和动态角度分别分析各因素对收入不平等的贡献。

二、湖北省居民收入不平等的分解

1. 数据及变量说明。为了分析个人特征和政治资本等因素对收入不平等的贡献，利用 2010 年和 2011 年分别对湖北省 2009 年和 2010 年居民收入进行的问卷调查。2009 年有效样本 2424 个，其中城镇样本 1540 个，农村样本 884 个；2010 年有效样本有 2368 个，其中城镇样本 1349 个，农村样本 1019 个。各变量说明及描述性统计分析如表 5 - 1 所示。

表 5 - 1 　　　　　　　　　　　　**变量及描述性统计分析**

变　　量	2009 年			2010 年		
	样本数	均值	标准差	样本数	均值	标准差
总收入对数（LnY：被解释变量）	2424	9.66	1.09	2368	9.83	1.01
年龄（age）	2424	40.56	10.06	2368	41.11	10.06
性别（gender = 1：男性）	2424	0.59	0.49	2368	0.67	0.47
健康状况（health = 1：健康）	2424	0.68	0.47	2368	0.56	0.50
受教育年限（educ）	2424	11.88	3.93	2368	11.59	3.64
党员（party = 1：党员）	2424	0.30	0.46	2368	0.22	0.42
城乡（urban = 1：城市）	2424	0.64	0.48	2368	0.57	0.50

2. 分解结果及分析。为了分析不同因素对收入不平等的贡献，我们建立的对数线性回归方程如（5.9）式所示：

$$LnY = \alpha + \beta_1 educ + \beta_2 age + \beta_3 gender$$
$$+ \beta_4 health + \beta_5 party + \beta_6 urban + \varepsilon \qquad (5.9)$$

各变量的含义在表 5 - 1 中已说明。下面分别给出各解释因素对不同人群组收入不平等的回归分解结果。

表 5 - 2 给出了全部样本基于回归的不平等分解结果。我们用基尼系数作为衡量收入不平等的指标，湖北省 2009 年和 2010 年基尼系数分别为 0.562 和 0.509。2009 年及 2010 年数据的回归结果表明，所有变量的回归系数在 1% 或 10% 水平下显著正，表中第（1）列和第（3）列的结果表明，随着受教育程度的提高，收入也逐渐增加，并且，男性、党员以及城市的收入均分别高于女性、非党员和农村。

表 5 - 2 　　　　　　　　　**湖北全省居民收入不平等的分解结果**

变量	2009 年			2010 年			$\prod_j (I(\cdot))$
	回归系数	t 统计值	$s_j(LnY)$	回归系数	t 统计值	$s_j(LnY)$	
	（1）		（2）	（3）		（4）	（5）
age	0.005	3.06***	-0.23	0.004	2.94***	-0.85	5.78
gender	0.213	7.04***	0.32	0.202	6.96***	-0.42	7.42

变量	2009 年			2010 年			$\prod_j(I(\cdot))$
	回归系数	t 统计值	s_j(LnY)	回归系数	t 统计值	s_j(LnY)	
	(1)		(2)	(3)		(4)	(5)
health	0.086	2.61 ***	-0.71	0.047	1.74 *	0.41	-11.42
educ	0.045	8.51 ***	9.30	0.047	9.27 ***	9.99	2.63
party	0.183	5.17 ***	2.65	0.118	3.42 ***	1.41	14.55
urban	1.448	35.09 ***	47.19	1.355	39.12 ***	50.33	17.02
常数项	7.776	80.02 ***		8.151	89.68 ***		
残差			41.48			39.13	64.02
观测值	2424			2368			
F 统计值	568.36 ***			612.10 ***			
Adj. R²	0.58			0.61			
Gini 系数	0.562			0.509			

注：*、*** 分别表示5%、1%的统计显著性水平。

尽管每一个解释变量对收入的决定在统计上都是显著的，但是它们对收入不平等的贡献并不相同。表5-2中第（2）列和第（4）列静态分解的结果表明，在2009年，城市因素对收入对数不平等的贡献最大，达到了47.19%，其次是受教育年限，它对收入对数不平等的贡献为9.3%，再次是党员身份，它对收入不平等的贡献为2.65%；其他因素如年龄、性别以及健康状况等因素对收入不平等的贡献非常小。在2010年，对收入不平等最大的贡献来自城市，达到了50.33%，其次是受教育程度，其对不平等的贡献为9.99%，党员身份对收入不平等的贡献为1.41%。

表5-2中第（5）列所显示的2009~2010年湖北省城乡居民收入动态分解的结果表明，城市因素对收入不平等变化的作用最大，达到了17.02%，其次是党员身份，为14.55%，性别和年龄对收入不平等变化的贡献分别为7.42%和5.78%，教育对收入不平等变化的贡献仅为2.63%。健康状况具有缩小收入不平等的作用，它对收入不平等变化的贡献为-11.42%，此外，不可解释的因素，即残差项对收入不平等变化的贡献为64.02%。

二、湖北省城镇居民收入不平等的分解

表5－3报告了基于回归的湖北省2009年和2010年城镇居民收入差距不平等的静态和动态分解结果。其中第（2）列和第（4）列分别是2009年和2010年静态分解结果，在2009年，教育对收入不平等贡献度为5.06%，其次，干部身份对收入不平等的贡献度为3.76%，性别因素的贡献为2.67%；而年龄、党员身份等因素对收入不平等的贡献度比较小。在2010年，教育对收入不平等贡献度为5.47%，其次，性别对收入不平等的贡献度为5.07%，年龄、党员和干部身份等因素对收入不平等的贡献度在1%左右。

表5－3 湖北省城镇居民收入不平等的分解结果

变量	2009 年			2010 年			$\prod_j(I(\cdot))$
	回归系数	t 统计值	$s_j(\mathrm{Ln}Y)$	回归系数	t 统计值	$s_j(\mathrm{Ln}Y)$	
	(1)		(2)	(3)		(4)	(5)
age	0.008	3.91***	1.23	0.005	2.87***	0.68	3.83
gender	0.204	5.5***	2.67	0.280	7.86***	5.07	－8.66
educ	0.057	8.05***	5.06	0.051	8.04***	5.41	3.43
party	0.093	2.18**	1.42	0.066	1.58	0.88	3.93
cadre	0.255	5.47***	3.76	0.117	2.88***	1.10	16.29
常数项	8.945	63.6***		9.391	77.45***		
残差			85.87			86.86	81.18
观测值	1540			1349			
F 统计值	50.49***			36.97***			
Adj. R^2	0.14			0.14			
Gini 系数	0.463			0.382			

注：**、***分别表示5%和1%的统计显著性水平。

表5－3中第（5）列报告的2009～2010年城镇人均收入动态分解的结果表明，干部身份对收入不平等变化的作用最大，达到了16.29%，年龄、教育和党员身份等因素对收入不平等变化的贡献接近4%，性别因素具有缩小收入不平等的作用，它对收入不平等变化的贡献为－8.66%，此外，不可解释的因素，即残差项对收入不平等变化的贡献为81.18%。

三、湖北省农村居民收入不平等的分解

为了分析不同因素对农村家庭人均收入不平等的贡献，不仅考虑了个人特征，而且还考虑了农村家庭劳动力比重（*labpop*）以及人均耕地（*perground*）等因素。表5-4报告了基于回归的湖北省2009年和2010年农村居民家庭人均收入差距不平等的静态和动态分解结果。

表5-4　　　　　　　　湖北省农村居民收入不平等的分解结果

变量	2009年			2010年			$\prod_j(I(\cdot))$
	回归系数	t统计值	$s_j(LnY)$	回归系数	t统计值	$s_j(LnY)$	
	（1）		（2）	（3）		（4）	（5）
labpop	0.545	3.92***	1.65	0.496	5.24***	3.21	-19.77
perground	0.111	6.35***	4.38	0.014	2.99***	0.93	51.65
educ	0.025	3.73***	1.84	0.040	5.29***	3.07	-14.98
party	0.133	1.89*	0.58	0.128	1.98**	0.65	-0.40
nation	0.663	3.6***	1.71	0.426	5***	2.34	-6.97
egress	0.327	7.09***	4.68	0.119	2.76**	0.85	57.13
常数项	6.961	33.2***		7.708	62.42***		
残差			85.16			88.94	33.35
观测值	884			1017			
F统计值	25.48***			20.94***			
Adj. R^2	0.15			0.11			
Gini系数	0.353			0.329			

注：*、**、***分别表示10%、5%和1%的统计显著性水平。

表5-4中第（2）列和第（4）列分别是2009年和2010年的静态分解结果，在2009年，外出务工因素对收入不平等贡献度为4.68%，人均土地（*perground*）对收入不平等的贡献度为4.38%，家庭劳动人口比重（*labpop*）、教育、党员身份和民族等因素对收入不平等的贡献度均没有超过2%。在2010年，家庭劳动人口比重对收入不平等的贡献为3.21%，教育对收入不平等贡献度为3.07%，民族对收入不平等的贡献度为2.34%，人均土地、党员身份和外出务工等因素对收入不平等的贡献度小于1%。

表 5 - 4 中第（5）列报告的 2009 ~ 2010 年湖北农村家庭人均收入的动态分解结果表明，外出务工因素对收入不平等变化的作用最大，达到了57.13%，其次是人均土地对收入不平等的贡献为 51.65%，而家庭劳动人口比重、教育以及党员身份等因素对收入不平等变化的贡献为 – 19.77%、– 14.98% 和 – 0.4%。此外，不可解释的因素，即残差项对收入不平等变化的贡献为 33.35%。

第三节　不同人群组的收入差距分解

一、不同人群组收入差距的分解方法

中国城乡之间、地区之间存在较大的收入差距，影响收入差距的因素有很多，诸如经济因素、结构因素和制度因素以及个人特征等。要分析这些因素对不同人群组收入差距的影响程度，我们可以借鉴 Oaxaca（1973）和 Blinder（1973）所提供的经验分析方法考察这些因素的影响，从而可以计算出不同人群组的收入差距在多大程度上可以反映个人特征的差异。

Oaxaca-Blinder 方法通常适合用于分析两类人群组的收入差异，如城乡之间、沿海与内陆之间的收入差距。其分析过程由两个步骤构成：

首先，需要通过回归方法分别估计两类人群组的收入方程。假设将人群组分为高收入组和低收入组，他们的收入方程分别表示如下：

高收入组方程：

$$Lny^H = \beta^H x^H + \varepsilon^H \tag{5.10}$$

低收入组方程：

$$Lny^L = \beta^L x^L + \varepsilon^L \tag{5.11}$$

在（5.10）式和（5.11）式中，Lny 表示个人收入的对数，是被解释变量；β 为包括常数项的回归系数向量；x 为一组表示个人特征（如受教育程度、年龄、性别和政治面貌等）的解释变量；ε 为误差项；H 和 L 分别表示高收入组和低收入组。

其次，利用回归结果分解组间的平均收入对数的差距。将（5.10）式减（5.11）式，得到高收入组与低收入组之间的收入对数均值的差异为：

$$Lny^H - Lny^L = \Delta x \beta^L + \Delta \beta x^H \tag{5.12}$$

或:

$$Lny^H - Lny^L = \Delta x \beta^H + \Delta \beta x^L \qquad (5.13)$$

其中, $\Delta x = x^H - x^L$, $\Delta \beta = \beta^H - \beta^L$。

若假设收入方程为单变量回归方程, 则图 5 – 1 描述了 (5.12) 式和 (5.13) 式所表示的收入差距。

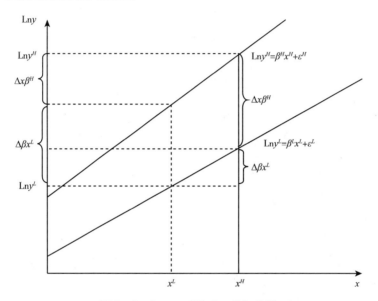

图 5 – 1 Oaxaca-Blinder 收入分解

（5.12）式是标准分解方法, 它利用低收入组的系数作为个人特征差异的权数, 利用高收入组的平均特征作为系数差异的权数。而（5.13）式为反向分解方法, 它利用高收入组的系数作为个人特征差异的权数, 利用低收入组的平均特征作为系数差异的权数。在后面的分析中, 给出了标准分解和反向分解的结果。

进一步, 将（5.12）式和（5.13）式作为分解的特殊形式, 得到更一般的分解方程为:

$$
\begin{aligned}
Lny^H - Lny^L &= \Delta x \beta^L + \Delta \beta x^L + \Delta x \Delta \beta \\
&= E + C + CE
\end{aligned}
\qquad (5.14)
$$

（5.14）式表明, 收入对数的平均差距由个人特征差距（E）、系数差距

（*C*）以及来自于个人特征和系数交互作用而产生的差距（*CE*）三部分构成。

对于标准分解，*E* 是可解释部分，而 *C* + *CE* 则是未被解释部分；对于反向分解，*E* + *CE* 是可解释部分，而 *C* 则是未被解释部分。

结合（5.12）式的标准分解和（5.13）式的反向分解，我们给出 Oaxaca 分解的综合形式，即：

$$\ln y^H - \ln y^L = \Delta x [D\beta^H + (I - D)\beta^L] + \Delta\beta[x^H(I - D) + x^L D] \quad (5.15)$$

这里，*I* = 1，是单位矩阵，*D* 为权数矩阵。当 *D* = 0 时，即为标准分解；当 *D* = 1 时，则为反向分解。

下面利用 Oaxaca-Blinder 所提出的不同人群组的分解方法，具体分析反映结构因素的城市与农村之间、沿海与内陆之间的收入差距，反映体制因素的垄断行业与竞争性行业之间的收入差距，反映政治资本的党员与非党员之间、干部与群众之间的收入差距。

我们的数据来自 2010 年居民收入调查问卷。限于篇幅，各变量的含义及描述性统计结果参见第四章相关章节，在此不再赘述。

二、城乡居民收入差距分解

表 5 - 5 报告了城乡收入差距的分解结果。在 2010 年，城镇与农村对数收入的条件均值差异为 1.54，即城镇收入比农村收入高出 366%（$\approx e^{1.54} - 1$）。

表 5 - 5 湖北省城乡居民收入差距分解结果

变量	总差异	标准分解				反向分解			
		特征差异		系数差异		特征差异		系数差异	
		差异值	可解释部分	差异值	不可解释部分	差异值	可解释部分	差异值	不可解释部分
	$E + C + EC$	E	%	$C + CE$	%	$E + CE$	%	C	%
age	0.058	− 0.002	− 0.13	0.06	3.90	− 0.011	− 0.71	0.069	4.48
gender	0.155	− 0.002	− 0.13	0.157	10.19	− 0.055	− 3.57	0.21	13.64
nation	− 0.451	0.002	0.13	− 0.453	− 29.42	0	0	− 0.451	− 29.29
marry	− 0.118	− 0.041	− 2.66	− 0.077	− 5.00	− 0.026	− 1.69	− 0.092	− 5.97

续表

变量	标准分解					反向分解			
	总差异	特征差异		系数差异		特征差异		系数差异	
		差异值	可解释部分	差异值	不可解释部分	差异值	可解释部分	差异值	不可解释部分
	$E+C+EC$	E	%	$C+CE$	%	$E+CE$	%	C	%
health	0.012	0.009	0.58	0.003	0.19	0.01	0.65	0.002	0.13
party	0.015	0.026	1.69	−0.011	−0.71	0.019	1.23	−0.004	−0.26
educ	0.277	0.219	14.22	0.058	3.77	0.239	15.52	0.038	2.47
常数项	1.594	0	0	1.594	103.51	0	0	1.594	103.51
合计	1.540	0.211	13.70	1.329	86.30	0.174	11.30	1.366	88.70

表 5-5 中，个人特征标准分解和反向分解的差异分别为 0.211 和 0.174，可分别解释总收入差异的 13.68% 和 11.28%，其中，受教育程度对城乡收入差距的贡献为 14.22% ~ 15.52%；标准分解和反向分解的系数差异分别为 1.329 和 1.366，分别占总差异的 86.3% 和 88.7%，这是不可解释部分。这个结果表明，城乡之间的收入差异不是由个人特征的变动差异引起的，而是由系数差异导致的，这与我国长期的二元经济、城乡分割有关。

三、党员与非党员收入差距分解

表 5-6 是党员与非党员收入差异的标准分解和反向分解结果，结果表明，党员与非党员之间收入对数的总差异为 0.7，说明党员的收入比非党员的收入高 101%，个人特征标准分解和反向分解的差异分别为 0.592 和 0.58，可分别解释总收入差异的 84.57% 和 82.86%，其中，受教育程度可解释党员与非党员之间收入差距的 22% 左右，城市因素可解释党员与非党员之间收入差距的近 57%；标准分解和反向分解的系数差异分别为 0.108 和 0.12，分别占总差异的 15.43% 和 17.14%，这是不可解释部分。这个结果表明，在党员所拥有的近 85% 的收入优势中，是由于党员积极要求进步，有着比非党员更多的个人特征，如人力资本优势等，并且党员在自己的工作领域中发挥模范带头作用，从而获得更高的收入。

表 5 – 6　　　　　　　　　湖北省党员与非党员收入差距分解结果

变量	标准分解					反向分解			
	总差异	特征差异		系数差异		特征差异		系数差异	
		差异值	可解释部分	差异值	不可解释部分	差异值	可解释部分	差异值	不可解释部分
	$E+C+EC$	E	%	$C+CE$	%	$E+CE$	%	C	%
age	− 0. 143	0. 002	0. 29	− 0. 145	− 20. 71	− 0. 002	− 0. 29	− 0. 141	− 20. 14
gender	0. 003	0. 024	3. 43	− 0. 021	− 3. 00	0. 021	3. 00	− 0. 018	− 2. 57
nation	− 0. 031	0	0. 00	− 0. 031	− 4. 43	0	0. 00	− 0. 031	− 4. 43
marry	0. 039	0. 006	0. 86	0. 033	4. 71	0. 007	1. 00	0. 032	4. 57
health	0. 026	0. 004	0. 57	0. 022	3. 14	0. 008	1. 14	0. 018	2. 57
educ	0. 11	0. 159	22. 71	− 0. 049	− 7. 00	0. 148	21. 14	− 0. 038	− 5. 43
urban	0. 403	0. 398	56. 86	0. 005	0. 71	0. 4	57. 14	0. 003	0. 43
常数项	0. 296	0	0. 00	0. 296	42. 29	0	0. 00	0. 296	42. 29
合计	0. 700	0. 592	84. 57	0. 108	15. 43	0. 58	82. 86	0. 12	17. 14

图 5 – 2 和图 5 – 3 更直观地给出了不同人群组的标准分解和反向分解结果，表示了特征差异对总收入差距的可解释部分以及系数差异对总收入差距的不可解释部分。

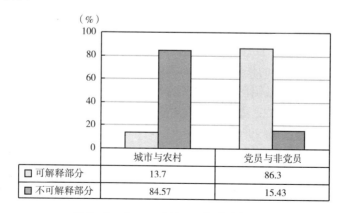

(%)	城市与农村	党员与非党员
□ 可解释部分	13. 7	86. 3
■ 不可解释部分	84. 57	15. 43

图 5 – 2　Oaxaca-Blinder 标准分解结果

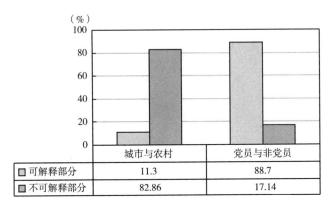

（%）	城市与农村	党员与非党员
□ 可解释部分	11.3	88.7
■ 不可解释部分	82.86	17.14

图 5 - 3   Oaxaca-Blinder 反向分解结果

本章小结

在本章的研究中，以居民收入调查数据为分析对象，采用基于回归的分解方法分析了不同因素对湖北全省居民、城镇居民以及农村居民收入的影响；采用 Oaxaca-Blinder 所提出的不同人群组收入差距的分组分解方法，分析了城乡之间、党员与群众之间的收入差距。得到的结论如下：

1. 对湖北省各地区收入不平等的静态和动态分解的结果表明，2009 ~ 2010 年，对收入不平等贡献最大的是城市因素和教育程度。城乡收入差距可解释收入不平等的 50%，而教育水平对不平等的贡献接近 10%。动态分解的结果表明，城乡收入差距还在继续扩大，在这两年期间，城乡收入对总体收入不平等变化的贡献达到了 17%。通过提高城乡居民的健康状况，可以起到一定程度的缩小收入差距的作用。

2. 2010 年湖北省城镇居民收入不平等的静态分解结果表明，教育对收入不平等的贡献为 5% 左右，动态分解的结果表明，干部身份对收入不平等变化的贡献最大，达到了 16. 29%。

3. 2010 年湖北省农村家庭人均收入不平等的静态分解结果表明，各因素对收入不平等的贡献程度贡较小，均在 5% 以内。动态分解的结果表明，外出务工因素对收入不平等变化的作用最大，达到了 57. 13%，其次是人均土地对收入不平等的贡献为 51. 65%；而家庭劳动人口比重、教育等因素对收入不平等变化的贡献分别为 - 19. 77% 、 - 14. 98%。

4. 城乡之间收入差距的分析结果表明，城镇收入比农村收入高出366%，城乡收入存在较大的差距，其中，个人特征对城乡收入差距的贡献为11.28%～13.68%；而系数差异对城乡收入差距的贡献为82.86%～85.57%。这个结果表明，城乡之间的收入差异主要是由不可解释的系数差异所导致的，这与我国长期的二元经济、城乡分割有关。

5. 党员与非党员收入差距的分析结果表明，党员的收入比非党员的收入高101%，其中个人特征差异对党员与非党员收入差距的贡献为86.3%～88.7%，且城市因素和受教育水平两个因素分别解释了个人特征对总收入差距的57%和22%；系数差异对党员和非党员收入差距的贡献为15.43%～17.14%。这个结果表明，在党员所拥有的收入优势中，是由于党员积极要求进步，有着比非党员更多的个人特征，如人力资本优势等，并且党员在自己的工作领域中发挥模范带头作用，从而获得更高的收入。

最后，根据分解结果，我们认为，城市因素以及受教育程度，对不同人群组之间的收入差距具有较强的解释能力。

第六章 湖北省居民收入倍增问题分析

第一节 引 言

2012 年 11 月，党的十八大报告提出，2020 年实现国内生产总值和城乡居民人均收入比 2010 年翻一番，以确保到 2020 年实现全面建成小康社会的宏伟目标。2013 年 2 月，国家发改委、财政部、人社部联合发布了《关于深化收入分配制度改革的若干意见》，其中关于深化收入分配制度改革的主要目标之一就是要实现城乡居民收入倍增，即到 2020 年实现城乡居民人均实际收入比 2010 年翻一番，力争使中低收入者收入增长更快一些，人民生活水平全面提高。同时，要求努力实现居民收入增长和经济发展同步，劳动报酬增长和劳动生产率提高同步。2013 年 11 月，十八届三中全会《中共中央关于全面深化改革若干重大问题的决定》中，提出要形成合理有序的收入分配格局。着重保护劳动所得，努力实现劳动报酬增长和劳动生产率提高同步，提高劳动报酬在初次分配中的比重。完善以税收、社会保障、转移支付为主要手段的再分配调节机制，加大税收调节力度。努力缩小城乡、区域、行业收入分配差距，逐步形成橄榄形分配格局。

在地方层面，贵州、江苏、甘肃、黑龙江、广西等省区制定了各自的居民收入倍增计划；安徽、浙江、天津等省（市）也提出了收入倍增实现的目标。从各省（市）提出的实现年份来看，地方收入"倍增计划"的翻番期限均早于 2020 年的"最后期限"。尽管湖北省没有制定专门的居民收入倍增计划，但对地区生产总值、城乡居民收入增幅以及增长速度均提出了明确的目标。2012 年湖北省政府工作报告提出，到 2017 年，生产总值突破 4 万亿元，比 2010 年翻一番以上；城乡居民人均收入在 2010 年基础上分别增长了 1.3 倍和 1.4 倍。湖北省"十二五"规划（2011～2015 年）提出：全省生产总值年均增长 10% 以上，人均生产总值年均增长 10% 左右，突破 6000 美元；全省城镇居民人均可支配收入和农村居民人均纯收入分别年均增长 10%；地方一般预算收入年均增长 14.6%，城镇化率提高到52%以上，城镇登记失业率控制在5%以内。这些资料表明，湖北城乡居民实际人均收入实现倍增应该在2017年完成。

关于居民收入倍增的学术研究：在国外，最典型的是日本在20世纪60年代制订并实施的国民收入倍增计划，该计划的实施手段涉及了经济政策的几乎所有领域，如产业结构政策、收入分配政策、资源能源政策、贸易政策、经济合作、中小企业政策、产业技术创新政策等，最终使得日本居民整体经济福利得到了提高，实现了向消费型和创新型经济增长模式的成功转型，使日本成为世界第二大发达经济体。关于我国居民收入倍增的研究，学术界近几年的研究主要表现在以下几方面：一是部分学者，如张车伟等（2010），周长城和何芸（2011），秦攀（2011），杨健潇（2013），孙敬水和黄秋虹（2013），张准和罗峰（2013），智佳佳（2014），刘绮霞和刘绮莉（2015）等提出要借鉴日本国民收入倍增计划的有益经验，来更好地实施我国居民收入倍增计划。二是部分学者，如谭智心和张亚平（2012），朱荣庆（2012），江建平和张云天（2012），董李锋（2013），徐强和韩剑尘（2014），欧阳煌等（2014），刘川（2015）提出要结合各地区经济社会发展实际，实现本地居民收入倍增计划的具体建议。三是一些学者，如苏海南（2012），刘尚希（2012），徐勇（2012），欧阳煌（2013），刘强（2013），李香菊和刘浩（2013），周灵（2014）等从理论角度分析居民收入倍增计划的制约因素和实现路径，主要从加快经济发展，调整经济结构，提高劳动生产率，打破行业和企业垄断，加强教育培训，加快城镇化建设步伐，资本正外部性和国民收入分配格局调整等角度进行研究，提出建立有利于缩小收入差距，实现居民收入倍增的建议。四是一些学者专门从财税政策角度研究收入倍增问题，如白景明（2013）分析了居民人均收入倍增与经济增长的关系，研究数据表明经济增长速率总体快于城乡居民人均收入增长速率，经济增长率与城乡居民人均收入增长率差距呈递减势态，经济增长率与农村居民人均纯收入增长率差距波动性较强。在此基础上，提出要加快实施"营改增"的步伐，促进企业结构调整，运用税收手段促进工资增长，继续完善和落实中、小、微企业税收政策，深化改革个人所得税制，加大职业技术培训减税力度。于传岗（2013）认为应构建农村居民政策性收入倍增的均等化机制，让农村居民在城乡获得教育、医疗、就业、收入、社保的等方面享有均衡化、一体化政策性减负增收机制，以此消除民工市民化的制度性歧视。

在这一背景下，结合湖北省情，以2000~2013年湖北省经济社会实际发展状况为基础来比较分析，预测湖北居民收入"倍增计划"的实现时间，并分析实现湖北省居民收入倍增所面临的主要问题，就具有更为重要的意义和价值。这既是深入贯彻党的十八大和十八届三中全会精神，率先在中部地区实现全面建成小康社会的基本要求，也是积极落实湖北省制定的"黄金十年"和"一元多层次"发展战略体系的要求，更是按照建设富强、创新、法治、文明、幸福的"五个湖北"总体部署的重要内容。

需要说明的是，本章关于收入"倍增计划"中的"倍增"是指按2010年的不变价或可比价来衡量的，即扣除价格因素后的实际增长。其中，国民收入指标采用GDP平减指数进行平减，城乡居民收入指标分别采用城乡居民消费物价指数（CPI）进行平减。"倍增"是在2010年的基础上实现倍增，是指人均收入的倍增，不是全员收入的倍增，是在缩小收入差距前提下实现的倍增，是力争让中低收入者收入增长更快的倍增。此外，如无特别说明，本章中相关经济指标的增长率和增长倍数均为实际的增长率和实际增长倍数。

第二节　湖北省居民收入倍增实现时间预测

一、预测方法及原理

常用的预测方法有很多种，例如，回归分析法、指数平滑法、移动平均法和人工神经网络等，而灰色预测法以少量的数据提供较高的预测精度而获得广泛应用。该理论是由我国邓聚龙（1984）在20世纪80年代初期所创立，以"部分信息已知，部分信息未知"的"小样本、贫信息"的不确定性系统为研究对象，近年来已在物流需求、城市供水、农业、气象、地质灾害等领域得到了广泛的应用，并取得了令人满意的结果。其优点是预测所需的数据较少、不需要考虑分布规律、预测精度较高。

城镇居民可支配收入是综合反映城镇经济发展变化和居民生活水平的指标。学者们通常会选择GDP、就业率、个人所得税、消费价格指数、住房价格等指标来进行相关分析预测。其实，城镇居民可支配收入的影响因素十分复杂，是一个多因素、多层次的复杂系统。它既会受到过去的经济基础条件影响，还是受到当年的宏微观经济环境、收入分配政策等因素的影响，某些影响还会带有很强的不确定性。因此，对于城镇居民可支配收入采取传统的回归模型或时间序列模型进行预测可能无法全面刻画和反映系统的非线性、不确定性关系，从而在一定程度上会造成预测误差的加大，导致预测的效果不佳。考虑到影响城镇居民可支配收入的因素中，还可能包括某些未知、未确知的信息，可以将其视为一个灰色系统，运用灰色相关理论进行城镇居民可支配收入水平的预测。根据灰色系统理论，我们可以不去研究城镇居民可支配收入系统的内部因素及相互关系，而是把受各种因素影响的城镇居民可支配收入视为在一定范围内变化的与时间有关的灰色量，从其自身的数据列中挖掘有用信息，建立模型来寻找和揭示城镇居民可支配收入变化的潜在规律，并以此模型对未来城镇居民收入水平做出预测。

1. 常规 GM（1，1）模型。灰色数学研究的对象是"小样本"、"贫信息"的不确定信息，对数据及其分布的限制要求小。该方法不但预测精度高，而且可以进行长期预测，用累加生成拟合微分方程，符合能量系统的变化规律。灰色预测模型的建模过程，实质上是通过一定方法对原始的数据序列进行处理，得到规律性较强的生成数列后重新建模，由生成模型得到的数据再通过逆处理得到还原模型，再由还原模型得到预测模型。

常规 GM（1，1）模型是灰色预测的基础和核心，它是由一个包含单变量的一阶微分方程构成的模型。

该模型的建立过程如下：

设原始非负序列为 $X^{(0)} = \{x^{(0)}(1), x^{(0)}(2), x^{(0)}(3), x^{(0)}(4), \cdots, x^{(0)}(n)\}$，对该序列作一阶累加生成序列 $X^{(1)}$：$X^{(1)} = \{x^{(1)}(1), x^{(1)}(2), x^{(1)}(3), x^{(1)}(4), \cdots, x^{(1)}(n)\}$

其中，$X^{(1)}(k) = \sum_{i=1}^{k} x^{(0)}(i)\ (k = 1, 2, \cdots, n)$。

可以通过如下微分方程来近似描述新数列 $X^{(1)}$ 的变化规律：

$\dfrac{dx^{(1)}}{dt} + ax^{(1)} = b$，其中 a 为发展系数，b 为灰色作用量，均为待定参数。

然后利用最小二乘法求解参数 a，b 为：

$$\hat{a} = \begin{pmatrix} a \\ b \end{pmatrix} = (B^T Y)^{-1} B^T Y \tag{6.1}$$

其中：

$$Y = \begin{bmatrix} x^{(0)}(2) \\ x^{(0)}(3) \\ \vdots \\ x^{(0)}(n) \end{bmatrix}$$

再求解灰色预测的离散时间相应函授为:

$$\hat{x}^{(1)}(k+1) = \left[x^{(0)}(1) - \frac{b}{a}\right]e^{-ak} + \frac{b}{a}, k = 1,2,3,\cdots,n \qquad (6.2)$$

最后对预测值进行还原,即为原始数列的灰色预测值:

$$\hat{x}^{(0)}(k+1) = \hat{x}^{(1)}(k+1) - \hat{x}^{(1)}(k) = (1 - e^a)\left[x^{(0)}(1) - \frac{b}{a}\right]e^{-ak},$$
$$k = 1,2,3,\cdots,n \qquad (6.3)$$

不过,需要说明的是,GM(1,1)模型一般只适用于符合灰指数率的离散数列。为了保证 GM(1,1)建模方法的可行性,要求已知的离散数据必须为光滑离散函授。因此,在建模前需要对原始数列做 GM(1,1)建模可行性判断。判断的标准一般为原始数列的级比(即前一数据除以其相邻后一数据)都必须落在可行区间($e^{-2/(n+1)}$,$e^{2/(n+1)}$)内。只有级比都落在可容覆盖内的离散数据才可以建立 *GM*(1,1)模型,并可以进行灰色预测。否则,需要对原始数据进行开 n 次方或取 n 次自然对数或平移处理,使数列的级比落在可行区间($e^{-2/(n+1)}$,$e^{2/(n+1)}$)内。

2. 新陈代谢 GM(1,1)模型。目前灰色模型用于预测时,最常用的是常规 GM(1,1)模型。该模型既包含了线性回归又包含了幂级数回归的内容,所以优于一般的线性回归、指数平滑等预测方法。不过,该模型的建模序列只考虑了现实时刻之前的全体数据,而随着时间的推移,未来的一些扰动因素会不断地对系统产生影响。因此,用这种模型进行预测时,精度较高的仅仅是最近的几期数据,越往远期发展,该模型的预测意义就越弱。为了弥补这一缺陷,人们便引入了新陈代谢 GM(1,1)模型。

用新陈代谢 GM(1,1)模型进行预测时,不是建立一个模型一直预测下去,而是由已知数列建立的 GM(1,1)模型预测一个值,然后把这个预测值补加到已知数列中,同时去掉最早期的一个数据,保持数列等维。接着再建立 GM(1,1)模型,预测下一个数据,并补加到数列中,同时去掉最早期的一个数据,这样新陈代谢,逐个预测,依次递补,直到完成预测目标为止。新陈代谢 GM(1,1)模型通过引入新的信息替换原始信息,建立新的数据序列,改变模型的初始条件,再计算出新的待估参数,得出预测结果,可以使预测数据的精度进一步提高。它一方面继承了常规 GM(1,1)模型仅利用少量数据,就能获得较高预测精度的优点;另一方面又能够及时将相继不断进入系统的扰动因素考虑进去，反映出数据的变化趋势，克服了常规 GM（1，1）建模的不足。

3. 模型的检验。模型的预测结果是否科学、可靠，必须经过检验才能判定。常规 GM（1，1）模型和新陈代谢 GM（1，1）模型的检验方法是相同的，最常用的模型检验方法是残差检验法、后验差检验法。

（1）残差检验法，是根据相对误差指标来检验灰色预测模型的预测精度。检验过程如下：

设原始序列为：$X^{(0)} = \{x^{(0)}(1), x^{(0)}(2), x^{(0)}(3), x^{(0)}(4), \cdots, x^{(0)}(n)\}$，对应的预测模型模拟序列为：$\hat{X}^{(0)} = \{\hat{x}^{(0)}(1), \hat{x}^{(0)}(2), \hat{x}^{(0)}(3), \hat{x}^{(0)}(4), \cdots, \hat{x}^{(0)}(n)\}$，残差序列为：$\varepsilon^{(0)} = \{x^{(0)}(1) - \hat{x}^{(0)}(1), x^{(0)}(2) - \hat{x}^{(0)}(1), \cdots, x^{(0)}(n) - \hat{x}^{(0)}(n)\}$。相对误差序列为：$\Delta = \{\Delta_1, \Delta_2, \cdots, \Delta_n\}$，其中，$\Delta_k = \left| \dfrac{\varepsilon_k^{(0)}}{x^{(0)}(k)} \right| \times 100\%$，为 k 点的模拟相对误差。模拟序列的平均相对误差为：$\bar{\Delta} = \dfrac{1}{n} \sum_{k=1}^{n} \Delta_k$。一般而言，平均相对误差 $\bar{\Delta}$ 值越小，预测的精度就越高。

（2）后验差检验法，是根据均方差比值（C）和小误差概率（P）两个指标来共同评定模型的精度。其中，均方差比值（C）越小、小误差概率（P）越大，预测模型的精度则越高。检验的基本方法如下：

设 $X^{(0)}$ 为原始序列，$\hat{X}^{(0)}$ 为 GM（1，1）模型模拟序列，$\varepsilon^{(0)}$ 为残差序列，则 $\bar{x} = \dfrac{1}{n} \sum_{k=1}^{n} x^{(0)}(k)$ 为 $X^{(0)}$ 的均值；$S_1^2 = \left[\dfrac{1}{n} \sum_{k=1}^{n} (x^{(0)}(k) - \bar{x})^2 \right]$ 为原始序列 $X^{(0)}$ 的方差；$S_2^2 = \left[\dfrac{1}{n} \sum_{k=1}^{n} (\varepsilon^{(0)}(k) - \bar{\varepsilon})^2 \right]$ 为残差序列 $\varepsilon^{(0)}$ 的方差，其中 $\bar{\varepsilon} = \dfrac{1}{n} \sum_{k=1}^{n} \varepsilon^{(0)}(k)$ 为残差序列 $\varepsilon^{(0)}$ 的均值。于是，均方差比值 $C = \dfrac{S_2}{S_1}$，一般要求 $C < 0.35$ 左右，最大不超过 0.65；小误差概率 $P = p(|\varepsilon(k) - \bar{\varepsilon}| < 0.6745 S_1)$，其中，$p = \dfrac{m}{n}$（$m$ 为小于上述条件的个数），小误差概率 P 越大预测模型的精度越高，P 不得小于 0.7。

根据模型预测的相对误差、均方差比值 C 和小误差概率 P 通常将预测精度分为四等，如表 6 - 1 所示。

表 6 - 1　　　　　　　　　　　模型预测精度参照等级

预测精度等级	相对误差 Δ	均方差比值 C	小误差概率 P
1 级（优秀）	Δ≤0.01	C≤0.35	P≥0.95
2 级（合格）	0.01<Δ≤0.05	0.35<C≤0.5	0.8≤P<0.95
3 级（勉强合格）	0.05<Δ≤0.10	0.5<C≤0.65	0.7≤P<0.8
4 级（不合格）	Δ>0.10	C>0.65	P<0.7

二、湖北省居民收入倍增实现时间的预测

为了预测 2013～2020 年湖北省城乡居民实际人均收入，采用灰色预测模型 GM（1，1）进行预测。在进行预测时，首先采用 1978～2012 年的数据，预测结果显示 2013 年的实际 GDP 要低于 2010 年的实际 GDP，城镇居民收入要低于 2012 年，农村居民收入要低于 2011 年，不符合预期值。就 1978～2012 年的数据分析，实际 GDP 和城乡居民收入均呈增长的趋势，预测值的大幅降低不符合逻辑与现实。

因此，为了得到更为理想的预测结果，我们对数据进行重新分析，并将 2012 年的真实值作为参考，利用 1978～2011 年的数据进行预测，通过数据不断地加入，可以发现以 2000～2011 年的数据为基本数据预测 2012 年，其预测结果最为理想。其中，实际 GDP 的预测值为 20218.90 亿元，与实际值的差最小；城镇居民收入的预测值为 18908.39 元，同样与真实值非常接近；农村居民收入预测值为 6734.28 元，仅低于以 2001～2011 年为基本数据的预测值。通过反复的测算、比较，最后我们采用 2000～2012 年的数据作为基本数据，所预测的 2013～2020 年的结果最为理想，其预测结果如表 6 - 2 所示。

表 6 - 2　　　　　　　　　新陈代谢模型：2013～2020 年预测结果

年份	实际 GDP		城镇居民实际收入		农民居民实际收入	
	预测值（亿元）	平均相对误差	预测值（元）	平均相对误差	预测值（元）	平均相对误差
2010	15967.60	31935.20	16058.40	32116.80	5832.27	11664.50
2013	22827.05	1.76%	20732.40	1.59%	7498.08	3.78%
2014	25897.49	1.22%	22573.84	1.56%	8224.95	2.89%

年份	实际 GDP		城镇居民实际收入		农民居民实际收入	
	预测值（亿元）	平均相对误差	预测值（元）	平均相对误差	预测值（元）	平均相对误差
2015	29363.23	0.74%	24709.51	1.02%	9020.84	2.13%
2016	33254.45	0.62%	27024.75	0.73%	9884.06	1.60%
2017	37621.33	0.63%	29497.51	0.72%	10827.90	1.18%
2018	42516.70	0.58%	32134.75	0.79%	11829.01	1.14%
2019	48012.70	0.51%	34995.53	0.32%	12906.15	1.04%
2020	54218.03	0.49%	38154.02	0.31%	14093.53	1.02%
关联度	0.892		0.893		0.894	

注：2010 年的数据为实际值，非预测值。

通过对预测数据进行关联度检验和残差检验发现，三个数列的关联度检验均为 0.89，属于关联度合格模型。用残差检验发现，三者的平均误差均小于 0.05，属于残差合格模型，且发展系数的检验结果表明模型适合进行中长期预测。这也说明上述的 GM（1，1）模型预测值是可靠的，预测结果是合理的。

从表 6－2 可看出，到 2016 年，湖北省实际 GDP 就可以实现翻番，到 2018 年，湖北省城乡居民实际人均收入即可实现倍增。通过计算预测结果的增长速度并比较，在 2010~2020 年，湖北省实际 GDP 年均增长速度将达到 13.00%，城镇居民实际可支配收入年均增速将为 9.04%，农村居民实际纯收入年均增速将为 9.22%，这个结果表明湖北 GDP 增速依然快于居民收入增速，要实现居民收入增长与经济发展同步仍需要进一步努力；尽管城乡居民收入的绝对差额有扩大的趋势，但农村居民收入增速快于城镇居民收入增速，且城乡居民实际收入比逐年下降，这表明城镇居民与农村居民之间的收入差距有所缩小，但仍需要制定一系列扶持农村发展政策，提高农村居民收入，切实缩小城乡收入差距。

第三节　湖北省居民收入倍增面临的主要困难

尽管湖北省经济的快速增长和城乡居民收入的逐年提高为收入"倍增计划"的实现打下了坚实基础，但要实现城乡居民收入的全面倍增，依然面临着不少的制约因素和众多困难，主要表现在以下几个方面。

一、经济增长保持长期持续稳定

要在 2018 年实现湖北省城乡居民收入倍增目标，经济的长期持续稳定增长是前提和基础。湖北省"十二五"规划提出地区生产总值年均增长 10% 以上，这是湖北省居民收入倍增的保证保证。虽然湖北省 GDP 2004～2013 年均一直保持两位数增长，但由于受到国际金融危机和世界经济增速减缓，我国经济发展考核评价体系的调整，沿海发达地区结构调整和产业升级步伐加快，周边省份经济发展势头强劲，以及湖北省三次产业结构不协调、自身地区发展不平衡等因素的影响和制约，在 2013 年之后能否继续保持两位数以上的增长速度，同时合理有序的调整发展方式和产业结构，以产业结构转型带动就业；促进创业等，都将面临严峻的考验。

二、劳动者报酬比重提高并实现与经济增长同步

一般而言，经济在进入起飞阶段后，劳动者报酬占比逐渐下降，归属于资本的固定资产折旧和营业盈余两项占比逐渐上升，归属于政府部门的生产税净额比重基本不变，这与起飞阶段经济增长的投资型经济特征是一致的，而湖北省 2000～2013 年的收入法 GDP 构成也反映出这一点。但要使经济水平进一步提高，就要转变现行以投资为主的经济增长模式，而这需要劳动者报酬比重的不断提高才能实现。湖北省"十二五"规划提出逐步提高居民收入在国民收入分配中的比重，提高劳动报酬在初次分配中的比重，普遍提高城乡居民收入。要提高这两个比重，一是政府要减税，二是企业要让利，虽然湖北省在这两方面都有一定空间，但结构性减税政策需要严格规范落实，而企业让利所导致的用工成本增加和企业利润下降等问题，也要引起重视。同时，保持劳动者报酬增长与劳动生产率提高同步，才能使经济发展的成果为大家所共享。虽然湖北省近两年的劳动者报酬增长与劳动生产率提高已呈现趋同迹象，但如何保持长期内居民收入与经济发展的同步与协调，也是促进居民收入倍增的难点所在。

三、城乡居民收入较快增长并优化内部结构

有了经济的稳定增长和劳动者报酬占比的提高，也就有了城乡居民收入持续增长和实现倍增的经济基础。在湖北城镇居民的人均总收入中，占比最高的

是工资性收入，但是职工工资水平提升缓慢，占劳动者比例较大的普通劳动者工资水平较低，制约了城镇居民收入的快速增长，对家庭总收入的拉动力量减弱。能否实现城镇居民收入倍增计划，在很大程度上取决于城镇居民工资性收入能否有一个较大幅度的增长。同时，还应关注对城镇居民收入增长影响较大且具有增长潜力的经营性收入、财产性收入和转移性收入在内的非工资性收入。居民财产性收入比重，是衡量一个国家和地区市场化和国民富裕程度的重要标志。虽然湖北省城镇居民财产性收入增速较快，但比重还非常低，也主要集中在金融市场和房地产市场，收益风险性较高，而且更多流向高收入群体，形成新的分配不平等，这也增加了实现倍增目标的困难。

在湖北省农村居民的人均纯收入中，占比最高的是经营性收入，但由于农资价格持续上涨，雇工工资的提高致使农业生产成本加大，影响了农业收入的稳定增长，这在一定程度上抵消了惠农政策的实施效果和农产品价格上涨带来的收益，农村家庭经营性收入缺乏增长动力。农村居民家庭不仅农业收入增长困难，家庭经营第二、第三产业的非农经营收入也出现下降趋势，导致家庭经营收入占比逐年下降，这也成为实现农村居民收入倍增的最大阻碍。此外，由于受新增劳动力减少影响，青年外出劳动力数量的增速有所放缓；受市场和企业用工日趋专业化、技能化需求的提高以及农村劳动力自身素质较低影响，外出务工人员进入高收入层较少，农村劳动力转移难度较大，也使得农村居民工薪收入的增长势头难以延续。而农村居民的财产性收入主要集中在集体分配红利股息和土地、房屋、农具的租金等方面，这些收入的所得与当地经济环境和集体经济发展水平密切相关。农村居民转移性收入也远远低于城镇居民，从而导致农村居民收入倍增困难较大。

四、城乡、地区、行业、群体间收入差距继续缩小

如果就平均水平而言，要实现城乡居民收入倍增似乎并不难，可以依靠少数高收入群体收入的大幅增长来实现，但这样虽然倍增计划实现了，可收入差距矛盾却加剧了。因此，在实现居民收入倍增的同时，收入差距能否缩小，也是检验收入"倍增计划"实现效果的一个重要标准。如何既实现湖北省居民收入倍增，又缩小收入差距就成为收入倍增的又一难点。城乡二元户籍制度是造成城乡居民收入悬殊的主要原因，行业垄断则是导致湖北行业间收入差距的主要原因，地区资源禀赋、基层设施和产业发展基础的差异则导致了湖北地区间居民收入的差距。如何破解上述制度性障碍，保持农村居民收入增速持续保

持高于城镇居民增速的势头，城乡差距进一步缩小，贫困落后地区尽快致富，减缓行业工资差距，有效提高低收入群体的收入水平，降低低收入群体的规模，扩大中等收入群体的规模，控制和调整高收入群体的收入水平，这些问题解决得如何，将直接关系到湖北居民收入"倍增计划"能否顺利有效地实现。

本章小结

通过对湖北省居民收入现状的分析，结合对灰色预测模型基本原理的阐述，可以发现采用 GM（1，1）模型来预测湖北省居民收入倍增时间是合适的，并对湖北省城乡居民收入倍增时间点进行了预测，同时提出了实现倍增的问题和困难，从而得到以下结论。

1. 在 2010 年的基础上，经科学预测，经过 8 年时间，即到 2018 年，实现湖北省城乡居民人均实际收入倍增。具体是：城镇居民实际人均可支配收入从 2010 年的 16058.40 元提高到 2018 年的 32134.75 元，农村居民实际人均纯收入从 2010 年的 5832.27 元提高到 2018 年的 11829.01 元，并使城乡居民收入差距进一步缩小。

2. 实现湖北省居民收入倍增所面临的主要问题有：如何继续保持湖北经济持续稳定增长；劳动者报酬占比能否继续有所提高，劳动者报酬增长与劳动生产率提高能否实现长期同步；能否既保持城乡居民收入普遍较快增长的同时又能优化居民收入结构；能否进一步缩小城乡、地区、行业和群体之间的收入差距，这些问题也是实现居民收入倍增的难点所在。

第七章 研究结论及政策建议

第一节 研究结论

一、湖北省居民收入分配宏观分析

通过回顾我国改革开放以来收入分配制度的改革历程，进一步分析了湖北省收入法 GDP 的构成，重点分析了劳动者报酬的增长率与劳动生产率提高的同步性；系统分析了湖北省城乡居民收入构成及其差距、地区收入差距和行业收入差距，并得到如下结论。

1. 从 2000～2013 年湖北省国民收入总体分配格局来看：湖北省 GDP 规模稳步提升，实际增长率位居中部六省首位，在全国的排名也逐年提高。GDP 收入法构成的总体趋势是劳动者报酬规模有所下降，生产税净额基本维持不变，固定资产折旧与营业盈余有所上升，而且增长率和增长倍数也是固定资产折旧与营业盈余最高，生产税净额次之，劳动者报酬增长速度最慢，且劳动者报酬增长不够稳定；同时，湖北省劳动者报酬的增长率与劳动生产率提高还不够同步。

2. 就湖北省城镇居民收入而言：2000～2013 年湖北省居民收入的增长率相对较低，既低于全国平均水平，也低于中部地区平均水平；就收入来源结构看，城镇居民收入最主要的是工资性收入，其次是转移性收入，家庭经营纯收入和财产性收入占比重小，这与全国城镇的平均水平保持一致，但其总体增长率却低于全国平均水平，其中，转移性收入和家庭经营纯收入增速较快，工资性收入和财产性收入增速较慢；就各收入组家庭人均可支配收入看，收入越高，增长速度也越快，且高收入户与低收入户的差距不断扩大，但近两年有明显回落趋势；就城镇居民人均可支配收入地区结构看，武汉市的收入最高，神农架林区的最低，其差距呈逐年拉大趋势。

3. 就湖北省农村居民收入而言：2000～2013 年湖北省农村居民的增长率和增长倍数均低于中部地区和全国平均水平；就收入来源结构看，家庭经营纯收入是农村居民收入的最主要来源，且增长速度较低，所占比例也呈逐年下降趋势，即便到 2013 年也没有实现倍增目标；其次是工资性收入，其所占比例呈逐年上升趋势；转移性收入和财产性收入占比重小，但增速较快；就农村居民人均纯收入地区结构看，武汉市的收入最高，恩施自治州和神农架林区相对较低，其差距呈先拉大后缩小的趋势。

4. 就湖北省居民收入差距而言：2000～2013 年湖北省城乡居民收入差距总体上呈逐年拉大趋势，但历年差距均低于全国平均差距，也低于除江西省之外的中部其他四省；从城乡居民收入的全国排序情况来看，城镇居民收入和农村居民收入的排位均低于全国平均水平，但城镇与全国平均水平的差距较大，农村的差距较小，城镇的排位落后于农村。通过对湖北省城乡居民收入来源差距的分析，发现城乡居民收入差距主要由工资性收入差距构成，但其对城乡收入差距扩大的推动作用在逐年降低；人均经营性收入城乡倒挂，其缩小城乡居民收入差距的作用在逐步减弱；人均财产性收入差距相对较大，其对城乡居民收入差距扩大的作用有限；城乡人均转移性收入差距非常突出，且呈继续扩大趋势，没有起到缩小城乡收入差距的作用。

5. 就湖北省行业收入差距看，2000～2013 年湖北省城镇职工平均工资最低的行业是农、林、牧、渔业，最高的行业是信息传输、计算机服务和软件业以及金融业，职工平均工资最高值和最低值的差距呈先扩大后缩小趋势，而湖北省金融，电力以及信息传输业等垄断性行业与农、林、牧、渔业等竞争性行业职工的平均工资差距呈逐步扩大趋势；就各类型单位收入差距看，不同类型单位的职工工资有着较为显著的差异，城镇国有经济单位的最高，其他经济单位的次之，城镇集体经济单位较低，城镇私营单位的最低，但工资差距呈现缩小趋势；就最低工资标准看，历年提标的增长速度相对较快。

二、湖北省居民收入调查数据统计分析

2011 年年初，我们对湖北省 13 个地区（13 个地区为武汉市、荆州市、宜昌市、襄樊市、鄂州市、荆门市、孝感市、黄冈市、咸宁市、恩施州、随州市、仙桃市、潜江市，不含黄石市、十堰市、天门市和神农架林区）2010 年城镇居民收入和农村家庭人均收入进行了抽样问卷调查，通过对问卷调查数据的分析，得到以下结论：在 2010 年，湖北省城乡居民收入较 2009 年有所提高，城乡收入差距有所缩小；与全国同期相比，湖北省城乡居民收入低于全国人均收入水平。且城乡之间、地区之间、行业之间以及个人禀赋特征的不同，

其收入存在较大差异。

1. 在 2010 年，湖北省城乡居民的人均收入为 30316 元，其中，城镇居民人均收入为 46099 元，农村居民家庭人均收入为 9422 元，城镇居民收入是农村家庭人均收入的 4.89 倍。同全国同年人均收入相比较，湖北省城乡人均收入比全国人均收入低 2916 元，湖北省城镇居民收入比全国城镇居民人均收入低 2926 元，湖北省农村家庭人均收入比全国农村居民家庭人均收入高 126 元，湖北省城乡收入比全国的城乡收入比低 0.38 倍。

与 2009 年相比，在 2010 年，湖北省城乡居民人均收入增加了 1510 元，其中，城镇居民收入增加了 4670 元，农村居民家庭人均收入增加了 2607 元，湖北省城镇居民收入有所提高，城乡收入比降低了 1.2 倍。

2. 2010 年分地区城乡居民的收入的统计结果表明，在城镇，湖北省荆门市城镇居民的人均收入最高，为 59331 元，孝感市的人均收入最低，为 30643元。在农村，湖北省宜昌市农村家庭人均收入最高，为 17238 元，收入最低是恩施州，为 5276 元。其中，恩施州的城乡收入差距最大，其城乡收入比为9.79 倍，鄂州市的收入差距最低，其城乡收入比为 2.83 倍。

3. 在湖北省，无论是城市和农村，通过对个人禀赋特征的收入分析，我们发现：党员收入高于非党员的收入；担任一定行政职务的干部收入要高于一般职员的收入；男性收入高于女性收入；个人受教育程度越高，其收入也越高。

4. 在城市，垄断性行业的收入高于竞争性行业；国有企业、外资企业、中央企业、自营经商、党政机关和私营企业的群体有着较高的收入；从事管理工作、技术工作的群体，其收入较高。再就是在省会城市或地级市工作，其收入均高于县城和城镇。

5. 在农村，随着农村劳动力外出务工人数的增加，我们发现，农村家庭有外出务工人员的家庭人均收入高于没有外出务工人员的家庭人均收入。

三、湖北省居民收入差距的度量

我们根据 2010 年湖北省居民收入调查数据，采用基尼系数测算了湖北全省以及城镇和农村的收入差距，采用基尼系数的分解方法分析了不同收入来源对总收入不平等的贡献，将全部样本分为城、乡两个子样本，采用广义熵指数的分解方法，度量了城乡内部和城乡之间收入不平等对全国收入不平等的贡献，得到如下几点结论。

通过对 2010 年湖北省收入差距的度量，基尼系数的度量结果表明，湖北全省为0.51，城镇为0.38，农村为0.33，收入差距低于全国水平，与2009年相比，湖北的收入差距有所降低。但是，在湖北省城乡居民收入中，收入最高的10%人口的收入与收入最低的10%人口的收入之间存在较大的差距。城乡之间的收入差距可解释湖北省收入差距50%以上。

1. 在湖北全省，收入最低的10%人口的收入占总收入的比重为1.19%，收入最高的10%人口的收入占总收入的比重为36.53%，收入最高的10%人口的收入是收入最低的10%人口收入的30.7倍。

在湖北城镇，收入最低的10%人口的收入占总收入的比重为2.69%，收入最高的10%人口的收入占总收入的比重为30.14%，收入最高的10%人口的收入是收入最低的10%人口收入的11.19倍。

在湖北农村，收入最低的10%人口的收入占总收入的比重为2.58%；收入最高的10%人口的收入占总收入的比重为25.14，收入最高的10%人口的收入是收入最低的10%人口收入的9.75倍。

2. 2010年湖北省城乡收入差距的基尼系数度量结果表明，湖北省的基尼系数为0.509，其中，城镇的基尼系数为0.382，农村为0.329。与2009年相比，2010年湖北省的收入差距有所缩小。尽管收入差距有所缩小，但湖北全省的基尼系数均已超过了0.4的国际警戒线，且城镇的收入差距大于农村的收入差距。

3. 广义熵指数所度量的收入不平等的结果表明，在2010年，湖北城镇和农村的GE（0）指数分别为0.243和0.195，且城乡之间的收入差距略大于城乡内部的收入差距，它们对总收入差距的贡献分别达到了54.29%和45.71%，其中，城市内部差距和乡村内部差距对城乡内部收入差距的贡献分别为28.46%和17.25%。

四、湖北省居民收入的影响因素分析

我们通过分析不同因素对湖北全省居民、城镇居民以及农村居民收入的影响，研究发现，城市因素对收入回报的影响最大；无论在城市还是农村，拥有党员或领导干部身份等政治资本，能获得较高的收入回报，拥有良好的健康状况和较高的教育水平等人力资本，将获得较高的收入回报，且城市的教育收益率高于农村。城市垄断行业收入高于竞争性行业，就业单位所有制性质不同，对收入回报的影响较大；农村劳动力外出务工为农村家庭带来了较高的收入。具体是：

1. 湖北全省的分析结果表明，在 2010 年，城乡差距对收入的影响最大，城市收入比农村高近 3 倍，党员收入比非党员高 11.97%，男性收入比女性高 20.95%，汉族的收入比少数民族高出 17.45%，拥有健康的身体，其收入比身体状况欠佳的人显著高出 4.95%，受教育年限对个人收入有显著的正效应，每当受教育程度提高一个层次，收入增加 4.81%。

2. 分位回归的结果表明，教育年限的估计系数随着分位点的上升表现出明显的下降趋势，并且这一趋势并不随着控制变量的变化而改变。这个结果具有的政策含义也非常显著，即提高教育水平，将更加有利于低收入阶层的收入增长，有利于缩小居民收入差距。

3. 城市样本的分析结果表明，在城市，担任干部职务的收入比一般员工高 12.07%，党员收入比非党员高 7.3%，男性收入比女性高 30.94%；每当受教育程度提高一个层次，收入增加 4.86%，且随着教育水平的提高，人均收入随之增加。我们还发现，地级市和县级市的收入比省会城市分别低 8.77% 和 13.22%。不同职业的收入存在较大的差异，单位负责人或部门负责人、技术人员、私营企业主、个体户主的收入显著高于非技术工人。

4. 湖北农村的分析结果表明，在 2010 年，家庭劳动人口占家庭总人口的比重越大，收入越高；人均土地对增加收入具有显著的正向作用。农村劳动力外出务工对农村家庭人均收入有较大影响，我们发现，有外出务工人员家庭的人均收入要比没有外出人员的家庭高出 13.38%。每当受教育程度提高一个层次，收入增加 4.3%，与非党员相比，党员收入高 12.76%。汉族收入比少数民族的收入高出 54.98%，这说明在农村汉族和少数民族之间的收入存在较大的差异。

五、居民收入不平等的分解

在 2010 年，湖北省收入分配不平等主要来自于城乡收入的不平等，受教育程度对不同群体的收入差距具有稳定的解释力；干部身份对城镇收入不平等变化的贡献最大，外出务工因素对农村收入不平等变化的贡献最大。城市因素和个人受教育程度是影响不同人群组收入差距的两个主要因素，且这两个因素对不同人群组的收入差距具有较高的解释能力。具体为以下几方面。

1. 基于回归的分解。

（1）对湖北省各地区收入不平等的静态和动态分解的结果表明，2009～2010 年，对收入不平等贡献最大的是城市因素和教育程度。城乡收入差距可解释收入不平等的50%，而教育水平对不平等的贡献接近10%。动态分解的结果表明，城乡收入差距还在继续扩大，在这两年期间，城乡收入对总体收入不平等变化的贡献达到了17%。通过提高城乡居民的健康状况，可以起到一定程度的缩小收入差距的作用。

（2）2010年湖北省城镇居民收入不平等的静态分解结果表明，教育对收入不平等的贡献为5%左右，2009~2010年动态分解的结果表明，干部身份对收入不平等变化的贡献最大，到达了16.29%。

（3）2010年湖北省农村家庭人均收入不平等的静态分解结果表明，各因素对收入不平等的贡献程度较小，均在5%以内。2009~2010年动态分解的结果表明，外出务工因素对收入不平等变化的作用最大，达到了57.13%，其次是人均土地对收入不平等的贡献为51.65%；而家庭劳动人口比重、教育等因素对收入不平等变化的贡献分别为-19.77%、-14.98%。

2. 不同人群组的分解。为了分析不同人群组的收入差距，我们的分析包括了城市与农村之间、党员与非党员之间的收入差异。

（1）城乡之间收入差距的分析结果表明，城镇收入比农村收入高出366%，城乡收入存在较大的差距，其中，个人特征对城乡收入差距的贡献为11.28%~13.68%；而系数差异对城乡收入差距的贡献为82.86%~85.57%。这个结果表明，城乡之间的收入差异主要是由不可解释的系数差异所导致的，这与我国长期的二元经济、城乡分割有关。

（2）党员与非党员收入差距的分析结果表明，党员的收入比非党员的收入高101%，其中个人特征差异对党员与非党员收入差距的贡献为86.3%~88.7%，且城市因素和受教育水平两个因素分别解释了个人特征对总收入差距的57%和22%；系数差异对党员和非党员收入差距的贡献为15.43%~17.14%。这个结果表明，在党员所拥有的收入优势中，是由于党员积极要求进步，有着比非党员更多的个人特征，如人力资本优势等，并且党员在自己的工作领域中发挥模范带头作用，从而获得更高的收入。

六、居民收入倍增问题分析

在对湖北省居民收入现状进行分析的基础上，采用GM（1，1）模型对湖北省城乡居民收入倍增时间点进行了预测，同时提出了实现倍增的问题和困难，从而得到以下结论：

1. 在2010年的基础上，经科学预测，经过8年时间，实现湖北省城乡居民人均实际收入倍增。具体是：城镇居民实际人均可支配收入从 2010 年的 16058.40 元提高到 2018 年的 32134.75 元，农村居民实际人均纯收入从 2010 年的 5832.27 元提高到 2018 年的 11829.01 元，并使城乡居民收入差距进一步缩小。

2. 实现湖北省居民收入倍增所面临的主要问题有：如何继续保持湖北省经济持续稳定增长；劳动者报酬占比能否继续有所提高，劳动者报酬增长与劳动生产率提高能否实现长期同步；能否既保持城乡居民收入普遍较快增长的同时又能优化居民收入结构；能否进一步缩小城乡、地区、行业和群体之间的收入差距，这些问题也是实现居民收入倍增的难点所在。

第二节　政策建议

一、存在的问题

通过对湖北省居民收入的宏观分析，以及湖北省居民收入调查数据的分析，我们认为，目前湖北省的收入分配中还主要存在如下问题：

1. 居民、企业和政府部门的收入分配格局不尽合理。由于劳动者报酬占GDP 的比重持续下降，居民财产性净收入占国民收入的比重持续下滑以及居民经常转移净收入增长非常缓慢等原因，劳动者报酬占 GDP 的比重以及居民可支配收入占 GDP 的比重逐年下降；在初次分配中，国民收入向政府和企业集中，在再分配中，国民可支配收入向政府集中，从而使政府和企业所得在相应收入总量中所占比重持续上升。

2. 居民收入差距过大。目前，湖北省居民收入分配不公平的问题仍然还比较严重。在国民收入分配中，分配格局过于倾向资本要素，劳动力要素占比较低，且由于要素市场不健全、竞争不充分，要素价格不能有效反映其实际贡献，导致初次分配效率较低；在再次分配中，政府再分配注重公平的力度不够。具体表现在城乡之间、城镇内部和农村内部、发达地区与欠发达地区之间、垄断行业与竞争性行业之间的收入差距过大，且还有继续扩大的趋势。

二、政策建议

以上这些问题与我国收入分配制度改革的要求是不相适应的，因此，在今后一段时间内，为了遏制并扭转居民收入占国民收入比重不断下降的趋势，既要不断提高就业率，创造更多的就业机会，增加就业人数，创造条件增加居民财产性收入；又要不断提高社会保障水平，降低居民税收负担，加强政府对收入分配的调节作用，完善个人所得税制度，提高再分配中转移支付规模。还需要做好以下几个方面的工作。

1. 在初次分配领域和再分配领域，均需要调整和规范国家、企业和个人三者之间的分配关系。特别是要通过扩大就业、调整产业结构，逐步提高劳动者报酬占国民收入的比重以及居民收入占可支配总收入的比重。

通过建立居民收入增长同经济增长保持大体同步的机制。在制订国民经济和社会发展年度计划中，要根据国内生产总值增长的预期，合理确定居民收入增长的预期目标，并将其作为宏观调控的重要内容。努力使居民收入增长与宏观经济增长相匹配，扭转居民初次分配收入占国民总收入比重不断下滑的趋势。

通过实施积极的就业政策，大力发展非公有制经济和第三产业，广开就业门路，特别是扩大农民进城务工的就业渠道。进一步完善劳动力市场机制，改革户籍制度，促进城乡劳动力合理有序流动。继续完善以最低工资为主的工资宏观调控体系，将劳动报酬增长纳入同民经济和社会发展中长期规划，完善最低工资制度，逐步提高最低工资水平。通过工资集体协商，探索建立有中国特色的职工民主参与企业工资分配决策的机制。国家应向国内中小企业提供更多的优惠和扶持，改善小企业发展环境，加强中小企业金融服务，加大小企业财税扶持力度，继续推进机关事业单位工资制度改革，扩大居民投资渠道等措施，提高居民财产性收入占国民总收入的比重。

2. 在再分配领域，要进一步加强政府对收入分配的调节作用，完善个人所得税制度，扩大转移支付规模，以缩小居民收入差距。

近年来，我国企业利润和生产税净额和收入税增长过快，导致初次分配向企业和政府倾斜，再分配向政府倾斜。为了扭转这种趋势，加大税收对收入分配的正向调节作用，要进一步完善税收体制，提高小规模纳税人增值税、营业税起征点；对现行个人所得税制度进行改革，改革费用扣除办法，应当考虑纳税人的婚姻状况、赡养人口多少、年龄及健康状况、子女受教育情况等。适当提高个人所得税费用扣除标准，减轻中低收入者的税收负担。

缩小收入分配差距，最迫切、最现实的前提和基础是实现政府职能转型，加大政府对收入分配的调节力度，树立公平和效率并重的理念。要为全体公民提供社会保障、义务教育、医疗卫生等最基本的公共产品和公共服务。财政支出要适当向社会保障倾斜，依法划转部分国有资产充实社会保障基金，进一步扩大社会保险覆盖面，提高征缴率，以完善社会保障体系。

3. 由于垄断行业的收入显著高于非垄断行业，这是由于国有垄断行业拥有丰富的资源，有着得天独厚的优势。体现在收入分配方面，则表现为垄断行业比竞争性行业获得了更多的劳动报酬。因此，打破垄断是消除垄断造成的不合理行业收入差距的关键。为此，要进一步提高市场化程度并引入竞争机制，放松规制，降低非自然垄断的准入壁垒，严格控制自然垄断范围。此外，提高垄断行业职工各项收入的透明度，改革和完善垄断行业的工资收入制度，采取必要的调控措施调节总收入水平，使垄断行业职工工资水平与劳动力市场相应的工资标准接轨，降低垄断企业职工的不合理高收入，以缩小行业之间的收入差距。

因此，需要进一步提高市场化程度并引入竞争机制，放松规制，放开对电力、电信、金融、保险、烟草等垄断行业的"准入限制"，降低非自然垄断的准入壁垒，严格控制自然垄断范围，让国内民营企业进入这些行业充分竞争，同时放松政府对价格的管制，让政府之手从这些施加影响的领域逐步退出，发挥市场的选择优势。深化垄断行业收入分配制度改革，使垄断行业职工工资水平与劳动力市场相应的工资标准接轨，降低垄断企业职工的不合理高收入，逐步缩小不同行业和同一行业不同群体之间的收入差距。

4. 由于权力显著地影响人们获取收入的机会和能力，干部身份的收入回报大幅提高，且对收入差距的贡献在扩大。我们认为，当政治资本作用于个人收入回报时，则可能会使按要素贡献进行分配的原则产生扭曲，从而降低资源配置效率。因此，需要合理界定收入分配中政治权力（政府权力与个人权力）与市场权力的范围，抑制政治权力的扩张与滥用，维护市场公平，继续深化市场化改革，尽可能使政治权力因素退出初次分配，并打破和扭转因行政、经济权力的垄断所造成的收入分配逆公平运作的趋势，以提高劳动者的民主权利，增加他们在收入分配博弈中的谈判权和谈判能力，并通过建立收入分配的民主制度和监督机制，减少和规范行政审批，减少权力寻租和腐败行为的发生，逐步缩小政治资本对收入不平等的影响，特别是权力因素对收入不平等的影响。

要坚决打击、取缔非法收入，逐步形成公开透明、公正合理的收入分配秩序。推行政务公开与社会监督，制止各种乱收费、乱摊派；严禁政府公务人员利用和工作之便谋取非法收入和公款挥霍，严惩各类腐败行为；继续治理不同领域的商业贿赂行为；建立健全职务消费管理制度，规范国有企业负责人的职务消费，加强公务消费的财务审计和监督；坚决取缔企业违反规定、自立名目发放的不合理收入；依法打击制假售假、走私贩毒、偷税漏税、权钱交易、侵吞国有资产、内部交易、商业与金融欺诈等违法行为。

5. 由于低收入群体的教育回报率高于高收入群体的教育回报率，尽管教育的收入回报在一定程度上成为我国居民收入差距扩大的一个重要原因，但教育回报的提高是人力资本价值的体现。因此，需要进一步增加人力资本投资，特别是要加大对低收入群体人力资本的投资力度，公平地提高全民受教育机会和教育水平，使劳动者受到良好的教育或技能培训，缩小人们在人力资本方面的差距，为人们取得比较平等的收入和财产创造一个比较平等的起点。通过提高他们在劳动力市场的竞争力，不仅可以提高人力资本的收入回报，也有利于缩小收入差距。

6. 我们的实证结果表明，农民收入增长不仅慢于城镇居民，也慢于经济增长，且城乡之间收入差距对全国收入差距的贡献率达到了 48%。因此只有大幅度提高农民收入，收入分配要向农村倾斜，缩小城乡收入差距，让农民同步享受经济发展的成果，才能确实提高两个比重和扩大内需。

7. 要实现 2018 年湖北省城乡居民收入"倍增计划"目标，应坚持增加总量，优化结构，缩小差距，动态监控的基本思路，大力夯实居民收入增长的物质基础，不断完善居民收入增长的保障机制，努力实现居民收入增长和经济发展同步、劳动报酬增长和劳动生产率提高同步，确保居民收入"倍增计划"的顺利实现。具体还要落实以下四方面的目标：首先，应努力保持经济持续稳定增长，在分配环节进行联动调节，加大政策支持力度，提高劳动者报酬所占比重，加大政策调节力度，提高居民收入所占比重；其次，统筹城乡社会经济发展，努力保持城乡居民收入普遍较快增长态势，同时优化各类居民收入结构，实现居民收入来源的多元化；再次，想方设法缩小城乡、地区、行业、群体间的居民收入差距，优化"倍增计划"的实现效果，实现公平公正目标；最后，建立居民收入分配检测体系，实行动态调控。

因此，要合理调整收入分配结构和政策，改变城乡二元结构的体制机制，加大对农业的支持和保护力度，扎实推进社会主义新农村建设。进一步加快城市化进程，全面调整劳动力流动和户籍政策，逐步消除劳动力流动的各种障碍和歧视，实现农村剩余劳动力的有序转移；通过加快农业科技进步，调整优化农村经济结构，推进现代农业建设，发展农业产业化经营，提高农业综合生产能力；加强农村基础设施建设；增加对农村义务教育、医疗卫生等事业的投入，以减轻农民负担。增加农业投资，加快农业劳动力向非农部门转移，为农村剩余劳动力提供更多的就业机会，尤其是非农就业机会，以提高农民的非农收入；加大对偏远地区、少数民族地区的政策支持力度，缩小地区间发展的基础条件差异，提高这些地区的自身竞争力，以达到缩小城乡差距、地区差距以及民族差距，从而更快更好地实现湖北城乡居民收入"倍增计划"目标。

青海篇

第八章　青海省情及经济发展现状

第一节　青海省情概况

一、青海省概况

青海省位于我国西北地区，是青藏高原上的重要省份之一，面积为 69.67 万平方公里，作为我国五大牧区之一，目前牧区面积已占全省总面积的 96%。由于传统畜牧业经营方式分散，广大群众特别是牧民长期以来大多过着逐水草而居的生活。青海省与甘肃省、四川省、西藏自治区、新疆维吾尔自治区接壤，辖西宁、海东市 2 个地级市和海北、海南、黄南、果洛、玉树藏族自治州、海西蒙古族藏族自治州等 6 个民族自治州，27 个县，7 个民族自治县，3 个县级市，6 个市辖区，5 个行政委员会。基层行政单位有：369 个乡，34 个民族乡，36 个镇。青海省也是一个多民族地区，有藏族、回族、蒙古族、土族、撒拉族等 43 个少数民族。截至 2014 年末，青海省常住人口 583.42 万人。按城乡分，城镇 290.40 万人，占 49.78%；乡村 293.02 万人，占 50.22%。少数民族人口 274.09 万人，占 46.98%。

从经济社会发展数据来看，2014 年，青海省完成地区生产总值 2301.12 亿元，比上年增长 9.2%。其中，第一产业增加值 215.93 亿元；第二产业增加值 1232.11 亿元；第三产业增加值 853.08 亿元。人均地区生产总值 39633 元。全年全省公共财政预算收入 385.47 亿元；公共财政预算支出 1365.98 亿元。全年全省完成全社会固定资产投资 2908.71 亿元。2014 年，全省城镇居民人均可支配收入达到 22307 元，农村居民人均可支配收入达到

7283 元，分别较上年增长 9.6% 和 12.7%，城乡居民收入增长均超过 GDP
的增长速度。

二、青海省"三区"战略与"三个升级版"概念的提出

在全面考虑国家社会经济发展和青海省情的基础上，2012 年 5 月，青海
省第十二次党代会上提出了"三区"战略：即在未来五年中，青海省"全力
建设国家循环经济发展先行区、生态文明先行区和民族团结进步示范区"。建
设国家循环经济发展先行区，就是要以循环经济的理念来统领资源开发和经济
建设，加快发展，加快转变发展方式。建设生态文明先行区，就是要坚持保护
中发展，发展中保护，实现可持续发展。建设民族团结进步示范区，就要把统
筹经济建设和社会建设摆在重要位置，更好地推进以改善民生为重点的社会事
业建设。"三区"战略是基于青海的省情，从资源、生态和稳定三个维度出发
而制定的青海省发展战略，也是从新的高度寻求国家层面的政策支持，是今后
工作的重点和方向。

此后，在 2014 年 2 月，青海省在《政府工作报告》中又提出"打造三个
升级版"：即注重提质增效，奋力打造青海省经济升级版；筑牢生态屏障，努
力打造大美青海省升级版；办好民生实事，合力打造民生改善升级版。从而打
造经济、生态和民生三个"升级版"融合发展的新局面。

总之，无论是"三区"战略，还是"三个升级版"概念，在提出注重青
海省经济发展、生态和资源保护的同时，也同时提到了要关注民生和稳定，这
既说明经济、环境是保障青海省居民收入的间接基础，也说明民生问题直接涉
及青海省居民收入的增长，应该得到政府的重视和政策支持。

三、"一带一路"与青海省的定位

2015 年 3 月 28 日，国家发展改革委、外交部、商务部联合发布《推动共
建丝绸之路经济带和 21 世纪海上丝绸之路的愿景与行动》，在第六章"中国
各地方开放态势"中，对各省份在"一带一路"规划中的定位予以明确。其
中，新疆维吾尔自治区被定位为"丝绸之路经济带核心区"，福建省则被定位
为"21 世纪海上丝绸之路核心区"。除了新疆维吾尔自治区和福建省，"一带
一路的愿景与行动"对其他省市的定位，也有相应的设定。具体来说：对陕
西省、甘肃省、宁夏回族自治区、青海省四省区的定位是，形成面向中亚、南
亚、西亚国家的通道、商贸物流枢纽、重要产业和人文交流基地。"一带一路

的愿景与行动"提出，发挥陕西省、甘肃省综合经济文化和宁夏回族自治区、青海省民族人文优势，打造西安市内陆型改革开放新高地，加快兰州、西宁开发开放，推进宁夏内陆开放型经济试验区建设。

由此来看，"一带一路"是经济全球化的代名词，是世界经济一体化的载体，是西部大开发的创新升级版。青海省在"一带一路"建设中有着重要的地理和区位优势，丝绸之路经济带建设将极大地拓展青海经济发展的战略空间，为实现经济社会跨越发展提供重要支撑。因此，青海省必须加大走出去和向西开放力度，努力把丝绸之路经济带打造成为青海省向西开放的主渠道和推动全省经济发展的新的增长极。也应加紧利用自身丰富的矿产资源、完善的交通网络、多元包容的文化胸怀、重要的生态屏障作用，在丝绸之路经济带上选择重点地区、重点市场进行对接，与其他省区协同配合，推进深度融合。而"一带一路"这一重大发展战略和发展机遇，除了对青海省经济发展产生深远影响之外，也无疑会对青海省居民收入分配产生重要的影响。

第二节　青海省经济发展现状

一、青海省 GDP 总体规模

为了准确全面地分析青海省居民收入分配格局，首先分析影响收入分配的经济基础，即青海省 GDP 的规模与增速的变化，并与西北五省进行对比，以分析青海省经济发展水平和所处的位置。图 8 - 1 报告了 1994 ~ 2014 年青海省 GDP 规模和增速，从总量看，1994 年为 138.4 亿元，2014 年为 2301.12 亿元，21 年间实际增长了 10.41 倍[①]。从增速看，青海 GDP 增速较快，1994 ~ 2014 年实际平均增速为 12.43%，尤其是从 2000 年开始，除 2009 年和 2014 年外，十多年均保持了两位数的增速，2010 年达到最高的 14.26%。

就青海省与西北五省（区）1994 ~ 2014 年的 GDP 规模对比较来看（见表 8 - 1），青海从 1995 年开始，GDP 规模一直低于陕西省、新疆维吾尔自治区、甘肃省和宁夏回族自治区，排名第 5 位，在全国也仅次于西藏，排名第 30 位。但实际增长倍数相对较快，仅次于陕西省，高于西北的其他三省（区）。

---

① 如无特别说明，本章数据均来自相关年份《中国统计年鉴》和《青海统计年鉴》，并通过计算得到。

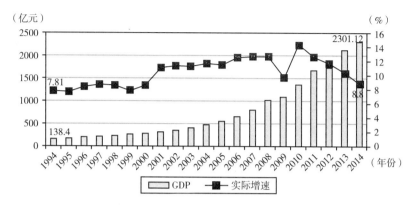

图 8－1 1994～2014 年青海省 GDP 规模和增速变化趋势

表 8－1 　　　 1994～2014 年青海省与西北五省（区）地区 GDP 规模比较　　单位：亿元

年份	全国	陕西	甘肃	宁夏	新疆	青海	五省（区）排名
1994	50217.40	839.03	453.61	136.26	662.32	138.40	4
1995	63216.90	1036.85	557.76	175.19	814.85	167.80	5
1996	74163.60	1215.84	722.52	202.90	900.93	184.17	5
1997	81658.50	1363.60	793.57	224.59	1039.85	202.79	5
1998	86531.60	1458.40	887.67	245.44	1106.95	220.92	5
1999	91125.00	1592.64	956.32	264.58	1163.17	239.38	5
2000	98749.00	1804.00	1052.88	295.02	1363.56	263.68	5
2001	109028.00	2010.62	1125.37	337.44	1491.60	300.13	5
2002	120475.60	2253.39	1232.03	377.16	1612.65	340.65	5
2003	136613.40	2587.72	1399.83	445.36	1886.35	390.20	5
2004	160956.60	3175.58	1688.49	537.11	2209.09	466.10	5
2005	187423.40	3933.72	1933.98	612.61	2604.19	543.32	5
2006	222712.50	4743.61	2277.35	725.90	3045.26	648.50	5
2007	266599.20	5757.29	2703.98	919.11	3523.16	797.35	5
2008	315974.60	7314.58	3166.82	1203.92	4183.21	1018.62	5
2009	348775.10	8169.80	3387.56	1353.31	4277.05	1081.27	5
2010	402816.50	10123.48	4120.75	1689.65	5437.47	1350.43	5
2011	472619.20	12512.30	5020.37	2102.21	6610.05	1670.44	5

续表

年份	全国	陕西	甘肃	宁夏	新疆	青海	五省（区）排名
2012	529399.20	14453.68	5650.20	2341.29	7505.31	1893.54	5
2013	586673.00	16205.45	6330.69	2577.57	8443.84	2122.06	5
2014	634367.30	17689.94	6835.27	2752.10	9264.10	2301.12	5
2014/1994	12.63	12.51	9.33	10.14	8.64	10.41	—

注：增长倍数是以 GDP 平减指数对各省 GDP 进行平减后得到的实际倍数。

就 GDP 实际增速比较来看，青海省在 2000 年之前，增速较慢；2001～2008 年，增速位居西北五省前列；2009 年至今，增速放缓，受宏观经济环境影响，增速有所波动。就西北五省（区）来看，青海省 1994～2014 年 GDP 的实际增速也仅次于陕西省，高于五省（区）的平均水平；从 1997 年开始（除2007 年外），实际增速也一直高于全国平均水平（见图 8－2、表 8－2）。

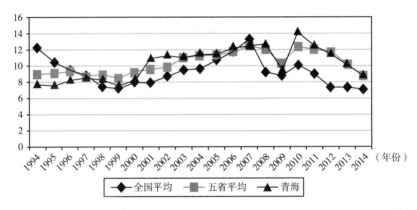

图 8－2　1994～2014 年青海省与西北五省（区）地区 GDP 实际增速变化趋势

表 8－2　　1994～2014 年青海省与西北五省（区）地区 GDP 实际增速比较　　单位：%

年份	全国	陕西	甘肃	宁夏	新疆	青海	五省（区）平均	五省（区）排名
1994	12.31	8.25	10.24	7.38	11.42	7.81	9.02	4
1995	10.44	9.89	9.86	9.08	8.71	7.70	9.05	5
1996	9.44	10.35	11.30	10.30	6.30	8.36	9.32	4
1997	8.80	10.17	8.69	7.64	8.07	8.66	8.65	3
1998	7.51	10.98	9.28	8.40	7.23	8.54	8.89	3

续表

年份	全国	陕西	甘肃	宁夏	新疆	青海	五省（区）平均	五省（区）排名
1999	7.33	9.80	8.65	8.67	7.14	7.80	8.41	4
2000	8.07	9.89	9.26	9.71	8.34	8.56	9.15	4
2001	7.97	9.35	9.32	9.62	8.25	11.08	9.52	1
2002	8.71	10.53	9.41	9.75	7.88	11.40	9.79	1
2003	9.53	11.15	10.20	11.92	10.62	11.21	11.02	2
2004	9.62	12.13	10.90	10.62	10.80	11.57	11.20	2
2005	10.71	12.84	11.19	10.35	10.35	11.51	11.25	2
2006	11.96	13.02	10.89	11.96	10.44	12.45	11.75	2
2007	13.28	14.67	11.60	11.96	11.51	12.64	12.48	2
2008	9.17	15.19	9.66	11.87	10.44	12.69	11.97	2
2009	8.80	12.75	9.79	11.24	7.79	9.66	10.25	4
2010	10.07	13.63	11.13	12.66	10.07	14.26	12.35	1
2011	9.08	13.02	11.80	11.42	11.33	12.62	12.04	2
2012	7.42	12.13	11.87	10.89	11.33	11.60	11.56	4
2013	7.42	10.44	10.26	9.35	10.44	10.26	10.15	4
2014	7.14	9.26	8.53	7.70	9.53	8.80	8.76	3
平均	10.31	13.46	11.81	12.28	11.39	12.43	12.27	—

注：本表的增长速度是以GDP平减指数对各省GDP进行平减后得到的实际增速。

从人均GDP规模来看，青海省人均GDP从1994年的2942元，增长到2014年的40004元，实际增长了10.01倍，增长倍数高于全国平均水平，但人均量依旧低于全国平均水平。就西北五省（区）而言，除陕西省2014年人均GDP略高于全国平均水平外，其他四省（区）均低于全国平均水平，从1996年开始，青海省的排名一直处于第4位，仅高于甘肃省。但随着近些年增速的不断加快，已越来越接近新疆维吾尔自治区和宁夏回族自治区的人均GDP水平（见表8-3）。

表 8 - 3　　1994～2014 年青海省与西北五省（区）地区人均 GDP 规模比较　　单位：元

年份	全国	陕西	甘肃	宁夏	新疆	青海	五省（区）排名
1994	4066	2424	1921	2740	3888	2942	3
1995	5074	2965	2316	3448	4701	3513	3
1996	5878	3446	2946	3926	5102	3799	4
1997	6457	3834	3199	4277	5848	4122	4
1998	6835	4070	3541	4607	6174	4426	4
1999	7199	4415	3778	4900	6443	4728	4
2000	7902	4968	4129	5376	7372	5138	4
2001	8670	5511	4386	6039	7945	5774	4
2002	9450	6161	4768	6647	8457	6478	4
2003	10600	7057	5429	7734	9828	7346	4
2004	12400	8638	6566	9199	11337	8693	4
2005	14259	10674	7477	10349	13108	10045	4
2006	16602	12840	8945	12099	15000	11889	4
2007	20337	15546	10614	15142	16999	14507	4
2008	23912	19700	12421	19609	19797	18421	4
2009	25963	21947	13269	21777	19942	19454	4
2010	30567	27133	16113	26860	25034	24115	4
2011	36018	33464	19595	33043	30087	29522	4
2012	39544	38564	21978	36394	33796	33181	4
2013	43320	42692	24296	39420	37181	36510	4
2014	46652	47001	26442	42191	41201	40004	4
2014/1994	9.02	11.79	10.21	9.31	8.26	10.01	—

注：增长倍数是以 GDP 平减指数对各省 GDP 进行平减后得到的实际倍数。

二、青海省 GDP 产业构成

就青海省 GDP 产业构成而言，第一产业的增加值由 1994 年的 32.40 亿元增长到 2014 年的 215.93 亿元；增速除了个别年份为负增长外，近十年基本维持在 5% 左右；但占比稳步下降，由 1994 年的 23.41% 下降到 2014 年的 9.38%。从第二产业来看，增加值由 1994 年的 57.78 亿元增长到 2014 年的

1232.11亿元；增速从2001年开始，一直高于第一和第三产业；占比从2003年开始，超越第三产业，并于2005年超过50%，之后逐年上升至2010年的58.38%，之后有所回落，2014年为53.54%。从第三产业来看，产业增加值由1994年的48.22亿元增长到2014年的853.08亿元；增速历年较为稳定，基本保持在10%左右，但从2001年开始，一直低于第二产业；占比在1995~2001年最高，但从2002年至今，占比也一直低于第二产业，2012年滑落到了32.34%，近两年有所回升，2014年达到37.07%。图8-3和图8-4报告了1994~2014年青海省三次产业增加值、增速及占比的变化趋势。

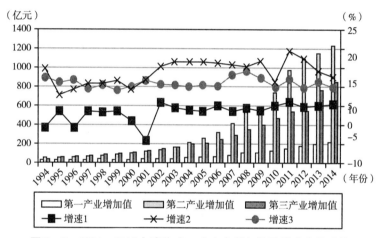

图8-3 1994~2014年青海省三次产业增加值及增速变化趋势

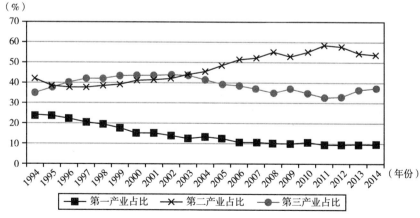

图8-4 1994~2014年青海省三次产业占比变化趋势

这与西北其他省份的产业结构也存在一定的差异，和陕西省的产业结构较为一致；与宁夏回族自治区和新疆维吾尔自治区的有所差异，主要是这两个地区的第三产业已接近第二产业的比重；与甘肃省的差异最为明显，甘肃省从2014年开始，第三产业占比已经超过了第二产业。而且，青海省的产业结构与全国的产业结构也有很大差异，全国从2012年开始，第三产业占比已经超过第二产业，2014年第三产业占比达到了48.19%，而第二产业为42.64%。

三、青海省 GDP 地区构成

由于仅可获得2001~2014年的地区数据，这里仅分析2001~2014年青海省各市州的 GDP 变化趋势。表8-4报告了青海省各市州2001~2014年的GDP规模，其中，西宁、海西和海东位居前3位；果洛、玉树和海南的规模相对较低。从年均增长率来看，也是海西、西宁和海北最高，果洛、玉树和海南的增速相对较低。需要注意的是，海西州2014年 GDP 出现了负增长，由2013年的609.7亿元，降到2014年的560.1亿元，这一规模，甚至低于2012年的570.3亿元。从各地区差距来看，最高的西宁市和最低的果洛州的差距较大，从2005年开始保持在30.11倍。

表8-4　　　　　　　　2001~2014年青海省各市州 GDP 规模　　　　　单位：亿元

年份	西宁	海东	海北	海南	黄南	果洛	玉树	海西	差距
2001	104.5	44.0	12.3	16.0	14.1	5.4	7.7	61.5	19.28
2002	121.4	50.1	14.0	18.2	15.6	6.0	8.9	70.0	20.09
2003	144.8	57.3	16.1	20.4	16.4	6.7	9.7	83.0	21.68
2004	174.7	66.8	18.3	19.7	23.7	7.2	13.7	100.3	24.41
2005	237.6	74.2	20.4	22.7	29.1	7.9	13.9	134.3	30.11
2006	281.6	84.7	23.5	23.4	32.8	8.7	15.5	170.0	32.52
2007	342.5	102.1	28.6	28.0	40.9	10.1	17.8	201.7	33.81
2008	422.2	122.4	38.2	34.0	51.6	12.7	24.5	273.1	33.35
2009	501.1	135.7	42.6	34.6	58.7	15.1	25.5	291.8	33.29
2010	628.3	173.3	54.5	43.7	69.9	20.4	31.9	365.5	30.75
2011	770.7	219.4	77.9	48.4	82.7	26.1	40.2	481.4	29.48
2012	851.1	274.1	96.0	58.1	104.4	30.5	47.2	570.3	27.87

续表

年份	西宁	海东	海北	海南	黄南	果洛	玉树	海西	差距
2013	978.5	337.0	112.3	66.5	117.1	32.1	54.7	609.7	30.51
2014	1077.1	377.7	126.0	68.8	130.7	34.1	56.5	560.1	31.62
增速（%）	18.78	16.96	18.58	11.58	17.69	14.65	16.23	19.30	—

注：由于难以获得各市区的平减指数，本表的增速是名义增速，其中，2014 年数据来源于青海省统计局网站。

　　表 8-5 报告了青海省各市州 2001~2014 年的 GDP 占比情况，其中，西宁市占比最高，平均占到了总 GDP 的 42.9%，其次是海西，占到了 25.5%，再次是海东，占到了 14.2%，其他五市州的占比较低，均不到 6%。这说明青海省地区经济发展较不均衡。

表 8-5　　　　　**2001~2014 年青海省各市州 GDP 占比**　　　单位:%

年份	西宁	海东	海北	海南	黄南	果洛	玉树	海西
2001	39.4	16.6	4.6	6.0	5.3	2.0	2.9	23.2
2002	39.9	16.5	4.6	6.0	5.1	2.0	2.9	23.0
2003	40.9	16.2	4.5	5.8	4.6	1.9	2.7	23.4
2004	41.2	15.7	4.3	4.6	5.6	1.7	3.2	23.6
2005	44.0	13.7	3.8	4.2	5.4	1.5	2.6	24.9
2006	44.0	13.2	3.7	3.7	5.1	1.4	2.4	26.6
2007	44.4	13.2	3.7	3.6	5.3	1.3	2.3	26.1
2008	43.1	12.5	3.9	3.5	5.3	1.3	2.5	27.9
2009	45.3	12.3	3.9	3.1	5.3	1.4	2.3	26.4
2010	45.3	12.5	3.9	3.1	5.0	1.5	2.3	26.3
2011	44.1	12.6	4.5	2.8	4.7	1.5	2.3	27.6
2012	41.9	13.5	4.7	2.9	5.1	1.5	2.3	28.1
2013	42.4	14.6	4.9	2.9	5.1	1.4	2.4	26.4
2014	44.3	15.5	5.2	2.8	5.4	1.4	2.3	23.0
平均占比	42.9	14.2	4.3	3.9	5.2	1.5	2.5	25.5

注：2014 年数据来源于青海省统计局网站。

　　由于青海省是一个多民族地区，这里将青海省各市州简单分为两类，民族地区和非民族地区，其中，民族地区主要包括海北、海南、黄南、果洛、玉树藏族自治州、海西蒙古族藏族自治州6个民族自治州；非民族地区包括西宁和海东市两个地级市。图8-5报告了青海省民族地区与非民族地区2001~2014年GDP的规模与增速变化趋势，其中，民族地区的GDP规模低于非民族地区。但民族地区的GDP增速相对较为平稳，历年间波动较小；而非民族地区的GDP增速波动较大，受海西州2014年GDP减少的影响，非民族地区的GDP于2014年甚至出现了负增长。

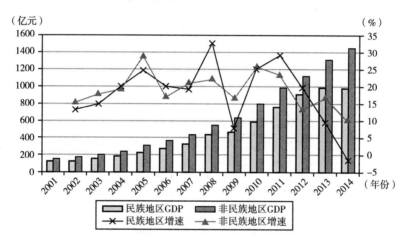

图8-5 2001~2014年青海省民族与非民族地区GDP规模与增速变化趋势

从青海省各市州的人均GDP来看，与总量的排名有所差异。人均GDP最高的一直是海西州，遥遥领先于其他各市州，其次是西宁市和海北州。2005年之前，最低的是海东市，从2006年开始，玉树州最低，其次是果洛州。从地区差距来看，最高与最低市州之间的差距呈现了总体扩大的趋势，从2001年的5.75倍扩大到2014年的9.39倍（见表8-6）。

表8-6 　　　　　　　2001~2014年青海各市州人均GDP规模 　　　　单位：元

年份	西宁	海东	海北	海南	黄南	果洛	玉树	海西	差距
2001	5257	2878	4660	4113	6760	4045	3000	16551	5.75
2002	6027	3261	5279	4491	7372	4459	3402	18594	5.70
2003	7109	3719	6038	5020	7688	4820	3603	21047	5.84

续表

年份	西宁	海东	海北	海南	黄南	果洛	玉树	海西	差距
2004	8484	4313	6808	9070	5766	4952	4855	24712	5.73
2005	11397	4768	7538	10367	7001	5281	4872	32725	6.86
2006	13326	5417	8619	10529	7836	5638	5116	40277	7.87
2007	15999	6493	10406	12452	9620	6422	5734	47009	8.20
2008	19494	7750	13762	14937	11923	7959	7391	62583	8.47
2009	22865	8565	15261	15047	13244	9326	7131	65290	9.16
2010	28428	10790	19358	17888	15690	11243	8531	78180	9.16
2011	34743	15671	27393	18751	18622	14381	11755	97747	8.32
2012	38034	19323	33360	22348	23287	16458	12158	114871	9.45
2013	43346	23653	38545	25360	25893	17090	13849	122114	8.82
2014	47501	26396	47501	26392	28774	18050	11892	111710	9.39
增速（%）	18.45	18.59	19.55	15.37	11.79	12.19	11.18	15.82	—

注：由于难以获得各市区的平减指数，本表的增速是名义增速。

本章小结

　　青海省是一个集中了西部地区、民族地区、高原地区和贫困地区全部特征的省份，无论是国家推行的"一带一路"战略，还是青海省提出的"三区"和"三个升级版"战略，都提出要注重青海省经济发展、生态和资源保护，同时也提到要关注民生和稳定，而民生问题直接涉及青海省居民收入的增长，应该得到政府的重视和支持。通过对青海省 GDP 总体规模的分析，可以发现青海省 GDP 总体规模在西部五省（区）中，排名第 5 位，在全国也仅次于西藏自治区，排名第 30 位；但实际增长倍数相对较快，2009 年至今，增速有所波动；人均 GDP 规模依旧低于全国平均水平，但近些年来增速不断加快。从 GDP 产业构成来看，第一产业近十年基本维持在 10% 左右，第二产业占比从 2005 年开始超过 50%；第三产业占比低于第二产业，维持在 40% 左右，这与西北其他省份存在一定的差异，与全国的产业结构也有很大差异。从 GDP 地区构成来看，西宁、海西和海东三市州位居前 3 位；果洛、玉树和海南三市州的规模相对较低；从各地区差距来看，最高的西宁市和最低的果洛州的差距较大，整体差距保持在 30 倍左右。

第九章 青海省居民收入分配总体状况

第一节 引 言

改革开放以来，在我国经济体制由计划经济向市场经济转型的过程中，我国经济快速增长，居民收入不断提高。与此同时，我国的收入分配制度也在探索中不断深化、创新和完善，国民收入分配格局发生了很大的变化，居民收入差距在城乡之间、地区之间、行业之间也在不断扩大。特别是近10年，劳动者报酬占初次分配收入的比重以及居民可支配收入占国民收入的比重持续下降，居民收入差距不断扩大，行业垄断、权力寻租、收入分配秩序混乱等；国民收入向政府、资本和垄断行业集中，向城市和少数人集中。这些问题已引起了社会各界的高度关注。

国民收入分配包括初次分配和再分配。国民收入经过初次分配，形成劳动者报酬、生产税净额以及资本所得。劳动者、政府和企业在国民收入中所分享的份额，便构成了国民收入初次分配格局。国民收入再分配是在收入初次分配的基础上，通过经常转移的形式对初次分配总收入进行再次分配。收入再分配的结果形成住户部门、政府部门和企业部门的可支配总收入，各部门的可支配总收入之和等于国民可支配总收入。

国民收入分配格局是指企业、政府、居民等部门的可支配收入在国民收入分配中的比例关系（白重恩和钱震杰，2009），近10年，我国国民收入分配格局发生了巨大的变化，居民部门的比重逐年下降，而企业和政府部门的占比逐年上升（李扬和殷剑峰，2007）。贝多广和骆峰（2006）对资金流量的发展和应用进行了分析，许宪春（2002）首次利用资金流量表计算了我国1992~1997年的国民收入在企业、政府和居民间的分配。李稻葵等（2010）认为，初次分配作为一个社会的基础性份额，在很大程度上决定了一个社会最终收入分配的基本格局。

关注国民收入初次分配中劳动份额的变化规律，对研究中国经济当前的形势和未来的走势具有非常现实的意义。李稻葵等（2009）通过分析我国国民收入初次分配中劳动份额的变化趋势及特点，并结合对跨国数据的计量分析，发现在经济的发展过程中，在初次分配中劳动份额的变化呈现 U 形变化规律，即在经济发展的初期，劳动份额呈下降趋势，但在经济发展的后期，劳动份额则不断提高。他们认为，由于劳动力在不同部门间转移的摩擦力大于资本运动的阻力，导致初次分配中劳动收入比重呈 U 形变化规律，按照中国经济目前发展的态势，未来两年完全有可能出现劳动收入比重上升的趋势。

杨承训（2008）认为，初次分配是分配制度的主体，通过政府进行的再分配只能起一定的调节作用，居于补充的地位，收入分配制度改革的难点在初次分配。因此，要深化收入分配制度改革必须突出初次分配。李扬、殷剑峰（2007）研究发现，居民劳动报酬的相对减少，主要是由于企业部门支付的劳动报酬相对下降，且居民财产收入的下降和从企业获得的劳动报酬的相对减少，表明居民收入中的一个不可忽略的部分被转移为企业部门的利润和政府的收入。徐现祥和王海港（2008）利用我国 1978～2002 年居民在初次分配中的要素所得，采用核密度函数估计各省区的收入分布，加总得到全国的收入分布，进而考察我国初次分配中的收入分布演进。研究发现，两极分化主要是由劳动贡献这个分配标准在产业间的差异造成的，要素贡献的其他差异对我国收入分布的扭曲程度为 2%～15%。

安体富和蒋震（2009）利用 1996～2005 年的资金流量表，计算了我国国民收入初次分配和最终分配的基本格局，发现我国当前的国民收入分配格局是向政府和企业倾斜，居民最终分配比重不断下降。其原因是利润侵蚀了劳动报酬，政府税收收入的快速增长降低了居民收入分配所占比重，居民财产性收入增长微弱和转移性支出制度不完善。刘树杰和王蕴（2009）的分析认为，农民工在非农就业者中的比重大幅提高以及工业化重化阶段资本要素比劳动要素投入的增速更快，是劳动报酬在初次分配中所占比重大幅下降的主要原因。

常兴华和李伟（2009）通过对 1992～2007 年资金流量表的测算发现，在国民收入初次分配格局中，企业所得增长较快，政府所得次之，居民所得增长较慢；在再分配格局中，在考虑了各种制度外收入以及土地出让收入的基础上，发现政府所得份额上升明显，企业在再分配格局中居于弱势地位，居民所得继续呈下降趋势。并认为居民劳动报酬份额不断下降且会在较长时间内延续，居民部门内部收入差距持续扩大。

　　白重恩和钱震杰（2009）研究发现，1992～2005年，居民部门收入占全国可支配收入的比重在1996年达到最高，此后逐年降低；在初次分配阶段，居民部门收入占比呈下降趋势，而企业和政府部门的收入占比则呈上升趋势；在再分配阶段，居民和企业部门收入占比呈下降趋势，政府部门的收入占比呈上升趋势。李扬和殷剑峰（2007）从收入分配和部门储蓄倾向两个方面对居民、企业和政府等三个部门的储蓄率进行比较分析，发现在1992～2003年，居民部门获得的劳动报酬、财产收入和再分配收入均有所下降；通过初次分配和再分配，政府的可支配收入在国民收入的分配中占据了越来越大的份额。并指出在1992～2003年，居民在全国可支配收入中比重下降的原因是初次分配阶段劳动收入份额和财产收入比重有所下降。

　　周天勇（2010）认为，居民收入分配比重下降主要有三个深层次的原因。一是在发展战略上，资本密集型、技术密集型的大企业发展太快，而吸纳较多劳动力的中小企业则发展滞后。二是从产业结构来看，农业中40%的劳动力只创造了11%的国民生产总值，收入分配也相应较低；工业中28%的劳动力创造出49%的财富，大部分都交给国家了；服务业占比过低。三是国民经济的税费负担过重，税费全部加起来负担率约为31%，在世界上居第3位。因此，改变再分配中居民收入分配比重下降的趋势，是下一步收入分配改革的重点之一。

　　吕冰洋和禹奎（2009）从税收负担角度分析了国民收入分配格局变动的原因。他们认为，由于我国税收收入主要由间接税构成，虽然企业部门缴纳较多的税收，但是由于税负转嫁，实际上税负主要由居民部门承担，这导致居民部门税收负担不断加重。税收增长与税负转嫁两大因素结合在一起，已深刻地影响了国民收入分配格局，总的趋势是减少居民部门的分配比重，增加政府部门和企业部门的分配比重。从而导致了居民消费不振以及中国高速经济增长过多依赖投资和出口等不良后果。

　　许多专家学者都对收入分配不合理的形成原因，从多方面、多维度进行了解析，取得了很有价值的研究成果。主要原因有以下几点：第一，经济发展方式和经济结构不合理是造成收入分配不合理的根本原因。第二，相关的体制改革和制度建设不到位。第三，劳动收入份额和财产收入占比在初次分配环节中下降，是导致居民收入占比下降的主要原因。第四，城市内部和城乡之间二元结构的存在。如用工、社会保障等方面导致收入分配不合理。第五，以税收制度和财政支出为主要内容的再分配体系不够健全。第六，以间接税为主体的税收结构使居民部门税收负担不断加重。第七，由于垄断所导致的收入分配扭曲。

第二节 青海省劳动者报酬规模及占比分析

一、青海省劳动者报酬规模及占比

在我国的国民收入核算体系中，国民收入按要素被分为劳动者报酬、生产税净额、固定资产折旧和营业盈余四类。为了分析收入法 GDP 的构成，我们按收入法汇总各省市区国内生产总值，得到全国的国内生产总值，并计算劳动者报酬、生产税净额、固定资产折旧和营业盈余占 GDP 的比重及其变化趋势。

从初次分配的统计定义出发，各省区收入法 GDP 的计算公式为：

GDP = 劳动者报酬 + 生产税净额 + 固定资产折旧 + 营业盈余

上式中，劳动者报酬是指劳动者因从事生产活动所获得的全部报酬；生产税净额是指生产税减生产补贴后的余额，是政府所得；固定资产折旧是指一定时期内为弥补固定资产损耗，按照规定的固定资产折旧率提取的固定资产折旧，或按国民经济核算统一规定的折旧率虚拟计算的固定资产折旧；营业盈余是指常住单位创造的增加值扣除劳动者报酬、生产税净额和固定资产折旧后的余额。固定资产折旧和营业盈余为资本的报酬。

通过整理 1994 ~ 2014 年《中国统计年鉴》中的青海省收入法 GDP 及其构成，得到 1993 ~ 2013 年青海省收入法 GDP 及其构成所占比重如表 9 - 1 所示。

表 9 - 1　　　　　　1993 ~ 2013 年青海省收入法 GDP 及其构成

年份	GDP	劳动者报酬		生产税净额		固定资产折旧		营业盈余	
		数值	比重（%）	数值	比重（%）	数值	比重（%）	数值	比重（%）
1993	109.68	62.58	57.06	12.16	11.09	14.67	13.38	20.27	18.48
1994	138.40	76.06	54.96	14.29	10.33	19.49	14.08	28.56	20.64
1995	167.80	90.48	53.92	16.85	10.04	26.38	15.72	34.09	20.32
1996	184.17	109.13	59.26	16.46	8.94	26.03	14.13	32.55	17.67
1997	202.79	119.93	59.14	22.05	10.87	32.46	16.01	28.35	13.98
1998	220.92	124.45	56.33	21.30	9.64	35.31	15.98	39.86	18.04
1999	239.38	134.20	56.06	25.79	10.77	39.11	16.34	40.28	16.83

续表

年份	GDP	劳动者报酬		生产税净额		固定资产折旧		营业盈余	
		数值	比重（%）	数值	比重（%）	数值	比重（%）	数值	比重（%）
2000	263.68	139.39	52.86	30.74	11.66	58.48	22.18	35.07	13.30
2001	300.13	156.77	52.23	34.23	11.41	54.69	18.22	54.44	18.14
2002	340.65	172.31	50.58	40.59	11.92	59.56	17.48	68.19	20.02
2003	390.20	189.75	48.63	46.80	11.99	70.29	18.01	83.36	21.36
2004	466.10	220.30	47.26	55.00	11.80	84.70	18.17	106.10	22.76
2005	543.32	258.53	47.58	64.53	11.88	102.17	18.80	118.09	21.73
2006	648.50	314.39	48.48	80.13	12.36	103.72	15.99	150.26	23.17
2007	797.35	405.93	50.91	101.45	12.72	114.45	14.35	175.52	22.01
2008	1018.62	536.60	52.68	129.01	12.67	133.69	13.12	219.32	21.53
2009	1081.27	581.69	53.80	158.49	14.66	180.66	16.71	160.43	14.84
2010	1350.43	635.34	47.05	197.71	14.64	199.80	14.80	317.58	23.52
2011	1670.44	756.12	45.26	292.11	17.49	270.88	16.22	351.33	21.03
2012	1893.54	823.58	43.49	278.38	14.70	335.98	17.74	455.60	24.06
2013	2122.06	957.08	45.10	279.60	13.18	410.46	19.34	474.92	22.38
增长率（%）	15.97	14.61		16.97		18.13		17.08	

资料来源：《中国统计年鉴》1994~2014年，经计算整理得到。

在表9-1中，劳动者报酬占GDP比重变化主要分为四个阶段。第一阶段：从1993年的57.06%下降到1995年的最低点53.92%。第二阶段：从1996年的最高点59.26%开始了逐年下降，2004年降到了最低点47.26%，下降了12个百分点。第三阶段：2004年以后劳动者报酬占比开始一直上升，2009年达到了53.80%。第四阶段：从2009年的53.80%开始下降，到2013年下降为45.10%；政府所得生产税净额占GDP比重分为三个阶段。第一阶段：从1993年的11.09%下降到1996年的最低点8.94%。第二阶段：从1997年开始上升到10.87%，2011年上升到最大值17.49%。第三阶段：随后开始下降，2013年的比重为13.18%；企业所得（即资本的报酬，包括固定资产折旧和营业盈余）占GDP的比重可以分为四个阶段。第一阶段：由1993年的31.86%上升到1995年的36.04%，上升了近5个百分点。第二阶段：从 1996 年开始进入了持续上升通道，一直到 2004 年达到 40.93%。第三阶段：1996 年后又开始了下降，2009 年下降到 31.55%，降低了将近 9.4%。第四阶段：2009 年开始回升，2012 年达到了最大值 41.8%，上升了将近 10%。

图 9-1 清晰地显示了劳动者、政府和企业在初次分配中所得占 GDP 比重的变化趋势，从图中可以看出，青海省劳动者报酬年均增长率相对较低，不仅低于 GDP 增速，也低于政府所得和企业所得的增速，劳动报酬占 GDP 的比重总体呈下降趋势；政府所得基本保持小幅度平稳增长的态势；企业所得呈不稳定的上升趋势。

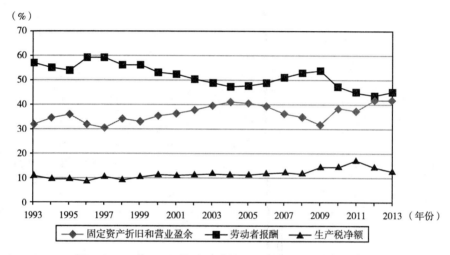

图 9-1　1993～2013 年青海省收入法 GDP 构成的变化趋势

进一步按当年价计算收入法 GDP 及其构成的年均增长率，1994～2010 年，GDP 由 1993 年的 109.68 亿元提高到 2013 年的 2122.06 亿元，年均增长率为 15.97%；劳动者报酬由 1993 年的 62.58 亿元提高到 2013 年的 957.08 亿元，年均增长率为 14.61%；生产税净额由 1993 年的 12.16 亿元增加到 2013 年的 279.6 亿元，年均增长率为 16.97%；固定资产折旧和营业盈余的年均增长率分别为 18.13% 和 17.08%。通过比较可以发现：劳动者报酬的年均增长率不仅低于 GDP 增速，也低于政府和企业所得的增速；企业所得增速最快，其次是政府税收。

二、西北五省（区）劳动者报酬规模及占比

通过对 1995～2013 年西北五省劳动报酬及占比的变化趋势（图 9-2 和表 9-2）可以看出：从劳动报酬总额来看，2013 年青海省、陕西省、甘肃省、宁夏回族自治区和新疆维吾尔自治区的劳动报酬总额分别为 957.08 亿元、6758.74 亿元、3129.01 亿元、1284.60 亿元和 4580.64 亿元，青海省劳动报酬规模在西北五省（区）排名最后，其中和青海省比较接近的宁夏地区，其在 1995～1997 年都落后于青海，但从 1998 年开始，宁夏地区劳动报酬规模一直领先于青海省。从劳动报酬年均增长率来看，西北五省（区）从高到低的排列顺序分别为：宁夏回族自治区、甘肃省、陕西省、青海省和西藏自治区，其值分别为 15.89%、14.34%、14.12%、14.00% 和 13.73%。其中，宁夏回族自治区增长率相对较高，其他四个省（区）差别不大，都保持在 14.00% 左右。从变化趋势来看，西北五省（区）劳动报酬及占比都呈下降的趋势，其中下降最明显的陕西省，从1995 年的最高比重 60.50% 下降到 2007 年的最低点 37.71%，下降了将近 23%，其次分别是青海省、新疆维吾尔自治区、甘肃省和宁夏回族自治区。

表 9-2   1993～2013 年西北五省（区）劳动者报酬及占比

年份	青海		陕西		甘肃		宁夏		新疆	
	数值	比重(%)	数值	比重(%)	数值	比重(%)	数值	比重(%)	数值	比重(%)
1995	90.48	53.92	627.33	60.50	280.66	50.32	90.35	51.57	452.12	55.49
1996	109.13	59.26	697.45	57.36	396.93	54.94	105.87	52.18	507.08	56.28
1997	119.93	59.14	761.57	55.85	424.38	53.48	114.01	50.76	585.94	56.35
1998	124.45	56.33	775.15	53.15	472.61	53.24	126.53	51.55	639.06	57.73
1999	134.20	56.06	801.16	50.30	512.32	53.57	137.32	51.90	648.70	55.77
2000	139.39	52.86	988.07	54.77	630.69	59.90	151.45	51.34	672.86	49.35
2001	156.77	52.23	1077.99	53.61	626.79	55.70	168.09	49.81	784.53	52.60
2002	172.31	50.58	1120.92	49.74	663.18	53.83	188.45	49.97	821.93	50.97
2003	189.75	48.63	1182.14	45.68	712.58	50.90	220.14	49.43	975.40	51.71
2004	220.30	47.26	1268.74	39.95	852.06	50.46	260.14	48.43	1191.39	53.93
2005	258.53	47.58	1624.27	41.29	888.82	45.96	305.42	49.86	1265.62	48.60
2006	314.39	48.48	1889.98	39.84	1055.14	46.33	373.26	51.42	1360.01	44.66

续表

年份	青海		陕西		甘肃		宁夏		新疆	
	数值	比重 (%)	数值	比重 (%)	数值	比重 (%)	数值	比重 (%)	数值	比重 (%)
2007	405.93	50.91	2171.30	37.71	1181.35	43.69	459.78	50.02	1566.80	44.47
2008	536.60	52.68	3313.83	45.30	1676.45	52.94	645.47	53.61	2085.87	49.86
2009	581.69	53.80	3691.49	45.18	1590.40	46.95	720.82	53.26	2329.37	54.46
2010	635.34	47.05	4028.24	39.79	2145.94	52.08	921.35	54.53	2829.07	52.03
2011	756.12	45.26	4911.66	39.25	2307.08	45.95	1061.65	50.50	3345.03	50.61
2012	823.58	43.49	5566.50	38.51	2628.86	46.53	1150.85	49.15	3979.27	53.02
2013	957.08	45.10	6758.74	41.71	3129.01	49.43	1284.60	49.84	4580.64	54.25
增长率 (%)	14.00		14.12		14.34		15.89		13.73	

资料来源:《中国统计年鉴》1996~2014 年。

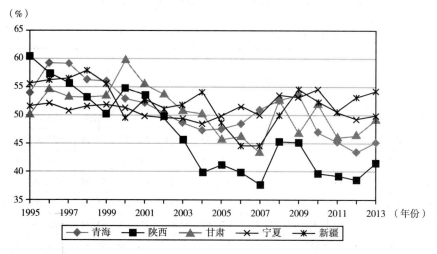

图 9 - 2 1995~2013 年西北五省(区)劳动者报酬占比的变化趋势

三、劳动者报酬占比下降的原因分析

1. 初次分配中企业利润侵蚀了居民劳动报酬。利润侵蚀工资的方式具有以下几种:第一,企业通过压低、克扣、拖欠工资的方式,使得职工工资增长

缓慢。第二，企业通过不缴或者拖欠职工社会保障费侵蚀工资。很多企业（特别是民营企业和"三资"企业），有时会拖欠职工养老保险、失业保险和医疗保险费。第三，企业通过让职工提前退休，或者买断工龄的方式侵蚀工资。有些企业以极低的价格买断了职工工龄，降低了企业的社会保障费支出。有些企业为了降低职工工资，使得很多职工提前离开工作岗位，从而减少了职工工资（安体富和蒋震，2009）。

2. 政府税收收入的快速增长降低了劳动报酬比重。事实上，不断上升的宏观税负通过各种渠道被转化成了居民负担，即税负的不断上升侵蚀了居民收入分配份额，这是因为：首先，我国的税制结构是以流转税为主体，其中增值税和营业税占到了全部税收收入的大部分。不断上升的流转税税负可以实现转嫁：一方面，在劳动力供给弹性较小的情况下，税负可以向后转嫁给劳动者，使得居民劳动报酬降低；另一方面，增值税和营业税等流转税可以通过提高消费品价格向前转嫁给居民消费者，降低他们的实际收入。因此，流转税税负转嫁机制是引起"税收侵蚀居民收入"的第一个渠道。其次，个人所得税制度的不完善使得工资收入者承担了较多税负，并且由于个税缺乏对个人综合收入的全面监控，当前个人所得税无法有效调控贫富收入差距，使得个人所得税降低了工资收入者的收入水平（安体富和蒋震，2009）。

3. 劳动力价格长期被压低。在劳动力市场中，雇主和劳动者双方力量明显不对称，雇主处于垄断者的优势地位，而劳动者无论是就每一个体还是整体来说都处于弱势地位。这样，在劳动与资本的博弈中，企业的收入分配就过度向资本倾斜，而劳动者的实际工资往往被压到劳动力价值以下（杨继瑞和何雄浪，2008）。同时，由于长期职业教育滞后于整个教育的发展，劳动者因缺乏劳动技能导致收入过低（马秀贞，2008）。

4. 劳动力谈判力量被地区间竞争弱化。为了招商引资，地方政府在基础设施、要素价格和环境保护方面不惜"竞争到底"。劳动收入占比下降是这种竞争引起劳动力谈判力量被弱化的结果。在中国，外资的主体是从事加工贸易的劳动密集型企业，伴随供给的不断增长，这类企业面临的贸易条件日益恶化，为了维持已经摊薄的利润，它们会进一步压低劳动力成本。可见，地区之间的激烈竞争具有两面性，在加速外资流入的同时，也使中国丧失了很多福利改善的机会，劳动收入占比恶化便是其中之一（罗长远，2008）。

5. 劳动报酬比重下降是重化工业化和资本偏向型技术进步的结果。改革开放以来，在经济快速发展的同时就业增长却相对缓慢，经济发展对就业的拉动作用呈下降趋势，形成"高增长低就业"现象。我国就业弹性趋于下降的主要原因在于，以传统的轻纺工业为主的产业结构日益走向以重化工业为主的产业结构，从而出现了资本密集型工业和技术密集型工业补充乃至替代劳动密集型工业趋势，而第三产业又远远滞后于整体经济发展水平。如此，国民经济的高速增长，并没有带来就业的快速增长，从而导致劳动收入份额呈下降趋势（赵海东，2007）。

6. 企业内部的工资议价机制尚未建立，企业所有者处于强势地位。在目前我国仍存在着劳动力供大于求和强资本弱劳动的情况下，劳动者处于弱势地位。如果让企业老板单方面决定工资，他们受追求利润最大化本能的驱动，往往会千方百计压低劳动者的工资，造成普通劳动者工资增长缓慢和收入差距拉大的情况。还存在着劳资双方协商主体严重缺位的问题。国有企业工会只是作为企业的"职能部门"而存在，难以真正代表员工的利益。非国有企业工会组织不健全或没有建立工会，行业工会也基本没有建立，无法开展集体协商（陈斯毅和陈悦，2008）。

第三节　劳动者报酬与劳动生产率增长情况分析

一、劳动报酬增长与劳动生产率同步增长的理论分析

在社会主义市场经济条件下，工资实质可视为劳动报酬，它是对劳动者在劳动过程中所付出的劳动力所支付的直补偿，反映市场体系中劳动力市场的资源配置状况。劳动生产率则是衡量劳动要素投入产出效率的一个指标，即劳动者所生产的产品和服务数量与劳动力投入数量的比率。劳动生产率不仅反映出劳动者的劳动效率，也代表着一定时期社会生产水平与生产能力。直观来看，劳动生产率提高意味着劳动贡献增加，按照按劳分配的原则，劳动报酬就要增加。反过来，劳动报酬增加，会使劳动者的工作积极性提高，从而劳动生产率也会提高（肖潇，2013）。

自我国改革开放以来尤其是 20 世纪 90 年代以来人均工资增长严重滞后于劳动生产率的提高，导致收入分配中个人与社会分配比例失衡的问题。人均工资增长期严重滞后于劳动生产率提高，不仅使得人民群众的生活水平改善缓慢，更制约着当前经济增长结构向消费拉动型转变，为将来国民经济的健康与可持续发展埋下隐患。在当前的情况下，劳动报酬增长和劳动生产率提高这对矛盾的主要方面在工资水平过低阻碍了劳动生产率的提高，因此应当在继续深

化工资体制改革的同时，着力提高劳动者尤其是低收入劳动者的工资水平，缩小人均工资增长与劳动生产率提高的差距（肖潇，2013）。

二、青海省劳动者报酬与劳动生产率增长现状分析

劳动者报酬增长与劳动生产率提高不同步是我国经济结构失衡的重要原因，要使经济从失衡走向平衡，本质上就是要弥合劳动生产率提高和劳动报酬增长之间的差距，实现劳动报酬增长与劳动生产率提高的同步。

图9－3报告了青海省人均劳动者报酬与全员劳动生产率的增速的变化趋势，可以看出劳动者报酬增长率波动相对较为明显，不够平稳，而全员劳动生产率增长率变化相对较为平稳一点，两者的同步性基本一致，但还有一定的提高空间。具体来看：1997～2005年，劳动报酬实际增长率一直小于全员劳动生产率增长率；2006～2009年，劳动报酬实际增长率大于全员劳动生产率增长率；2010～2012年，劳动报酬实际增长率开始大于全员劳动生产率增长率。

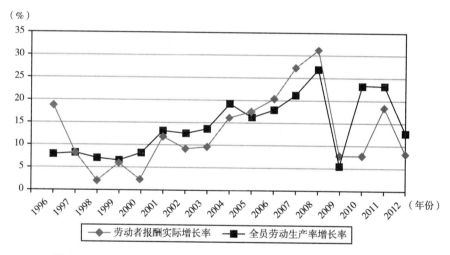

（%）

图9－3 1996～2013年青海省劳动者报酬与劳动生产率的增速比较

从表9－3可以看出，1995～2013年，青海省三次产业劳动生产率的年均增长率为11.05%、14.40%和10.66%，第二产业劳动生产率的年均增长率分别是第一和第三产业的1.30倍、1.35倍。青海省三次产业增加值的年均增长率分别9.64%、17.62%和14.12%，第二产业增加值年均增长率分别是第一和第三产业增加值的1.83倍、1.25倍。因此，从三次产业增加值年均增长率

表9-3

1995～2013年青海省三次产业劳动生产率

年份	第一产业			第二产业			第三产业			劳动者报酬实际增长率(%)	全员劳动生产率增长率(%)
	增加值(亿元)	就业人数(万人)	劳动生产率(万元/人)	增加值(亿元)	就业人数(万人)	劳动生产率(万元/人)	增加值(亿元)	就业人数(万人)	劳动生产率(万元/人)		
1995	39.62	146.82	0.27	64.58	44.23	1.46	63.60	70.66	0.90	—	—
1996	40.41	151.09	0.27	70.00	43.36	1.61	73.76	71.56	1.03	18.66	7.98
1997	41.80	151.41	0.28	76.63	40.56	1.89	84.36	78.41	1.08	8.12	8.33
1998	42.94	153.07	0.28	85.44	40.40	2.11	92.54	81.34	1.14	2.10	7.18
1999	42.03	152.23	0.28	94.03	40.22	2.34	103.32	86.87	1.19	6.09	6.61
2000	40.12	158.42	0.25	108.83	35.77	3.04	114.73	89.72	1.28	2.19	8.37
2001	44.74	170.25	0.26	125.09	37.99	3.29	130.30	77.42	1.68	11.78	13.13
2002	47.31	162.27	0.29	144.51	39.13	3.69	148.83	86.32	1.72	9.13	12.69
2003	48.47	156.78	0.31	171.92	45.79	3.75	169.81	87.23	1.95	9.33	13.72
2004	60.70	148.69	0.41	211.70	47.92	4.42	193.70	93.81	2.06	15.85	19.20
2005	65.34	144.06	0.45	264.61	50.64	5.23	213.37	96.34	2.21	17.10	16.32
2006	67.55	139.15	0.49	331.91	56.49	5.88	249.04	98.55	2.53	20.30	18.08
2007	83.41	132.26	0.63	419.03	61.50	6.81	294.91	104.80	2.81	27.23	21.15
2008	105.57	133.95	0.79	557.12	64.11	8.69	355.93	102.94	3.46	31.12	26.72
2009	107.40	130.40	0.82	575.33	66.41	8.66	398.54	106.45	3.74	7.60	5.36
2010	134.92	127.37	1.06	744.63	69.53	10.71	470.88	110.75	4.25	7.66	23.11
2011	155.08	121.82	1.27	975.18	73.89	13.20	540.18	113.47	4.76	18.42	23.08
2012	176.91	115.09	1.54	1092.34	74.52	14.66	624.29	121.28	5.15	8.32	12.73
2013	207.59	116.60	1.78	1198.01	72.80	16.46	695.45	124.81	5.57	14.98	9.79
增长率(%)	9.64		11.05	17.62		14.40	14.12		10.66	13.11	14.09

资料来源:《中国统计年鉴》1996～2014年,经计算整理得到。其中,全员劳动生产率是用历年产业增加值除以各产业相应年份从业人员数量得到。

与其劳动生产率年均增长率的对比关系来看，第一产业增加值年均增长率
（9.64%）小于第一产业劳动生产率的年均增长率（11.05%），而第二产业、
第三产业的增加值年均增长率（分别为17.62%、14.12%）大于其劳动生产
率的年均增长率（分别为14.40%、10.66%）。

结合表9-2、表9-3来分析劳动报酬年均增长率与三次产业生产总值年
均增长率的变化情况，1995~2013年，劳动报酬年均增长率（14.00%）略微
小于第二产业生产总值年均增长率（14.40%），但大于第一、第三产业生产
总值年均增长率（分别为11.05%、10.66）。

同样从劳动报酬与三次产业劳动生产率的变化趋势来看（如图9-4所
示），劳动报酬增长率一直小于第二产业劳动生产率的增长率，但大于第一、
第三产业劳动生产率的增长率。

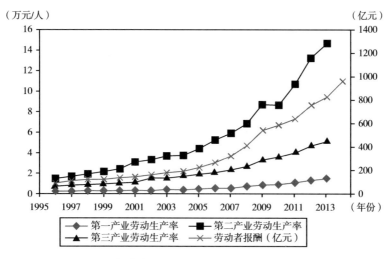

图9-4 1995~2013年青海省三次产业劳动生产率和劳动者报酬变化趋势

本章小结

从1995~2013年青海省国民收入总体分配格局来看：GDP收入法构成的
总体趋势是劳动者报酬规模有所下降，生产税净额基本维持较小幅度稳定增
长，固定资产折旧与营业盈余有所上升，而且增长率和增长倍数也是固定资产
折旧与营业盈余最快，生产税净额次之，劳动者报酬最慢，且劳动者报酬增长

不够稳定；同时，青海省劳动者报酬的增长率与劳动生产率提高还不够同步，其中，劳动报酬增长率一直小于第二产业劳动生产率的增长率，但大于第一、第三产业劳动生产率的增长率。

与西北五省（区）的对比中可以发现：青海省劳动报酬规模最小，且劳动报酬增长率在西北五省（区）中排名倒数第 2 位。

第十章 青海省城乡居民收入分配现状

第一节 引 言

城乡收入分配问题一直是国内外的经典问题之一，而且随着全球经济的快速发展，关于城乡收入分配差距的问题争议也越来越多，学者们对城乡收入分配问题的也越来越关注。自改革开放以后，随着中国的经济增长中国的城乡收入分配差距也不断地增大，收入分配差距与经济增长同时增大的这一现象已经引起越来越多人的关注并成为国内理论界和实业界重点关注的热点问题。

国内关于收入分配的研究更多的是以西方收入分配理论为基础，通过实证研究的方式分析影响中国居民收入分配差距的因素，并提出有关政策建议。国内研究影响城乡居民收入差距大致分为以下三种。

一是收入分配与经济结构。一般经济学解释认为城乡差距由城乡两部门生产率不同即二元经济结构差异所导致。李实（1999）认为中国收入差距的主要原因是长期的计划经济体制下我国积累的种种体制性，结构性的问题及其在改革中发展中的演变，就是指城乡收入差距的扩大和经济结构矛盾之间有着密切的联系。毕先萍和简新华（2002）从我国经济结构变迁角度出发，通过实证分析验证了经济结构变动（包括所有制结构、城乡结构、产业结构）与城乡收入分配之间存在联系，认为由于资源配置上的"城市偏倚"，城市国有部门占有经济资源多，而对经济的增长的贡献少，抑制了农村居民收入的增长从而使城乡收入差距扩大。唐斯（2011）认为中国现在优先发展工业，农民创造的大部分物质财富被政府通过政策偏移用来支持工业化和城镇化的发展。苏永照（2012）从劳动力市场的视角对我国最低工资的收入分配效应进行实证研究，研究结果表明，二元经济结构和劳动力市场分割的共同作用下，庞大数量的低收入者是我国收入差距水平保持较高的原因，因此最低工资是缩小收入差距的主要途径。

二是城乡收入差距与产业结构。马正兵（2008）通过计量分析各个省区市城乡收入结构和产业结构之间的关系后发现，通过对产业结构的调整，产业转移和承接进而促进区域经济协调发展是缩小城乡收入差距的重要途径，适当地调整收入分配政策，提高公共财政在农村的覆盖面，建立社会主义新农村是缩小城乡收入差距的合理性选择。李小玉和郭文（2011）以中部地区为研究对象，依据泰尔指数测度方法对中部各省份的收入差距进行测量，并从产业结构调整的角度分析我国城乡居民收入扩大的原因，结论得出产业结构的调整对于缩小城乡收入差距存在密切的联系，第二产业和第三产业的份额的增加会促使城乡居民收入差距的缩小。李明选等（2015）根据产业结构效应和收入结构的效应的 VAR 模型分析，结果表明产业结构效应的调整会对收入结构产生正面影响，而且产业结构的调整有利于缩小贫富差距。

三是城乡收入差距与财政政策。陆铭和陈钊（2004）年基于中国省级面板数据分析得出，政府的财政政策对城乡收入差距有着重要作用，对于科教文卫方面的支出会扩大城乡收入差距，基本建设支出和农业支出能缩小城乡收入差距。曾国安和胡晶晶（2009）认为，财政政策比较偏向城市使城乡基本公共服务的差距变大，进而导致城乡居民收入差距进一步扩大。邓旋（2011）年基于中国省级面板数据考察了财政支出规模与结构对城乡收入差距的影响，认为财政政策的"城市偏向"明显地扩大了城乡收入差距。张义博和刘文忻（2012）年基于 1996～2006 年的省级宏观面板数据和 1995 年、2002 年的中国家庭收入调查（CHIP）微观数据，运用宏观计量分析和微观统计比较分析相结合的方法得到结论：政府对经济参与程度的提高和国有单位就业的比重的增加均会拉大城乡收入差距。

综上所述，国内学者对城乡居民收入差距的影响因素等问题做了深入的研究，并取得了一定的科研成果。对城乡收入差距的原因进行研究的学者们逐渐将重心从经济结构转移到产业结构、财政政策和税收优惠等上面。青海省的城乡收入差距也与经济结构之间有着很大联系，经济增长、工业化、农业生产效率的提升都有助于缩小城乡居民收入差距，同时政府的财政政策对于青海省城乡收入差距也有一定的正向影响，优化青海省的经济结构和产业结构的同时也把财政政策稍微偏向青海农村也有利于缩小城乡收入差距。

第二节 城镇居民收入分析

一、城镇居民的收入分配现状

目前，衡量城镇居民收入水平主要采用的指标为城镇居民人均可支配收入，即可用于最终消费支出和其他非义务性支出以及储蓄的总和。从表10-1可以看出，青海省城镇居民人均可支配收入从2000年的5169.96元上升到2014年的22307.00元，年均实际增长率为11.04%，增长了3.31倍；西北五省（区）从2000年的5160.04元上升到2014年的22584.40元，年均增长率11.14%，增长了3.38倍；全国从2000年的6280.00元上升到2014年的28844.00元，年均增长率11.53%，增长了3.59倍。从图10-1可以看出，从增速来看，2002～2012年，除了在2009年青海省增速与全国增速基本相同以外，其他年份青海省城镇居民人均可支配收入增速基本低于全国平均水平，而在之后的2013～2014年，青海省城镇居民人均实际可支配收入的增速较快，到2013年和2014年已超过全国平均增速。而且青海省城镇居民收入实际增长率和增长倍数也均低于全国的平均水平，表明了需要进一步提高青海省城镇居民的可支配收入。

表10-1 　　2000～2014年青海省城镇居民人均可支配收入规模与增速

年份	青海		西北地区平均		全国平均	
	规模（元）	增长率（%）	规模（元）	增长率（%）	规模（元）	增长率（%）
2000	5169.96	—	5160.04	—	6280.00	—
2001	5853.72	13.23	5700.33	10.47	6859.60	9.23
2002	6170.50	5.41	6323.18	10.93	7702.80	12.30
2003	6745.30	9.32	6841.11	8.19	8472.20	9.99
2004	7319.70	8.52	7488.09	9.46	9421.60	11.21
2005	8057.90	10.09	8230.34	9.91	10493.00	11.37
2006	9000.40	11.70	9212.40	11.93	11759.50	12.07
2007	10276.10	14.17	10631.49	15.41	13785.80	17.23
2008	11640.40	13.28	12203.76	14.79	15780.80	14.47
2009	12691.90	9.03	13311.94	9.08	17174.70	8.83

年份	青海		西北地区平均		全国平均	
	规模（元）	增长率（%）	规模（元）	增长率（%）	规模（元）	增长率（%）
2010	13855.00	9.16	14783.91	11.06	19109.40	11.26
2011	15603.30	12.62	16801.20	13.65	21809.80	14.13
2012	17566.30	12.58	19056.04	13.42	24564.70	12.63
2013	19498.50	11.00	20959.44	9.99	26955.10	9.73
2014	22307.00	14.40	22584.40	7.75	28844.00	7.01
增长率（%）		11.04		11.14		11.53
2014/2000	4.31		4.38		4.59	

资料来源：根据历年《中国统计年鉴》以及历年《青海统计年鉴》计算得到，2014年的数据来源于西北各省的统计公报和中国统计局。

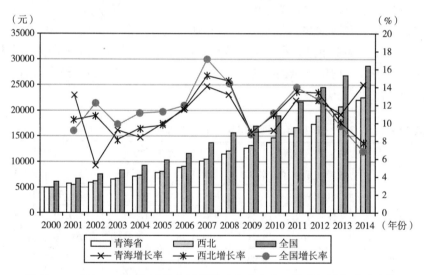

图 10-1 2000～2014 年青海省城镇居民人均可支配收入规模与增速比较

2000～2005 年，青海省和西北地区的增速之间不存在规律性变化，从 2006 年青海省增速开始持续低于西北地区的平均水平，直到 2013 年和 2014 年青海省增速才超过西北地区平均增速。如表 10-2 所示，具体西北五省（区）的排名来看，青海省城镇居民实际人均可支配收入的排名从 2000 年的第 2 位持续下滑到 2005 年的第 5 位，后来一直持续着第 3 位及以下水平，而且青海的实际增长率和增长倍速在西北五省中处于第 3 位。

表 10 - 2　　　　2000～2014 年西北五省城镇居民人均可支配收入规模　　　单位：元

年份	青海	陕西	甘肃	宁夏	新疆	青海排名
2000	5169.96	5124.00	4916.25	4945.00	5645.00	2
2001	5853.72	5484.00	5382.91	5566.00	6215.00	2
2002	6170.50	6331.00	6151.42	6409.00	6554.00	3
2003	6745.30	6806.00	6657.24	6991.00	7006.00	4
2004	7319.70	7492.00	7376.74	7749.00	7503.00	5
2005	8057.90	8272.00	8086.82	8745.00	7990.00	4
2006	9000.40	9268.00	8920.59	10002.00	8871.00	3
2007	10276.10	10763.00	10012.34	11793.00	10313.00	4
2008	11640.40	12858.00	10969.41	14119.00	11432.00	3
2009	12691.90	14129.00	11929.78	15551.00	12258.00	3
2010	13855.00	15695.00	13188.55	17537.00	13644.00	3
2011	15603.30	18245.00	14988.68	19655.00	15514.00	3
2012	17566.30	20734.00	17156.89	21902.00	17921.00	4
2013	19498.50	22858.00	19873.44	21475.73	21091.48	5
2014	22307.00	24366.00	20804.00	23285.00	22160.00	3
增长率（%）	11.01	11.78	10.85	11.70	10.26	
2014/2000	4.31	4.76	4.23	4.70	3.93	

资料来源：根据历年《中国统计年鉴》计算得到，2014 年数据来自各省 2014 年统计公报。

二、青海省城镇居民收入构成分析

　　青海省城镇居民收入结构趋于多元，增速不一。青海省城镇居民人均总收入由工资性收入、家庭经营纯收入、财产性收入以及转移性收入构成。表10 - 3 和图 10 - 2 分别报告了 2002～2014 年青海城镇居民实际人均总收入的构成。

表 10 – 3   2002 ~ 2014 年青海省城镇居民人均总收入构成

年份	总收入 (元)	收入构成（元）				收入占比（%）			
		工资性收入	家庭经营纯收入	财产性收入	转移性收入	工资性收入	家庭经营纯收入	财产性收入	转移性收入
2002	6499.30	4073.90	246.70	24.50	2154.20	62.68	3.80	0.38	33.15
2003	7155.10	4493.40	276.20	50.90	2334.70	62.80	3.86	0.71	32.63
2004	7785.10	5022.60	299.20	67.30	2396.10	64.52	3.84	0.86	30.78
2005	8766.70	5613.80	513.40	62.10	2577.40	64.04	5.86	0.71	29.40
2006	9803.10	6316.60	564.10	62.90	2859.50	64.43	5.75	0.64	29.17
2007	11428.30	7849.40	542.90	66.60	2969.30	68.68	4.75	0.58	25.98
2008	12867.30	8595.50	763.10	50.20	3458.60	66.80	5.93	0.39	26.88
2009	14150.30	9341.30	835.50	45.70	3927.80	66.01	5.90	0.32	27.76
2010	15480.80	10061.60	944.00	73.90	4401.40	64.99	6.10	0.48	28.43
2011	17795.00	11404.00	1054.60	78.50	5257.80	64.09	5.93	0.44	29.55
2012	19746.60	12614.40	1191.40	93.00	5847.80	63.88	6.03	0.47	29.61
2013	22130.99	14015.57	1696.71	294.35	6124.36	63.33	7.67	1.33	27.67
2014	22306.58	15283.47	1699.38	1159.63	4164.10	68.52	7.62	5.20	18.67
增长率（%）	10.82	11.65	17.45	37.91	5.65				
2014/ 2002	3.43	3.75	6.89	47.33	1.93				

    资料来源：根据相关年份《青海统计年鉴》和《中国统计年鉴》计算得到。2014 年的数据根据青海省统计公报中得到。

    如表 10 – 3 和图 10 – 2 的数据显示，青海城镇居民实际人均总收入由 2002 年的 6499.30 元提高到 2014 年的 22306.58 元，年均实际增长 10.82%。根据收入构成分析，工资性收入是青海省城镇居民最主要的收入来源，由 2002 年的 4073.90 元上升到 2014 年的 15283.47 元，年均实际增长为 11.65%，其占总收入比重呈逐年上升趋势，从 2002 年的 62.68% 上升到 2014 年的 68.52%；第二大收入来源为转移性收入，由 2002 年的 2154.20 元上升到 2014 年的 4164.10 元，年均增长率为 5.65%，但占总收入比重由 2002 年的 33.15% 下降到 2014 年的 18.67%，下降了 14.48 个百分点；尽管家庭经营纯收入和财产性收入占总收入的比重较小，但财产性收入的增长速度是最快的，达到了 37.91%。

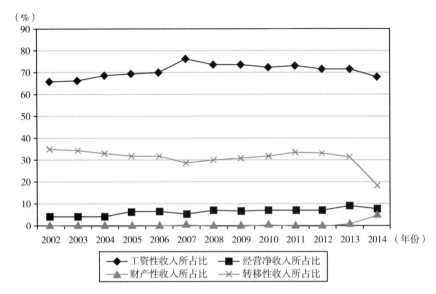

图 10 - 2　2002 ~ 2014 年青海省城镇居民人均总收入构成比例

第三节　青海省农村居民收入现状

一、青海省农村居民收入规模

目前，衡量农村居民收入水平采用的指标为农村居民人均纯收入，即指农村居民当年从各个来源得到的总收入相应地扣除所发生的费用后的收入总和。

表 10 - 4　　　　　2000 ~ 2014 年青海省农村居民人均纯收入规模与增速

年份	青海		西北地区平均		全国平均	
	规模（元）	增长率（%）	规模（元）	增长率（%）	规模（元）	增长率（%）
2000	1490.49	—	1546.24	—	2253.40	—
2001	1610.87	8.08	1634.50	5.71	2366.40	5.01
2002	1668.90	3.60	1727.04	5.66	2475.60	4.61
2003	1794.10	7.50	1858.42	7.61	2622.20	5.92

续表

年份	青海		西北地区平均		全国平均	
	规模（元）	增长率（%）	规模（元）	增长率（%）	规模（元）	增长率（%）
2004	1957.70	9.12	2048.34	10.22	2936.40	11.98
2005	2151.50	9.90	2234.90	9.11	3254.90	10.85
2006	2358.40	9.62	2449.88	9.62	3587.00	10.20
2007	2683.80	13.80	2804.34	14.47	4140.40	15.43
2008	3061.20	14.06	3221.00	14.86	4760.60	14.98
2009	3346.20	9.31	3539.06	9.87	5153.20	8.25
2010	3862.70	15.44	4142.08	17.04	5919.00	14.86
2011	4608.50	19.31	4879.58	17.81	6977.30	17.88
2012	5364.40	16.40	5641.62	15.62	7916.60	13.46
2013	6196.39	15.51	6746.69	19.59	8895.90	12.31
2014	7283.00	17.54	7551.00	11.92	10489.00	17.91
增长率（%）		12.08		12.08		11.69
2014/2000	4.89		4.88		4.65	

资料来源：根据历年《中国统计年鉴》以及历年《青海统计年鉴》计算得到，2014 年数据来自统计公报。

如表 10-4 所示，青海省农村居民收入增速加快。从农村居民人均纯收入规模来分析，2000～2014 年，青海省从 1490.49 元上升到 7283.00 元，年均实际增长率为 12.08%，增长了 3.89 倍；西北地区从 1546.24 元上升到 7551.00 元，年均实际增长率为 12.08%，增长了 3.88 倍；全国从 2253.40 元上升到 10489.00 元，年均实年均实际增长率为 11.69%，增长了 3.65 倍。

2000～2014 年，青海省农村居民人均纯收入一直低于西北地区平均水平和全国平均水平。总体来看，农村居民人均纯收入的增长率和增长倍数还是低于西北地区和全国的平均水平，这也表明还需进一步提高农村居民的收入水平（见图 10-3）。

具体就西北五省排名情况来分析，青海省农村居民人均实际纯收入排名从2000～2007 年维持在第 3 位到 2008～2014 年下滑到第 4 位之后维持在第 4 位（见表 10-5）。

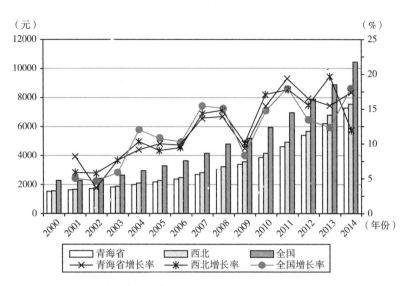

图 10 - 3　2000 ~ 2014 年青海省农村居民人均纯收入规模与增速比较

表 10 - 5　　　　　2000 ~ 2014 年西北五省农村居民人均纯收入规模　　　　单位：元

年份	青海	陕西	甘肃	宁夏	新疆	青海排名
2000	1490. 49	1470. 00	1428. 70	1724. 00	1618. 00	3
2001	1610. 87	1520. 00	1508. 61	1823. 00	1710. 00	3
2002	1668. 90	1596. 00	1590. 30	1917. 00	1863. 00	3
2003	1794. 10	1676. 00	1673. 00	2043. 00	2106. 00	3
2004	1957. 70	1867. 00	1852. 00	2320. 00	2245. 00	3
2005	2151. 50	2052. 00	1980. 00	2509. 00	2482. 00	3
2006	2358. 40	2260. 00	2134. 00	2760. 00	2737. 00	3
2007	2683. 80	2645. 00	2328. 92	3181. 00	3183. 00	3
2008	3061. 20	3136. 00	2723. 80	3681. 00	3503. 00	4
2009	3346. 20	3438. 00	2980. 10	4048. 00	3883. 00	4
2010	3862. 70	4105. 00	3424. 70	4675. 00	4643. 00	4

续表

年份	青海	陕西	甘肃	宁夏	新疆	青海排名
2011	4608.50	5028.00	3909.40	5410.00	5442.00	4
2012	5364.40	5763.00	4506.70	6180.00	6394.00	4
2013	6196.39	6503.00	5588.78	7598.67	7846.59	4
2014	7283.00	7932.00	5736.00	8410.00	8394.00	4
增长率（%）	12.00	12.80	10.44	11.99	12.48	
2014/2000	4.89	5.40	4.01	4.88	5.19	

资料来源：根据历年《中国统计年鉴》计算得到，2014 年数据来自各省 2014 年统计公报。

2002～2014 年，青海省和西北五省的农村居民人口纯收入一直低于全国平均水平，并且青海省还略微低于西北五省的平均水平，这表明，青海省农村居民的人均纯收入水平亟须提高。

具体从西边五省的排名情况来看分析，青海省农民人均实际纯收入的排名在 2000～2007 年保持在第 3 位，2007 年之后下滑至第 4 位。

二、青海省城镇居民收入构成分析

青海省的农村居民总收入由工资性收入、家庭经营纯收入、转移性收入和财产性收入四个部分组成。

如表 10－6 所示，家庭经营纯收入是农村家庭最主要的经济来源，由 2002 年的 1161.9 元上升到 2012 年的 2221.9 元，年均实际增长率为 6.70%，相比于纯收入的其他组成部分，增长率最低，增长了 1.91 倍；农村居民的第二大收入来源为工资性收入，由 2002 年的 401.5 元上升到 2012 年的 1989.7 元，年均实际增长率为 12.39%，增长 3.21 倍；在收入组成中，转移性收入的增速最快，由 2002 年的 66.5 元上升到 2012 年的 1057.5 元，年均实际增长率为 31.87%，增长了 15.90 倍，并且在总收入中所占的比重由 2002 年的 3.98% 上升到 19.71%，增长了 15.73 个百分点；而财产性收入（主要包括出租农业机械租金收入、各种利息、股息、红利等）占农民人均纯收入的比重则比较小。对于青海省农村居民来说，重点要提高占比最高的家庭经营纯收入，增加转移性收入和财产性收入（见图 10－4）。

表 10 - 6　　　　　　　　2002～2014年青海省农村居民人均总收入构成

年份	总收入	收入构成（元）				收入占比（%）			
		工资性收入	家庭经营纯收入	财产性收入	转移性收入	工资性收入	家庭经营纯收入	财产性收入	转移性收入
2002	1668.90	401.50	1161.90	39.00	66.50	24.10	69.60	2.30	4.00
2003	1794.10	454.10	1200.30	51.50	88.30	25.30	66.90	2.90	4.90
2004	1957.70	460.90	1333.60	52.80	110.30	23.50	68.10	2.70	5.60
2005	2151.50	560.50	1359.60	62.00	169.40	26.10	63.20	2.90	7.90
2006	2358.40	653.30	1374.40	100.70	230.10	27.70	58.30	4.30	9.80
2007	2683.80	790.90	1477.30	127.90	287.60	29.50	55.10	4.80	10.70
2008	3061.20	983.20	1602.70	148.60	326.80	32.10	52.40	4.90	10.70
2009	3346.20	1081.60	1666.20	117.00	481.30	32.30	49.80	3.50	14.40
2010	3862.70	1269.80	1973.10	120.70	499.10	32.90	51.10	3.10	12.90
2011	4608.50	1775.40	2088.80	93.70	650.60	38.50	45.30	2.00	14.10
2012	5364.40	1989.70	2221.90	95.30	1057.50	37.10	41.40	1.80	19.70
2013	6196.40	2347.50	2570.30	165.90	1112.70	37.90	41.50	2.70	18.00
2014	7283.00	2041.40	3021.40	287.80	1932.10	28.00	41.50	4.00	26.50
增长率（%）	13.10	14.50	8.30	18.10	32.40				
2014/2002	4.40	3.80	6.90	47.30	1.90				

资料来源：根据相关年份《青海统计年鉴》计算得到，2014年数据来自统计公报。

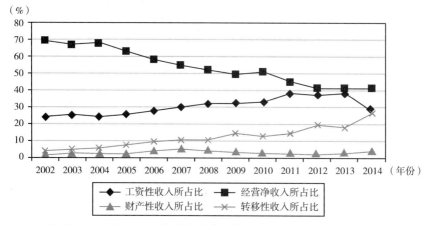

图 10 - 4　2002～2014年青海省农村居民人均实际纯收入构成比例

第四节　城乡收入差距分析

一、青海省城乡居民收入差距

　　青海省城乡居民收入差距呈先扩大后缩小趋势。我国收入分配问题的重点在于城乡收入差距问题，而城乡收入差距很大程度上是由我国的城乡二元经济结构造成的。城乡二元经济结构既是我国城乡收入差距的重要原因，也在一定程度上增大了城市和农村之间的经济发展差距，进一步增大了城乡收入差距。一般而言，收入越低的地区，城乡收入差距越大，收入较高的地区，城乡收入差距较小。尽管青海城乡居民人均收入有了很大提高，但城乡居民人均收入的绝对差距仍在很大，图 10 - 5 清晰地显示了 2002 ~ 2014 年青海省城乡居民人均收入差距绝对额逐年先拉大后减少的变化趋势。

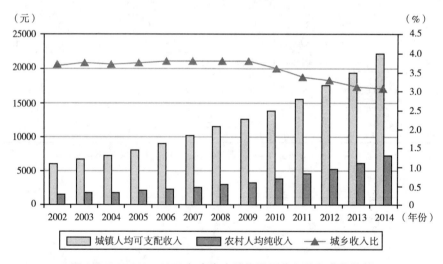

图 10 - 5　2002 ~ 2014 年青海省城乡居民收入差距变化趋势

　　值得注意的是，城乡居民收入比呈现先扩大后缩小的趋势，尤其在 2008 ~ 2014 年，农村居民人均纯收入的实际增长率连续四年均超过城镇居民人均可支配收入的实际增长率，城乡居民收入比 2009 年为 3.83 倍，2010 年为 3.80 倍，2011 年进一步缩小至 3.59 倍，2012 年进一步缩小至 3.39 倍，2013 年进一步缩小至 3.27 倍，2012 年进一步缩小至 3.15 倍，缩小趋势明显，按照这一趋势青海城乡居民的收入差距有持续缩小的趋势。

二、收入构成差距分析

表 10 - 7 报告了 2002～2014 年青海省城乡居民各项收入比及其对收入差额的贡献率。青海省城乡居民收入差距主要由工资性收入差距构成。城乡居民工资性收入比从 2002 年的 10.15 倍开始逐年下降到 2013 年的 5.97 倍，随后又上升到 2014 年的 7.49 倍；城乡居民工资性收入差距对城乡居民总收入差距的贡献历年有所波动，由 2002 年的 76.03% 上升到 2014 年的 88.14%，且城镇居民工资性收入实际年均增长率（11.65%）低于农村居民的增长率（14.50%），这些都充分表明工资性收入差距对城乡居民收入差距的贡献率有所上升。

表 10 - 7　　　　　　2002～2014 年青海省居民收入差距变化分解

年份	城乡居民收入比				城乡居民收入差额贡献率（%）			
	工资性	家庭经营	财产性	转移性	工资性	家庭经营	财产性	转移性
2002	10.15	0.21	0.63	32.39	76.03	-18.95	-0.30	43.22
2003	9.90	0.23	0.99	26.44	75.35	-17.24	-0.01	41.90
2004	10.90	0.22	1.27	21.72	78.28	-17.75	0.25	39.23
2005	10.02	0.38	1.00	15.21	76.39	-12.79	0.00	36.40
2006	9.67	0.41	0.62	12.43	76.07	-10.88	-0.51	35.32
2007	9.92	0.37	0.52	10.32	80.72	-10.69	-0.70	30.67
2008	8.74	0.48	0.34	10.58	77.63	-8.56	-1.00	31.94
2009	8.64	0.50	0.39	8.16	76.45	-7.69	-0.66	31.90
2010	7.92	0.48	0.61	8.82	75.67	-8.86	-0.40	33.59
2011	6.42	0.50	0.84	8.08	73.02	-7.84	-0.11	34.94
2012	6.34	0.54	0.98	5.53	73.87	-7.17	-0.02	33.31
2013	5.97	0.66	1.77	5.50	73.22	-5.48	0.81	31.45
2014	7.49	0.56	4.03	2.16	88.14	-8.80	5.80	14.86

注：根据表 10 - 3 和表 10 - 6 相关数据计算得到。其中，城乡居民收入差额贡献率分别等于各项收入差额占全部收入差额的比重。

在城乡居民收入构成中，农村居民人均经营性收入高于城镇居民，即经营性收入差距出现倒挂，但农村居民这一仅有的收入优势在逐渐降低。城乡居民经营性收入比从 2002 年的 0.21 倍开始逐年上升到 2014 年的 0.56 倍，城乡居民经营性收入差距对城乡居民总收入差距的贡献由 2000 年的 –18.95% 逐年提高到 2014 年的 –8.80%，城镇居民经营性收入实际年均增长率（17.45%）远远高于农村居民的增长率（8.30%），这表明经营性收入缩小城乡居民收入差距的作用在逐步减弱。

2002~2014 年，城乡居民财产性收入实际年均增长率分别为 37.9% 和 18.1%，城乡居民财产性收入比在 2000 年为 0.63 倍，到 2014 年为 4.03 倍，城乡居民财产性收入差距对城乡居民总收入差距的贡献率也由 –0.30% 增加到了 5.8%。这个结果表明财产性收入差距相对较大，但占城乡居民收入比重较低，对城乡居民收入差距扩大的作用有限。

2002~2014 年，城乡居民人均转移性收入不断提高，且实际年均增长率分别为 5.65% 和 32.40%，但是城乡人均转移性收入差距非常突出，2002 年城乡居民人均转移性收入比为 32.39 倍，到 2014 年达到 2.16 倍的最低值；且城乡居民人均转移性收入差距对城乡居民总收入差距的贡献由 2002 年的 43.22% 逐年降低到 2014 年的 14.86%。这表明青海省城乡居民人均转移性收入差距在近几年呈缩小趋势，起到缩小城乡收入差距的作用。

三、城乡收入差距比较

如表 10 – 8 所示，从青海省和西北各省城乡居民实际人均收入的差距来看，青海省 2007 年差距为 3.83 倍，之后呈逐年缩小趋势，2006 年达到最高的 3.83 倍，2014 年下降至 3.06 倍；从西北各省的城乡人均收入差距排名来看，2008~2012 年持续在第 2 名，2013~2014 年跌落至第 3 名。这表明，虽然青海的城乡居民收入差距绝对额逐年缩小，但和全国及西北地区相比，差距相对较大（见图 10 – 6）。

表 10 – 8　2002~2014 年青海省城乡居民人均收入差距比较（农村为 1）

年份	青海	陕西	甘肃	宁夏	新疆	青海排名
2002	3.70	3.97	3.87	3.34	3.52	3
2003	3.76	4.06	3.98	3.42	3.33	3
2004	3.74	4.01	3.98	3.34	3.34	3

续表

年份	青海	陕西	甘肃	宁夏	新疆	青海排名
2005	3.75	4.03	4.08	3.49	3.22	3
2006	3.82	4.10	4.18	3.62	3.24	3
2007	3.83	4.07	4.30	3.71	3.24	3
2008	3.80	4.10	4.03	3.84	3.26	2
2009	3.79	4.11	4.00	3.84	3.16	2
2010	3.59	3.82	3.85	3.75	2.94	2
2011	3.39	3.63	3.83	3.63	2.85	2
2012	3.27	3.60	3.81	3.54	2.80	2
2013	3.15	3.51	3.56	2.83	2.69	3
2014	3.06	3.07	3.63	2.77	2.64	3

资料来源：根据历年《中国统计年鉴》以及各省历年《统计年鉴》计算得到。

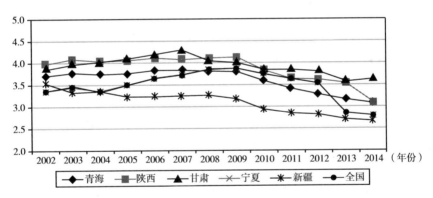

图 10 - 6 2002 ~ 2014 年青海省城乡居民收入比的变化趋势

本 章 小 结

　　城镇的居民的收入中工资收入所占比例较高，最低为 2002 年的 66%，最高为 2006 年的 76.4%，但青海省相对于全国来说最近几年的工资性收入所占比重比较低，应该继续完善以最低工资为主的工资宏观调控体系，将劳动报酬增长纳入青海省经济发展规划，完善最低工资制度，努力实现最低工资标准的一年一调，逐步提高青海省最低工资水平相当于社会平均工资的比重。农民的工资性收入所占比很低，最低为 2004 年的 23.5%，最高为 2011 年的 38.5%，因此农村的工资性收入所占比有待提高，可以实现农村剩余劳动力的有序转移，优化农村外出务工环境，继续清理对农民进城就业的歧视性政策，而且要提高农民的就业能力，提高农民的素质，使其能够胜任附加值高的岗位。

城镇居民收入中财产性收入占其收入的比值在 2002～2012 年一直低于 1%，在 2013 年升为 1.5%，在 2014 年继续上升为 5.2%，在近两年有较大的提升，应该继续保持上升趋势。而在农民收入中财产性收入占农民人均纯收入的比重比较小，2002～2014 年所占的比重最高值为 4.9%，因此对于青海省农村居民来说，重点要提高财产性收入占比，发挥农村土地资源的优势，并使农村房屋租赁市场和房屋买卖市场变得活跃起来。

对于城镇居民来说，家庭经营收入比从 2002 年的 4% 增加到 2013 年的 8.7%，在 2014 年又降为 7.6%，有待进一步提高。对于农村的家庭经营收入比来说，一直呈下降趋势，从 2002 年的 69.6% 下降到 2014 年的 41.5%，因此想提高农村劳动者收入，缩小收入分配差距必须提高农村劳动者的家庭收入，既要提高来自农业产业的收入，也要提高来自非农业产业的收入。

虽然青海省的城乡居民收入差距绝对额 2007～2014 年逐年缩小，青海省城乡居民人均收入差距从 2007 年的 3.83 缩小到 2014 年的 3.06，但和西北地区相比，青海省居民收入分配不公平的问题仍然还比较严重，除了 2008～2012 年排名处于第 2 位以外，青海省城乡居民人均收入差距在西北地区排名基本处于第 3 位，有待进一步降低，因此应该使农村居民收入增幅进一步高于城镇居民增幅。城乡收入差距主要是工资性收入造成的，因此要着重缩小城乡工资性收入差距，加大农民工资性收入增长幅度。

第十一章 青海省各市州居民收入分配现状

在党的十八大报告中明确提出了"两个翻一番"的目标，从中可以看到政府推进收入分配制度改革的决心，而调查居民收入分配的现状就是重点问题之一。吴先华（2011）、贺建清（2012）、王敏和曹润林（2015）等从"城镇化"对居民收入的影响出发，通过对 2005～2012 年的数据整理，证实了城镇化在不同时期对城镇和农村居民收入分配的影响能力存在差距，并对其原因进行了分析；韩军等（2015）学者从"对外开放"的角度将时间段切分为"入世"之前与"入世"之后，认为"入世"虽然对居民收入有非常显著的影响，但城镇与农村的受影响程度明显不同。通过综合大量文献的研究，薛宝贵和何炼成（2015）认为我国居民收入差距主要表现为城市内部收入差距、农村内部收入差距、行业收入差距、地区间收入差距，也就是说，我国的收入差距是全方位的，但城乡收入差距最为突出。

第一节 青海省各市州居民收入分配现状分析

一、青海省各市州城镇居民人均可支配收入分析

分市州的城镇人均可支配收入可以反映地区收入的差异，由于统计年鉴中 2000～2004 年青海省各地区的数据缺失，这里仅以 2005～2013 年的数据进行分析。

青海省 8 个市、州中，2005～2006 年玉树州的城镇人均可支配收入最高，之后的 2007～2013 年则是海西州最高；其中玉树州由 2005 年的 8637 元上升到 2013 年 22260 元，年均增长率为 11.85%，增长了 2.45 倍；海西州从 2005 年的 8693 元上升到 2013 年的 23399 元，年均增长率为 13.17%，增长了 2.69 倍。海南州为青海省 8 个市、州中城镇人均可支配收入中最低的，由 2005 年的 6849 元上升到 2013 年的 18657 元，但是可以看到海南州的年均增长率和增长倍数并不是最低，分别为 13.34 和 2.72，高出青海省全省（青海省城镇居

民人均可支配收入年均增长率为 11.68%，增长 2.42 倍）1.66 个百分点，表明海南州与其他地区的收入差距逐步缩小。

从实现倍增的速度来看，西宁市和果洛州最晚，2012 年实现倍增，全省城镇人均可支配收入实现倍增的速度一致与其一致，反映了这两个地区在全省的经济地位；2010 年海东市和黄南州最早实现倍增；其他地区于 2011 年实现倍增。

从最高收入比的变化来看，2010 年最高，达到 1.33 倍，相比于 2005 年的 1.27 倍有所上升，表明 2005 ~ 2010 年，青海省各地区的收入差距在扩大，但是 2010 ~ 2013 年差距开始缩减，到 2013 年降为 1.25，低于 2005 年的 1.27，进一步说明了青海各地区城镇居民人均可支配收入的差距有所缓解。具体数据见表 11 - 1。

表 11 - 1　2005 ~ 2013 年青海省各市州城镇居民人均可支配收入规模比较　单位：元

年份	全省	西宁	海东	海北	黄南	海南	果洛	玉树	海西	收入比
2005	8057	8397	7065	7798	7383	6849	8348	8637	8693	1.27
2006	9000	9334	8048	9016	8660	7797	9336	9778	9691	1.25
2007	10276	10636	9259	10710	10103	9099	10085	10822	11548	1.27
2008	11648	11929	10655	12538	11761	10431	11093	12015	13522	1.30
2009	12691	12911	11962	14135	13270	11456	12273	13031	15077	1.32
2010	13855	14085	13255	15843	14602	12554	13759	16305	16758	1.33
2011	15603	15841	15092	18150	16574	14652	15299	17427	19007	1.30
2012	17566	17633	17111	20669	18642	16556	17405	18893	21251	1.28
2013	19498	19444	18788	22798	20717	18657	19595	21160	23399	1.25
增长（%）	11.68	11.07	13.00	14.35	13.78	13.34	11.26	11.85	13.18	
2013/2005	2.42	2.32	2.66	2.92	2.81	2.72	2.35	2.45	2.69	

注：收入比 = 各市州中的最高收入/各市州中的最低收入；如没有特殊说明，后文中的"收入比"均为此。

二、青海省各市州农村居民人均纯收入分析

表 11 - 2 报告了青海省分地区的农村居民人均纯收入，可以反映各地区之间的收入差距。

表 11 - 2　　　2000～2013 年青海省各地区农村居民人均纯收入规模比较　　　单位：元

年份	全省	西宁	海东	海北	黄南	海南	果洛	玉树	海西	收入比
2000	1490	1513	1120	1357	1253	1577	1387	1203	1924	1.72
2001	1610	1671	1248	1477	1347	1748	1491	1335	2050	1.64
2002	1710	1839	1393	1580	1434	1915	1591	1398	2189	1.57
2003	1817	2054	1547	1705	1537	2083	1697	1495	1972	1.39
2004	2004	2321	1764	1848	1659	2258	1807	1662	2120	1.40
2005	2165	2592	2011	2083	1806	2442	1916	1793	2302	1.45
2006	2358	2951	2315	2269	2002	2640	2038	1922	2586	1.53
2007	2683	3397	2727	2697	2187	2904	2161	2047	3058	1.66
2008	3061	3943	3219	3386	2369	3216	2291	2176	3724	1.81
2009	3346	4698	3826	4023	2633	3822	2429	2335	4544	2.01
2010	3862	5466	3801	4812	2878	4490	2629	3663	5434	2.08
2011	4608	6634	4599	6150	3649	5237	2963	2657	6574	2.50
2012	5364	7801	5352	7435	4298	6127	3704	3493	7915	2.27
2013	6196	9004	6187	8650	4991	7120	4261	4090	9183	2.25
增长（%）	11.58	14.71	14.05	15.31	11.22	12.29	9.02	9.87	12.77	
2013/2000	4.16	5.95	5.52	6.37	3.98	4.51	3.07	3.40	4.77	

　　2000～2013 年，海西州的农村居民人均纯收入最高，由 2000 年的 1924 元上升到 2013 年的 9183 元，年均实际增长率为 12.77%，相比于 2000 年增长了4.77 倍，与青海省其他地区相比，增速居中。海东市和玉树州的农村居民人均纯收入较低，其中 2000～2003 年海东市最低，2004～2013 年玉树州最低，分别由 2000 年的 1120 元和 1203 元上升到 2013 年的 6187 元和 4090 元，年均实际增长率分别为 14.05% 和 9.87%，相比于 2000 年分别增长了 5.52 倍和3.4 倍。从年均增长率来看，西宁市最高，为 14.71%，相比于 2000 年增长了5.95 倍；果洛州最低，为 9.02%，增长了 3.07 倍。

　　从实现倍增的速度来看，最快的是海宁市和海东市，在 2006 年实现倍增；其次是海北州，2007 年实现；黄南州、海南州于 2008 年实现倍增，同年，青海全省的农村人均纯收入也实现倍增；之后是玉树州和海西州，2009 年实现倍增；最晚的是果洛州，直到 2010 年才实现倍增。

最高收入比呈现波动状态，2000～2003年由1.72下降到1.39，之后2004～2011年则持续上涨，达到2011年的2.50，在2012～2013年再次下降，为2.25。但是整体上仍然以上涨为主，表明青海省各地区之间的农村居民人均纯收入的差距呈扩大趋势。

第二节　青海省民族地区与非民族地区收入分配差距

青海省是一个多民族地区，少数民族聚居区占全省总面积的98%，有藏、回、土、撒拉、蒙古5个世居少数民族。到2013年年末，青海省共有人口572.59万人，其中少数民族287.54万人，占到全省人口的50.22%；少数民族中以藏族人口最多，到2013年共有144.26万人，占全省少数民族人口的50.17%。

一、青海省民族地区城镇居民人均可支配收入分析

通过对比青海省与民族地区城镇人均可支配收入，可以反映民族地区与非民族地区收入分配的差距，由于统计年鉴中2000～2005年青海省民族地区数据的缺失，这里仅以2006～2013年的数据进行分析。

其中，表11－3的结果表明，2006～2013年，民族地区的城镇居民人均可支配收入均高于青海省平均人均可支配收入，其中2010年最高，高出青海省11.3%，2010～2013年这个数字有所下降，在2013年时高出青海省的8%；从年均增长率来看，2006～2013年全省为11.68%，民族地区为12.83%，高出全省1.15个百分点，并且较2006年相比，2013年民族地区的城镇人均可支配收入增长了2.33倍，高于青海省的2.15倍。

表11－3　　　　青海省民族地区城镇居民人均可支配收入规模比较　　　单位：元

年份	青海省	民族地区合计	民族地区/青海省
2006	9000.4	9046.3	1.005
2007	10276.1	10394.7	1.012
2008	11648.3	11893.8	1.021
2009	12691.85	13207.46	1.041
2010	13854.99	15425.89	1.113

续有

年份	青海省	民族地区合计	民族地区/青海省
2011	15603.31	16851.63	1.080
2012	17566.28	18903.11	1.076
2013	19498.54	21054.78	1.080
年均增长率（%）	11.68	12.83	
2013/2006	2.15	2.33	

二、青海省民族地区农村居民人均纯收入分析

2006～2013 年，民族地区的农村居民人均纯收入与全省相比有所波动，除了 2010 年和 2012 年高于全省平均水平以外，其他年份均低于全省农村居民的人均纯收入。但是从年均增长率来看，民族地区农村居民人均纯收入从 2006 年的 2260.69 元增至 2013 年的 6266.26 元，增长了 2.77 倍，年均增长率为 15.68%，全省从 2006 年的 2358.37 元增至 2013 年的 6196.39 元，增长了 2.63 倍，年均增长率为 14.80%，低于民族地区 0.72 个百分点（见表 11-4）。说明农村居民的人均纯收入有所改进，并且存在较大的进步空间和进步能力。

表 11-4　　　　　　青海省民族地区农村居民纯收入规模比较　　　　　　单位：元

年份	青海省	民族地区合计	民族地区/青海省
2006	2358.37	2260.69	0.959
2007	2683.78	2511.48	0.936
2008	3061.24	2848.41	0.931
2009	3346.15	3281.23	0.981
2010	3862.68	4061.92	1.052
2011	4608.47	4462.12	0.968
2012	5364.38	5404.11	1.007
2013	6196.39	6266.26	1.011
年均增长率（%）	14.80	15.68	
2013/2006	2.63	2.77	

第三节　青海省各市州居民收入增长与经济增长的同步性分析

一、青海省各市州 GDP 增速比较

由图 11－1 可以看出，城镇居民人均可支配收入由 2000 年的 5170 元上升到 2013 年的 20352.4 元，年均增长率为 11.12%，增长了 3.94 倍；农村居民人均纯收入由 2000 年的 1490.49 元上升到 2013 年的 6196.39 元，年均增长率为 11.58%，增长了 4.16 倍。在此期间，青海省的 GDP 由 2000 年的 263.68 亿元上升到 2013 年的 2122.06 亿元，GDP 的年均增长率为 17.4%。也就是说，无论是城镇居民的人均可支配收入还是农村居民的人均纯收入的增长速度，都低于 GDP 的年均增速，同时城镇居民的人均可支配收入虽然规模上高于农村居民的人均可支配收入，但是在增速上低于后者。

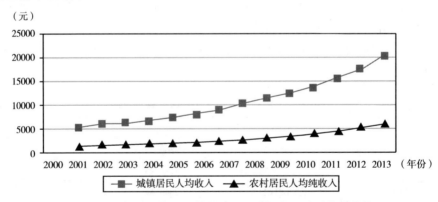

（元）

图 11－1　2000～2013 年青海省城乡居民人均收入变化趋势

从居民总收入占地区生产总值的比重来看，2000 年居民总收入占GDP 的 54.25%，之后呈下降趋势，2012 年最低，达到 33.76%，一共下降了 20.49 个百分点，2013 年回升了 1.81 个百分点，上升到 35.57%（见图 11－2）。

二、青海各市州城镇居民人均可支配收入与经济增长同步分析

参考表 11－1 和表 11－5，选取城镇居民的人均可支配收入年均增长率与

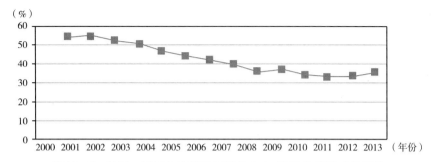

图 11 - 2　2000 ~ 2013 年青海省居民收入占 GDP 比重的变化趋势

GDP 的年均增长率对比青海省各市州城镇居民可支配收入与地区经济增长数据（见图 11 - 3），从各市州城镇居民的人均可支配收入增长情况来看，增长最快的是海北州，年均增长率为 14.35%；其次为黄南州，年均增长率为 13.78%；之后分别为海南州 13.34%，海西州 13.18%，海东市 13%，玉树州 11.85%；这六个地区的城镇人均可支配收入均高于全省平均水平 11.68%，低于全省平均水平的两个地区分别是西宁市 11.07%，以及果洛州 11.26%。而表 11 - 5 显示，西宁市的地区 GDP 排名青海省第 1 位，高出全省 GDP 年均增长率 3.28 个百分点，但是西宁市的城镇居民人均可支配收入增长率为全省最低，表现得极不平衡；城镇居民人均收入增长最快的海北市，在 GDP 增速上排名青海省第 2 位，相对比较同步；可以看出，青海省各市州城镇居民人均可支配收入与经济增长不完全同步。

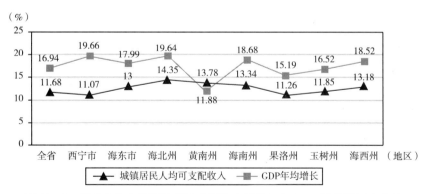

图 11 - 3　青海省各市州城镇居民人均可支配收入与 GDP 增长的同步分析

表 11 – 5   2001 ~ 2014 年青海省各地区的 GDP   单位：亿元

年份	全省	西宁	海东	海北	海南	黄南	果洛	玉树	海西
2001	301.0	104.5	44.0	12.3	16.0	14.1	5.4	7.7	61.5
2002	341.1	121.4	50.1	14.0	18.2	15.6	6.0	8.9	70.0
2003	390.2	144.8	57.3	16.1	20.4	16.4	6.7	9.7	83.0
2004	465.7	174.7	66.8	18.3	19.7	23.7	7.2	13.7	100.3
2005	543.3	237.6	74.2	20.4	22.7	29.1	7.9	13.9	134.3
2006	641.6	281.6	84.7	23.1	23.4	32.8	8.7	15.5	170.0
2007	783.6	342.5	102.1	28.6	28.0	40.9	10.1	17.8	201.7
2008	961.5	422.2	122.4	38.2	34.0	51.6	12.7	24.5	273.1
2009	1081.3	501.1	135.7	42.6	34.6	58.7	15.1	25.5	291.8
2010	1350.4	628.3	173.3	54.5	43.7	69.9	20.4	31.9	365.5
2011	1670.4	770.7	219.4	77.9	48.4	82.7	26.1	40.2	481.4
2012	1893.5	851.1	274.1	96.0	58.1	104.4	30.5	47.2	570.3
2013	2101.1	978.5	337.0	112.3	66.5	117.1	32.1	54.7	609.7
2014	2301.1	1077.1	377.7	126.00	68.8	130.7	34.1	56.5	560.1
增长（%）	16.94	19.66	17.99	19.64	11.88	18.68	15.19	16.52	18.52
2014/2001	7.65	10.31	8.59	10.29	4.30	9.27	6.29	7.30	9.11

三、青海各市州农村居民人均纯收入与地区 GDP 增长同步分析

参考表 11 – 2 和表 11 – 5，对比青海各市州农村居民人均纯收入与地区经济增长数据（见图 11 – 4），从各市州农村居民人均纯收入的年增长率看，增长最快的是海北州，15.31%，高出全省年均增长率 3.73 个百分点；其次为西宁市 14.71%，海东市 14.05%，海西州 12.77%，海南州 12.29%，均高于全省水平的 11.58%；另外低于全省水平的三个地区分布为黄南州 11.22%，玉树州 9.87% 和果洛州 9.02%。对比地区 GDP 的增长排名来看，基本同步。

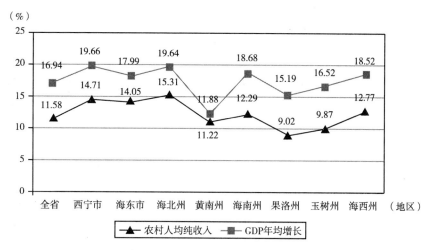

（%）

图 11－4　青海省各市州农村居民人均纯收入与 GDP 增长的同步分析

本 章 小 结

　　青海省是一个民族地区与非民族地区区分明显的省份，因此在本章中，除了按照各市州来分析居民的收入水平以外，民族地区与非民族地区的收入分配差距也是重点之一，对比结果如下：首先，青海省各市州的城镇居民人均可支配收入的差距有所缩小，但是农村人民纯收入的差距有所增大。其次，青海省民族地区的城镇人均可支配收入明显高于全省平均水平，同时，农村居民人均纯收入却普遍低于全省平均水平。从各市州的居民收入增长与经济增长的同步性来看，城镇居民的人均可支配收入与经济增长并不完全同步，并且各市州的情况存在显著差异；另外，农村居民人均纯收入与经济增长基本同步，不存在明显差异。

第十二章　青海省行业居民收入分配现状

第一节　引　　言

在我国，大部分人认为，我国不同行业之间存在较大的收入差距，而垄断行业的过高收入则被认为是收入不公的重要表现。由于国有垄断行业具有丰富的资源，且因不同行业存在产业分割以及垄断行业的利益保护，其垄断收益和利润很容易转化为行业内部职工的收入和福利，从而使得垄断行业的工资水平、福利待遇以及工作的稳定性均高于竞争性行业，进而导致行业之间收入差距不断扩大（Knight and Li，2005）。顾严和冯银虎（2008）从收入分配理论和统计分布的角度并利用非参数的 Kernel 概论密度估计的基本原理，对1978～2006 年我国 14 个大行业平均实际工资收入的概率分布形态进行了实证研究，结果表明，我国行业工资收入在 1978～1992 年单峰分布集中趋势明显，在 1993～2006 年行业收入分布出现向双峰转化的趋势。不仅如此，国家对垄断行业的收入分配缺乏有效的监督机制等造成垄断行业与非垄断行业收入差距逐渐增大，垄断性行业收入远远高于非垄断性行业收入（刘鹏，2006）。李实和罗楚亮（2007）对大类行业工资差距的不平等程度进行研究，发现从 2000年开始垄断行业与竞争行业的收入差距逐步扩大，到 2005 年，最高收入行业的职工平均工资是最低的 5 倍左右。范合君（2011）建立了委托—代理模型分析放松规制对垄断企业收入的影响，发现放松规制能够降低垄断产业的高收入，有利于缓解收入分配不均现象，并利用 OECD 主要国家的面板数据进行实证分析，发现放松规制可以将我国的基尼系数降低 16.7% 左右，大大缓解了收入分配不均的现状。

在岳希明等（2010）的研究中，利用 Oaxaca-Blinder 分解方法，将垄断行业高收入分解为合理和不合理两个部分，实证分析发现，垄断行业与竞争行业之间收入差距的 50% 以上是不合理的，且认为这主要是行政垄断造成的。傅娟（2008）采用非参数方法从整个收入分布层面上考察了垄断行业和其他行业的收入差距，研究表明垄断行业和其他行业的收入差距不仅仅存在于均值水平上，而且存在于不同收入阶层，并且认为中国垄断行业的高收入与市场经济中由竞争形成的垄断是无关的，应该归因于行政垄断，与市场经济中由竞争形成的垄断相关性很小。陈钊等（2010）采用基于回归方程的收入差距分解发现，在1988年、1995年和2002年，行业间收入不平等对中国城镇居民收入差距的贡献越来越大，而且这主要是一些收入迅速提高的垄断行业造成的。

国内外很多学者对行业居民收入、垄断行业对居民行业收入差距的影响以及垄断行业与竞争行业之间收入差距的比较等方面进行了大量的理论研究和实证分析，取得很多有价值的研究成果。这些研究成果对研究青海省行业居民收入分配现状具有重要作用。在以往的研究中，针对全国行业居民收入分配的研究较多，而针对青海省行业居民收入分配的研究非常少。因此，本书将弥补以往这方面研究的不足，通过收集数据资料，分析青海省行业居民收入分配，为推进青海省居民收入分配改革提供政策建议。

第二节　青海省各行业职工工资比较分析

一、职工平均工资最高行业与最低行业比较

表12-1报告了2003～2013年青海省各行业职工平均工资以及最高的行业与最低的行业的工资差距。

2003年，平均工资最低的行业是批发和零售业，为9986元；最高的行业是信息、计算机和软件业，为24594元，两者的差距为14608元，行业最高工资水平与最低工资水平之比为2.46：1。

2004年，平均工资最低的行业仍是批发和零售业，为10021元；最高的行业是信息、计算机和软件业，为27423元，两者的差距为17402元，行业最高工资水平与最低工资水平之比为2.74：1。与2003年相比，差距有所扩大。

2005～2006年，居民服务和其他服务行业，科学研究和技术服务业，信息、计算机和软件业，电力、燃气及水的供应业，金融业成为高收入行业。高收入行业的平均工资高出全国平均工资约18000元，最高人均工资水平与最低人均工资水平的比例为3.25：1。

2007～2012年，高收入行业集中于科学研究、技术服务业等行业，而住宿和餐饮业收入最低。高低收入间的差距由2007年的28232元扩大到2012的

表 12-1　　　2003～2013 年青海省城镇职工平均工资

单位：元

行　业	2003	2004	2005	2006	2007	2008	2009	2010	2011	2012	2013	增长率%
农、林、牧、渔	10836	12342	11802	15332	18747	21849	24022	26020	30407	29087	32204	11.51
采矿	14930	18173	18476	24021	27600	33732	34890	40320	45311	54731	72764	17.16
制造	12193	12991	14638	17184	19923	23742	23671	28459	35208	42633	45090	13.97
电力、燃气及水的供应	21364	24040	25145	27047	28286	35955	39404	44721	45168	59026	63403	11.49
建筑	10694	12275	15803	16291	15811	18529	24062	26423	32352	38019	40242	14.17
交通、仓储和邮政	18227	18016	21144	24278	29132	33827	37319	43523	50252	57690	60428	12.73
信息、计算机和软件	24594	27423	29595	29897	26777	31454	35417	41668	47356	54819	49989	7.35
批发和零售	9986	10021	13142	13850	15257	19153	21175	24898	30059	35273	40200	14.94
住宿和餐饮	11811	12214	14906	13133	12744	14389	16825	18574	21874	27613	31724	10.39
金融	19235	22366	23940	25721	29131	36723	37456	41641	54446	59574	67182	13.32
房地产	14024	12978	11660	12712	14924	24131	22716	21948	26309	33489	32456	8.75
租赁和商务服务	12874	12394	12167	17468	22210	18651	35718	42784	46007	59427	30685	9.07
科学研究、技术服务	21917	26637	31185	35029	40976	44408	45158	48822	55466	60957	59097	1043
水利、环境和公共设施	10930	13756	14599	15386	18481	21134	23562	25591	31582	33091	39286	13.65
居民服务和其他服务	13188	14705	31780	48111	26884	45740	30093	32969	35573	38722	27848	7.76
教育	16473	18657	19898	24173	30464	36426	38821	42447	49848	51359	57705	1336
卫生、社会保障和福利	17172	19013	20660	23810	27329	32695	35089	37126	41696	43126	48976	11.05
文化、体育和娱乐	15071	17533	20124	23073	28782	31526	36700	38694	42506	45084	49730	12.68
公共管理和社会组织	16971	18742	20477	23544	28795	34068	37760	40648	46408	47443	54414	12.36
平均	15394	17066	19534	22635	24329	29375	31571	35120	40412	45851	47549	11.18
高低行业工资比（倍）	2.46	2.74	2.73	3.78	3.22	3.18	2.68	2.63	2.54	2.20	2.16	

资料来源：根据《中国统计年鉴》相关年份计算得到。

33344 元。但行业最高工资水平与最低工资水平之比由 2007 年的 3.22 下降到 2012 年的 2.20。

2013 年，平均工资最低的行业是居民服务和其他服务行业，为 27848 元；最高的行业是采矿业，为 72764 元，两者的差距为 44916 元，行业最高工资水平与最低工资水平之比 2.61∶1。

2006～2013 年，青海省城镇职工平均工资最低的行业是住宿和餐饮业，其平均工资从 2006 年的 13133 元上升到 2013 年 31724 元，名义年均增长率为 13.43%。2007～2013 年，城镇职工平均工资最高的行业是科学研究、技术服务和地质勘查业，其平均工资从 2006 年的 35029 元上升到 2013 年的 59097 元。

通过比较不同行业职工平均工资的最高值和最低值的比值（见图 12-1），可以发现，在 2003 年，行业收入差距为 2.46 倍，随后上升到 2006 年的最高点 3.78 倍，2006 年后收入差距逐步缩小，到 2012 年行业收入差距缩小到 2.21 倍，2013 年又有所上升，差距为 2.61 倍。由此可知，青海省行业收入差距有所扩大。

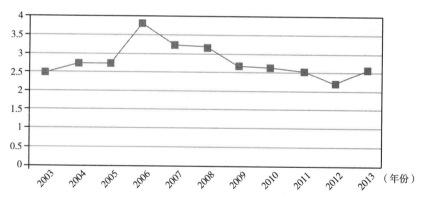

图 12-1　2003～2013 年行业职工平均工资的最高值与最低值的比值

二、垄断行业与竞争性行业职工平均工资差距

尽管目前信息传输、计算机服务及软件业等高科技行业属于高收入行业，但其中的信息、计算机和软件业包括了我国传统的邮电通信业，也属于垄断行业。我国的行业收入差距主要是由电力、电信、金融等垄断行业与竞争性行业之间的收入差距所导致的。因此，垄断行业与竞争性行业职工平均工资差距的

变化尤其值得引起重视。

在图 12 - 2 中，比较了青海省金融业、电力燃气及水的供应业以及信息、计算机和软件业与制造业之间职工平均工资的收入差距。将制造业职工平均工资作为参照基准，计算出金融、电力燃气及水的供应业以及信息、计算机和软件职工平均工资与制造业职工平均工资的比值，从图中可以看出，2003 ~ 2007年，青海省金融业、电力燃气及水的供应业与制造业之间职工平均工资的收入差距呈逐步缩小的趋势，特别是信息、计算机和软件与制造业的职工平均工资差距迅速缩小，信息、计算机和软件业与制造业的职工平均工资差距由 2003年的 2.02 倍下降到 2007 年的 1.34 倍，到 2009 年有所升高，为 1.50 倍。

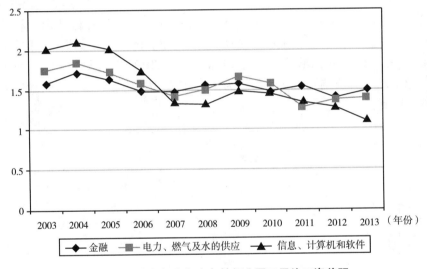

图 12 - 2　垄断行业与竞争性行业职工平均工资差距

2007 ~ 2013 年，青海省金融业、电力燃气及水的供应业与制造业之间职工平均工资的收入差距呈逐步扩大的趋势，特别是电力、燃气及水的供应业与制造业之间的收入差距迅速拉大，电力行业与制造业的职工平均工资差距由2007 年的 1.42 倍上升到 2009 年的 1.66 倍，到 2011 年有所降低，为 1.28 倍，但随后又升高到 2013 年的 1.41 倍；信息、计算机和软件业与制造业的职工平均工资差距逐渐缩小，由 2007 年的 1.34 倍下降到 2008 年的 1.32 倍，但随后有所上升，到 2009 年为 1.50 倍，到 2013 年又下降到 1.11 倍；金融业与制造业的职工平均工资差距由 2006 年的 1.50 倍缓慢上升到 2009 年的 1.58 倍，随后逐年下降到 2011 年的 1.55 倍，到 2013 年又上升到 1.50 倍，其职工平均工资差距的变化较小。

第三节　青海省不同所有制单位收入差距分析

一、不同所有制单位收入差距比较

从青海省不同所有制单位职工平均工资来看，青海省不同所有制单位收入差距有所缩小，不同所有制单位的职工工资有着较为显著的差异，见表 12 - 2。

表 12 - 2　　　　　2000 ~ 2013 年青海省不同所有制单位职工平均工资　　　　　单位：元

年份	城镇国有经济单位	城镇集体经济单位	其他经济单位	城镇私营经济单位	国有经济单位与私营单位工资比（倍）
2000	10744	4785	6989	—	—
2001	14028	6101	8841	—	—
2002	15816	7211	9585	—	—
2003	16692	8306	10050	—	—
2004	18686	10302	11291	—	—
2005	21158	10080	13591	—	—
2006	24195	10780	15557	21981	1.10
2007	28681	12931	23234	25318	1.13
2008	34314	14936	23598	30101	1.14
2009	37405	17807	13486	32481	1.15
2010	41417	20289	15442	36121	1.15
2011	46936	23745	19149	41370	1.14
2012	50729	29341	26302	46483	1.09
2013	55410	34255	24233	51393	1.08
年均增长率（%）	13.4	16.3	10	12.9	
2013/2000（倍）	5.16	7.16	3.47	—	

资料来源：根据《青海统计年鉴》相关年份计算得到。

2008 年之前，城镇国有经济单位的平均工资最高，城镇私营经济单位次之，其他单位较低，城镇集体经济单位的最低；2008 年之后，城镇集体经济单位的平均工资较低，其他经济单位的最低；从 2000～2013 年的实际增长率来看，城镇集体经济单位和城镇国有经济单位增长率较快，城镇私营经济单位增长率次之，其他经济单位的增长率最慢；从 2000～2013 年的增长倍数来看，相对于 2000 年，城镇国有经济单位、集体经济单位和其他经济单位均于 2013 年实现倍增。城镇国有经济单位与私营单位工资之比接近 1 倍（见图 12－3），但呈现逐年缩小趋势，这一趋势有利于逐步缩小居民收入差距。

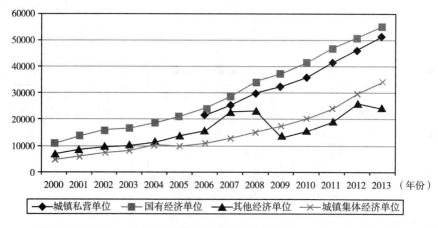

图 12－3　2000～2013 年青海省不同所有制单位职工平均工资变化趋势

二、国有经济单位与城镇私营经济单位职工收入差距比较

2000～2013 年，城镇国有经济单位职工平均工资年均增长率为 13.4%，城镇私营经济单位职工平均工资年均增长率为 12.9%，城镇国有经济单位职工平均工资年均增长率比城镇私营经济单位职工平均工资年均增长率高 0.05%，国有经济单位与城镇私营经济单位职工平均收入年均增长率差距在缩小，见表 12－2。

通过比较国有经济单位与城镇私营经济单位职工平均收入比（见图 12－4），可以发现，在 2006 年，国有经济单位与城镇私营经济单位职工平均收入比是 1.10，随后上升到 2009 年的最高点 1.15 倍，2009 年后收入差距逐步缩小，到 2013 年国有经济单位与城镇私营经济单位职工平均收入差距缩小到 1.08 倍。由此可知，国有经济单位与城镇私营经济单位职工平均收入差距也是在逐步缩小的。

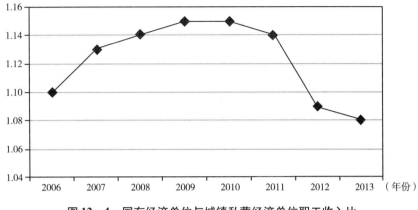

图 12 - 4　国有经济单位与城镇私营经济单位职工收入比

　　由于青海省城镇国有经济单位与城镇私营经济单位职工收入差距呈逐步缩小的趋势，这有利于缩小居民收入差距。但城镇集体经济单位与城镇国有经济单位和城镇私营经济单位的收入差距逐步扩大，城镇集体经济发展缓慢，造成职工收入差距扩大。因此，需进一步加大城镇集体经济的投入力度，加快集体经济的发展，进一步坚持和完善以公有制为主体、多种所有制经济共同发展的基本经济制度，毫不动摇地巩固和发展公有制经济，毫不动摇地鼓励、支持、引导非公有制经济发展。

本章小结

　　通过比较青海省不同行业职工平均工资的最高值和最低值的比值，我们发现，在 2003 年，青海省行业收入差距为 2.46 倍，随后上升到 2006 年的最高点 3.78 倍，2006 年后收入差距逐步缩小，到 2012 年行业收入差距缩小到 2.21 倍，2013 年又有所上升，差距为 2.61 倍。由此可知，青海省行业收入差距有所扩大。由于国有垄断行业具有丰富的资源，且因不同行业存在产业分割以及垄断行业的利益保护，其垄断收益和利润很容易转化为行业内部职工的收入和福利，从而使垄断行业的工资水平、福利待遇以及工作的稳定性均高于竞争性行业，进而导致行业之间收入差距不断扩大。从青海省不同所有制单位职工平均工资来看，青海不同所有制单位收入差距有所缩小，不同所有制单位的职工工资有着较为显著的差异。通过比较国有经济单位与城镇私营经济单位职工平均收入比，在 2006 年，国有经济单位与城镇私营经济单位职工平均收入比是 1.10，随后上升到 2009 年的最高点 1.15 倍，2009 年后收入差距逐步缩小，到 2013 年国有经济单位与城镇私营经济单位职工平均收入差距缩小到 1.08 倍。由此可见，国有经济单位与城镇私营经济单位职工平均收入差距呈逐步缩小的趋势，这一趋势有利于缩小居民收入差距。

第十三章　青海省居民收入分配影响
因素的理论分析

第一节　引　　言

总体来看，国内对居民收入分配影响因素的研究可以根据影响居民收入分配的主体不同划分为两大领域，即市场领域和政府领域。市场经济发展决定了初次分配的结果，而政府收支活动主导收入的再分配。

经济发展与收入分配不是简单的因果关系，两者相互影响，相互作用。一方面经济发展的不同路径必然影响着收入水平和收入分配格局的演变：郭熙保（2002）用发展经济学作为库兹涅茨假说的理论支撑，论证了低收入国家（发展中国家）在经济发展过程中的收入分配是趋向不平等的，朱晓雁和文礼朋（2012）则对小型经济体台湾的收入分配格局进行了研究，发现台湾在"二战"后实行比较优势发展战略，较好地规避了经济发展早期阶段库兹涅茨假说所预言的情形，王敏和曹润林（2015）基于2005～2012年省级面板数据的研究，与过往众多学者的观点相反，得出发展经济的城镇化过程加剧了城乡间居民财产性收入的不平等的结论。另一方面收入分配结构也影响经济发展：龚勋（2010）探讨了国民收入分配与拉动内需之间的关系，指出了提高低收入人群的工资待遇对工业化中后期国民经济发展的积极作用，柏培文（2013）在研究中国居民收入占比的特点和影响因素时同样提出应该藏富于民，避免消费低迷、内需不振而影响中国经济健康发展。

财政收支对收入分配的调节作用一直备受关注。寇铁军和金双华（2002）分析基尼系数与财政福利支出、教育、医疗保健支出的关系，认为以上财政支出对减少收入分配差距有积极作用，金双华（2014）又进一步地从要素收入分配和规模分配视角分析劳动所得、资本所得的性质及税率政策效应，提出应进一步完善对劳动所得、资本所得的税收政策；杨斌（2013）认为解决收入分配不公最有效的途径是逐步实现公共服务均等化；

林伯强（2005）对省级数据的研究表明农村公共支出中如农村教育、农业研发和农村基础设施等的生产增进型公共投资都促进了农村生产率提高，减少地区不均等和贫困。

第二节　经济发展对青海省居民收入分配的影响分析

一、经济发展提高了青海省居民的收入水平

1978 年十一届三中全会"打破平均主义，恢复按劳分配"的提出，标志着中国迈开改革开放的步子，打开市场经济的大门。与计划经济时代不同，市场经济保护私有财产，尊重个人劳动成果，让人们享受多劳多得的喜悦；市场经济鼓励公平竞争，个人的才华、禀赋得到认可，得以自由施展；市场经济促成资源充分流动，资源配置朝着更有效率的地方分配。因此，市场经济蓬勃发展的过程可以理解为人们通过技术革新、有效组织，利用有限的资源尽可能多地生产出人们所需要的物质、精神财富的过程。"利用有限的资源尽可能多地生产出人们所需要的物质、精神财富"简而言之即生产力水平。亚当·斯密在《国民财富的性质和起因的研究》一书中便视劳动为财富的来源，一旦激发了劳动的积极性，人们便会想方设法地提高生产力。在斯密看来，增进劳动生产力的手段便是分工，分工的结果就整个社会而言形成了今天所讲的三次产业，就某一产业而言形成了不同的生产（服务）部门，其中的每个个体也各司其职。斯密认为，分工提高了人们的熟练程度、节约了人们转换工作的时间，同时分工也允许人们有时间有精力去发明机器提高生产力，即人们可以在相同的时间里完成更多的工作量、生产更多的产品或者节约生产同一件产品花费的时间。图 13 - 1 是 1995 ~ 2013 年青海省三次产业的劳动生产率变化。

由图 13 - 1 可以看出，1995 ~ 2013 年，青海省三次产业的劳动生产率不断攀升，从曲线的斜率可知第二产业劳动生产率的提高尤为突出。从马克思主义政治经济学角度分析，劳动生产率的提高意味着各产业社会必要劳动时间的减少，产品的成本降低，产品的实际购买价格也将下降，人们购买同样必需品或者服务的成本减少，购买力增强，生活水平上升。图 13 - 2 是 1994 ~ 2013 年青海省城市和农村的居民恩格尔系数的变化。

由图 13 - 2 可以看出，1994 ~ 2013 年青海省城镇居民与农村居民恩格尔系数均有一定程度的下降，尤其是农村居民恩格尔系数 1994 ~ 2013 年有明显

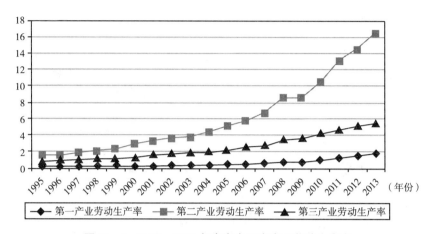

图 13 – 1　1995～2013 年青海省三次产业劳动生产率

资料来源:《中国统计年鉴》1996～2014 年。

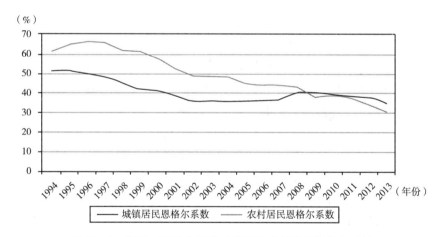

图 13 – 2　1994～2013 年青海省城镇和农村居民恩格尔系数

资料来源:《青海统计年鉴》1995～2014 年。

的改善。表明无论城市居民还是农村居民,消费支出中用于食品的比例越来越低,人们有更多的收入消费除食品以外的其他,用于提升生活质量。食品支出占消费支出的比例下降,必然不是人们消费食品的绝对量下降的原因,而是消费水平明显提升带来的,收入是消费的来源,只有人们的收入水平有一定的提高,才有更多的支出用于满足消费。进一步可以通过图 13 – 3 看出,伴随经济的发展，城镇人均可支配收入和农村人均纯收入都在不断上升。

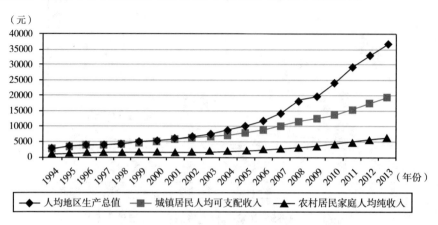

图 13 – 3   1994 ～ 2013 年青海省人均 GDP 与人均收入的关系

资料来源：由青海统计局网站数据生成。

二、经济发展对青海省居民收入差距的影响

经济发展一方面提高了人们的生活水平，另一方面可能会拉大收入分配的差距。著名的库兹涅茨假说论述的就是这一点："在从前工业文明在向工业文明极为快速转变的经济增长早期，不平等扩大；一个时期变得稳定；后期不平等缩小"。首先，2013 年青海省人均 GDP 为 5895 美元，2014 年首次突破 6000 美元，长期以来青海省的国民经济发展水平低于中等收入国家平均水平。再者，2013 年，青海省三次产业结构比为 9.9：57.0：33.1，第二产业的主导产业工业产业，占比接近 46%，2013 年规模以上工业增加值中轻工业增加值仅占 9.6%，青海省整体经济构成中第二产业占绝对优势且以重工业为主导。从以上两点基本事实，我们可以判断青海省仍处于工业文明发展的早期，按照库兹涅茨倒 U 模型的论断，青海省该时期伴随经济增长的是收入不平等的扩大。目前对于库兹涅茨假说，来自发展经济学的一些观点能够给出较好的解释，包括二元经济发展理论、部门不平衡发展理论、地区不平衡发展理论。国内学者郭熙保（2002）便沿用发展经济学的观点结合中国 1978 ～ 2000 年的经济发展状况与收入分配作为实例验证了库兹涅茨假说的正确。下面本书同样将支持库兹涅茨假说的发展经济学的观点与青海省的一些实际经济状况结合，检验青海省的经济发展路径是否符合发展经济学的理论阐述。既然发展经济学理论本身

具备一定的科学合理性，如果青海省实际的发展过程符合理论的各项前提条件，那么经济发展对青海省居民收入分配差距拉大或者说长期难以缩小的现象是具备一定的解释力度的。

1. 二元经济发展理论。刘易斯的二元经济发展理论假定社会存在劳动生产率高低之分的二元经济结构，劳动生产率低的部门以农业为代表，劳动生产率高的以工业为代表，劳动生产率高的部门收入水平也高，经济发展过程就是一个劳动从劳动生产率低的部门向劳动生产率高的部门转移，即劳动力从农业部门向非农业部门的转移过程。由图 13-1 可以看出，青海省以农业为代表的第一产业的劳动生产率长期低于以工业为代表的第二产业，且有逐年扩大的趋势；此外，在本书已经阐明农、林、牧、渔相关行业的平均工资也是远低于制造业等行业的平均工资；最后，青海省劳动力的转移方向可以从表 13-1 看出，青海省主要年份按三次产业分的年末就业人员数及由表 13-1 作出的图 13-4 青海省主要年份就业人员的三次产业构成得出。

表 13-1　　　1994~2002 年青海省主要年份按三次产业分的年末就业人员数

年份	就业人员（万人）				就业人员的三次产业构成（合计=100）		
	总数	第一产业	第二产业	第三产业	第一产业	第二产业	第三产业
1994	257.49	144.96	43.26	69.27	56.3	16.8	26.9
1995	261.71	146.82	44.23	70.66	56.1	16.9	27.0
1996	266.01	151.09	43.36	71.56	56.8	16.3	26.9
1997	270.38	151.41	40.56	78.41	56.0	15.0	29.0
1998	274.81	153.07	40.40	81.34	55.7	14.7	29.6
1999	279.32	152.23	40.22	86.87	54.5	14.4	31.1
2000	283.91	158.42	35.77	89.72	55.8	12.6	31.6
2001	285.66	170.25	37.99	77.42	59.6	13.3	27.1
2002	287.72	162.27	39.13	86.32	56.4	13.6	30.0
2003	289.8	156.78	45.79	87.23	54.1	15.8	30.1

续表

年份	就业人员（万人）				就业人员的三次产业构成（合计=100）		
	总数	第一产业	第二产业	第三产业	第一产业	第二产业	第三产业
2004	290.42	148.69	47.92	93.81	51.2	16.5	32.3
2005	291.04	144.06	50.64	96.34	49.5	17.4	33.1
2006	294.19	139.15	56.49	98.55	47.3	19.2	33.5
2007	298.56	132.26	61.50	104.8	44.3	20.6	35.1
2008	301.00	133.95	64.11	102.94	44.5	21.3	34.2
2009	303.26	130.40	66.41	106.45	43.0	21.9	35.1
2010	307.65	127.37	69.53	110.75	41.4	22.6	36.0
2011	309.18	121.82	73.89	113.47	39.4	23.9	36.7
2012	310.89	115.09	74.52	121.28	37.0	24.0	39.0
2013	314.21	116.60	72.80	124.81	37.1	23.2	39.7

资料来源：《青海统计年鉴》2014。

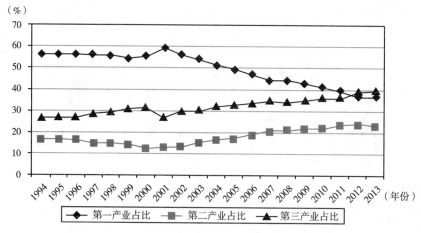

图13-4 1994~2013年青海省主要年份就业人员的三次产业构成

由图13-4可以看出，青海省第一产业就业人员从1994年的58%下降到

2013 年的 37.11%，占比大幅下降；与之相对的，第二、第三产业就业人员占
比在上升，尤其是第三产业比例上升明显。可见，青海省改革开放以来劳动力
大量由农业向非农业部门转移。按照刘易斯的二元经济结构理论，在这个过程
中，一方面由于农业部门的收入水平低于非农业部门，从农村转移到城市打工
的人的收入将高于仍然在土地上种植的农民，农村内部的收入差距将增大；另
一方面，农村的大量劳动力向城市转移，会使得城市保持一个低的用工成本，
农村和城市、农业部门和工业部门的收入差距也将增大，而且工业部门多集中
在城市，自然城市和农村的收入差距会变大。也许，二元经济发展理论可以在
一定程度上解释青海省在改革开放多年来城乡居民收入分配差距一直居高不下
的状况，图 13 - 5 为 1994 ~ 2013 年青海省城乡居民可支配收入之比的变化
趋势。

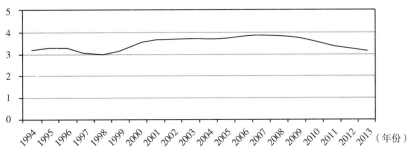

图 13 - 5　1994 ~ 2013 年青海省城乡居民可支配收入之比变化趋势

2. 部门不平衡发展理论。发展经济学的部门不平衡发展理论由赫尔希曼
提出并由罗斯托完善，部门不平衡发展理论的核心是：因为资本有限，要想充
分利用这些资本进行投资使得经济能够在较短的时间迅速发展，一国必须选定
一个联动效应、引致投资最大化的部门优先发展，从而带动其他部门和整个国
民经济的增长。通常认为工业部门的联动效应比农业大，因此要优先发展工
业。表 13 - 2 为 2003 ~ 2013 年青海省按行业分的固定资产投资额。

按照《国民经济行业分类》的三次产业的行业划分规定，即农、林、牧、
渔业归为第一产业，采矿业、制造业、电力燃气及水的生产和供应业归属第二
产业，其他归属为第三产业，计算出青海省 2003 ~ 2013 年全社会三次产业的
固定资产投资占比，如表 13 - 3 所示，并就此作出青海省 2003 ~ 2013 年全社
会三次产业的固定资产投资占比折线（如图 13 -6 所示）。

单位：亿元

表 13-2　　2003～2013 年青海省按行业分固定资产投资额

项　目	2003 年	2004 年	2005 年	2006 年	2007 年	2008 年	2009 年	2010 年	2011 年	2012 年	2013 年
全社会固定资产投资	255.62	289.18	329.81	408.54	482.84	583.24	798.23	1016.87	1435.58	1883.4	2361.09
农、林、牧、渔	16.44	14.81	12.61	19.69	25.2	31.52	53.81	76.4	84.99	74.54	98.46
采矿	23.75	33.9	37.65	49.03	48.11	62.38	54.19	73.8	88	84.36	134.03
制造	50.01	56.39	69.44	71.24	119.87	145.73	195.6	278.3	360.05	505.24	631.9
电力、燃气及水的生产和供应	32.3	52.4	55.66	77.75	76	80.44	118.3	92.9	181.53	235.61	307.07
建筑业全社会	8.77	5.32	8.17	14.72	7.55	8.66	12.83	20.2	34.06	62	82.77
交通运输、仓储和邮政	42.8	50.31	58.83	70.4	85.54	104.21	124.15	146.4	134	232.04	290.4
信息传输、计算机服务和软件	5.09	4.09	1.72	4.29	3.3	3.01	3.03	2.5	0.59	1.95	3.55
批发和零售	4.57	6	4.99	5.65	7.22	7.68	6.21	7.4	13.28	18.13	17.38
住宿和餐饮	1.54	2.27	1.78	4.12	4	3.09	3.73	7.3	7.73	11.44	20.06
金融	0.39	0.48	0.54	0.99	0.56	0.3	2.3	1.2	0.26	0.93	3.24
房地产	27.93	31.48	35.96	37.77	44.78	61.83	93.84	175.4	333.98	378.09	385.51
租赁和商务服务	0.18	0.3	1.04	1.62	2.44	1.33	1.73	2.5	7.55	31.43	71.11
科学研究、技术服务和地质勘查	0.98	0.73	1.2	1.63	2.66	2.32	3.75	4.9	6.32	3.11	3.52
水利、环境和公共设施管理	17.05	11.67	12.85	18.26	26.04	29.43	61.92	53.1	59.23	75.95	112
居民服务和其他服务	0.2	0.35	0.51	1.53	1.76	1.56	0.63	1.6	3.56	1.23	2.75
教育	4.11	4.37	7.1	7.48	4.94	7.76	14.25	22	45.37	46.19	49.59
卫生、社会保障和社会福利	1.54	1.49	1.81	1.75	1.32	2.71	5.8	7.7	17.98	14.91	10.9
文化、体育和娱乐	0.96	0.95	1.74	2.67	3.71	7.28	13.48	10.4	14.02	19.34	36.22
公共管理和社会组织	17	11.87	16.23	17.94	17.86	21.99	28.7	32.8	43.07	86.93	100.61

资料来源：国家统计局网站，分年度数据。

表 13 – 3　　　　2003~2013 年青海省全社会三次产业的固定资产投资占比　　　单位:%

项　　目	2003年	2004年	2005年	2006年	2007年	2008年	2009年	2010年	2011年	2012年	2013年
第一产业固定资产投资占比	6.43	5.12	3.82	4.82	5.22	5.40	6.74	7.51	5.92	3.96	4.17
第二产业固定资产投资占比	44.92	51.18	51.82	52.07	52.09	50.96	47.72	45.75	46.23	47.11	48.95
第三产业固定资产投资占比	48.64	43.70	44.36	43.10	42.69	43.64	45.54	46.73	47.85	48.94	46.88

从图 13 – 6 可以看出,青海省对第二、第三产业的固定资产投资明显高于第一产业,第二、第三产业的固定资产投资占比一直在 45% 左右居高不下,而第一产业也基本稳定在 10% 以内的低水平,由此可见,青海省的投资分配长期倾向于非农业部门,且在 2003~2013 年的前半段时间更加侧重对第二产业的投资。因此,从近 10 年青海省按行业划分的三次产业固定资产投资情况来看,青海省的发展路径符合发展经济学部门不平衡发展理论,存在优先发展的主导部门——非农业部门。其实,从图 13 – 1 可以看出,1995~2013 年,青海省三次产业劳动生产率变化趋势,第二产业劳动生产率在过去的近 20 年增长快于第一、第三产业,就可以一定程度上推断出青海省的投资偏向第二产业。

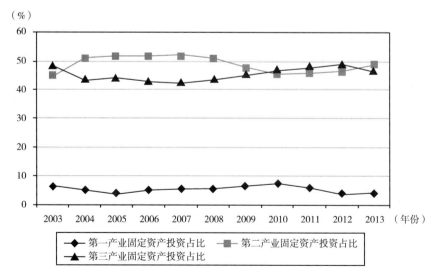

图 13 – 6　2003~2013 年青海省全社会三次产业的固定资产投资占比折线

　　部门不平衡发展对收入分配会造成什么样的影响呢？按照发展经济学的观点，优先发展的部门将会得到更快的扩张，这些部门的工资水平将提高得比其他部门的更快，例如工业与农业，它们之间的工资水平差距将拉大，其结果是从事工业部门和从事农业部门的居民收入差距变大。这一点在前述章节可以得到证实，青海省工业部门的城镇职工平均工资增长率都高于从事农、林、牧、渔业城镇职工的平均工资增长率。更进一步地从要素报酬的角度分析，工业有重工业和轻工业之分，重工业属于资本密集型，对重工业的倚重将提高资本在国民收入中占比同时降低劳动者报酬占比。2013 年，青海省第二产业占全省GDP 比重为 57%，工业产业占第二产业增加值 80%，而轻工业增加值仅占工业产业增加值的 9.6%。由此可见，青海省整体经济构成中第二产业占绝对优势且以重工业为主导。图 13 - 7 为用收入法核算的 1996～2013 年青海省国民生产总值中劳动者报酬占比的变化趋势。用收入法核算的青海省国民生产总值中劳动者报酬占比由 1996 年的 59.25% 持续下降至 2013 年的 45.1%，仅2005～2009 年出现 47.6%～53.7% 的反弹。

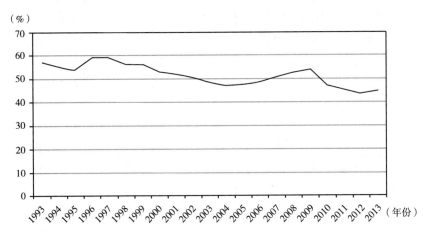

图 13 - 7　1996～2013 年青海省国民生产总值中劳动者报酬占比的变化趋势
资料来源：《中国统计年鉴》1994～2014 年。

　　3. 地区发展不平衡理论。发展经济学的地区发展不平衡理论解释的是地区间收入差距的变化：假定最初各地区的收入水平和利润率都相差无几，若某些地区由于先天自然条件差异、历史偶发事件或者政策倾斜等原因率先实现经济快速增长，那么随后资源、企业家、优质劳动力的高度聚集将使这些率先发展的地区愈发发达，工资水平和利润率持续上升，逐渐与其他地区拉开差距；只有等到这些发达地区的资本、劳动都达到一个饱和的状态，才会出现"扩散效应"，此时对于企业家或投资者而言用工成本已然上升到一定水平，资本的边际报酬趋于下降，对于劳动者或者居民而言生活成本较高，城市交通拥堵、环境恶化，资源开始回流到落后地区，地区间经济差距又逐渐缩小。

由前述章节可知：海西州人均 GDP 长期处于高位，西宁、海北次之，果洛、玉树州垫底。以 2013 年青海省各地区人均 GDP 为例，海西州人均 GDP 为 122114 元，西宁和海北人均 GDP 分别为 43346 元、38545 元，海南、海东、黄南处于中间层，人均 GDP 均在 25000 元左右，而最低一层的果洛、玉树州人均 GDP 分别仅为 17090 元、13849 元。最高的海西与次高的西宁、海北人均 GDP 尚有 3 倍的比值，与最低层次的玉树州、果洛州差距分别高达 7.1 倍和 8.8 倍，可见青海省地区发展层次分明，存在严重的发展不均衡。青海省各地区间的收入分配格局之所以如此，用发展经济学的地区不平衡发展理论可以作如下判断：（1）自然资源因素。海西州以及海北州的祁连、刚察两县是全省资源富集区，现已探明的矿产潜在价值占全省 90% 以上，盐湖资源得天独厚，石油天然气资源、有色金属以及石棉、黄金资源十分丰富，具有发展经济的资源优势。（2）地理位置因素。重要的地理位置和良好的气候条件与经济增长也具有联系。如西宁市是全省的政治、经济、文化、科技中心和交通通信的枢纽，具有发展经济的区位优势；而玉树州，果洛州，海南州的兴海县、同德县，黄南州的河南县、泽库县这一地区是长江、黄河、澜沧江发源地，这些地方地势高峻，寒冷缺氧，平均海拔 4000 米以上，自然条件恶劣，社会发育程度低，交通不便，人口分散。（3）历史绩效和资本积累的原因。本期的资本存量是前期投资的结果，未来资本存量则部分取决于本期的投资数量；每个地区的现实经济发展水平从纵向时间角度看，现实发展水平与历史增长绩效存在联系，本期的差异是历史时期增长水平差异的结果。

第三节 财政支出对青海省居民收入分配的影响分析

一、政府投资

社会总投资由政府投资和非政府投资两大部分构成，政府投资是指政府为了实现其职能，满足社会公共需要，实现经济和社会发展战略，投入资金用以转化为实物资产的行为和过程。政府投资的领域主要有基础设施、基础产业、重点产业和支柱产业。其中在基础设施和基础产业方面的投资对调节收入分配具有重大意义。在基础设施方面的投资对收入分配的影响：

（1）推动经济增长，提高人们收入水平。凯恩斯的国家干预理论提出政府投资是刺激经济增长的有效政策工具，基础设施的建设与维修所花费的公共支出可以拉动投资需求，增加就业，从而增加人们的可支配收入。

（2）基础设施的投资有助于缩小地区间的收入分配差距。一个地区完备便利的基础设施可以大大降低生活成本，提高工作效率，为投资者创建一个良好的投资环境，地区间基础设施建设水平应该相当，才有助于缩小地区间收入不平等程度。

在基础产业方面，即农业方面的投资对收入分配的影响：

（1）可以提高农业的劳动生产率，实现农业规模化、现代化生产以及多元化发展，提高农民收入，缩小城乡收入分配差距。

（2）农业是国民经济的基础产业，是城市化和现代化的前提，农业为第二、第三产业提供生产资料和消费资料的同时，也输送了大量的劳动力、技术工人和服务人员，对于三次产业的有序发展，达到发达国家的经济水平，实现共同富裕是关键性的一步。

二、社保、教育、医疗卫生支出

社会保障是国家和社会为帮助社会成员克服因非理性风险造成的物质生活困难，维持其基本生活条件依法进行的国民收入再分配活动。它包括社会救济、社会保险和社会福利三个层次，分别提供人们基本生活保障、日常生活保障以及满足人们改善和提高生活质量的需要。社会保障是政府转移性支出的主要方式，具有很强的促进社会公平的功能，尤其是社会救济和社会保险对于弱者和劳动者的经济帮助，可以及时、有效地调节他们的可支配收入，避免非理性风险引起的收入差距愈演愈烈。当人们遭遇残疾、自然灾害或意外事故等不可抗的力量而使收入骤减，危及生存时，社会救济便通过财政拨款或者社会募捐的形式对这些符合条件的弱者进行救助；在劳动者经历正常一生会出现的年老、生病、失业或者意外事件而导致收入减少甚至入不敷出时，社会保险便通过国家强制手段由个人和用人单位有计划分时段的预先缴纳一定的资金进入社会保障基金，防患于未然，维持其正常的生活。

财政范畴的"教育支出"，也称作财政性教育经费，是国家财政用于发展教育的事业支出，包括对教育机构的支出和教育接受者的支出，涵盖初等、中等和高等学校三级教育经费支出。政府干预教育的重要原因之一便是教育可以促进机会公平，缩小收入差距：一方面，对不同收入水平的家庭来说，教育的投入，不仅存在不同的直接成本，而且还存在不同的机会成本，例如，农村的孩子要得到与城市孩子同等质量的教育服务要付出额外的交通、住宿和伴读费用，同时对于低收入的农村家庭他们收入的边际效应往往比高收入者高，他们用于教育支出所放弃的机会成本就高，这使得低收入家庭在教育的投入方面不如高收入家庭，处于不同收入水平的家庭在教育市场上会得到不同质量和数量的教育服务；另一方面教育又影响一个人未来的收入水平，这会使收入分配差距产生累积效应。因此，政府对教育的资助被认为是从源头上遏制收入不平等的一剂良方，它可以一定程度上促进机会均等，从而缩小收入差距。

从公共资源配置角度，医疗卫生领域内部大致可以确定为三个大的项目：公共卫生、基本的门诊治疗和高级的专门护理。财政介入医疗卫生的一个重要理由仍然是基于公平的考虑，由于存在收入分配差距，低收入者可能面临因疾病带来的收入不足问题。

综上所述，政府在社保、教育、医疗卫生方面的支出与个体的生存、发展息息相关，对于缩小或者抑制居民收入差距都有重要的意义。表 13 - 4 为 2007～2013 年青海省财政支出中教育、社会保障和就业与医疗卫生三项支出情况，图 13 - 8 为该三项占一般预算支出比重的变化趋势。

表 13 - 4　　　　**2007～2013 年青海省财政部分项目支出情况**　　　　单位：亿元

年份	教育支出	社会保障和就业支出	医疗卫生支出
2007	34.85	51.18	19.5
2008	48.81	65.57	24.66
2009	61.82	94.14	32.48
2010	82.47	189.5	38.94
2011	130.11	163.57	47.44
2012	171.81	179.51	60.11
2013	121.51	162.01	68.64

资料来源：国家统计局网站。

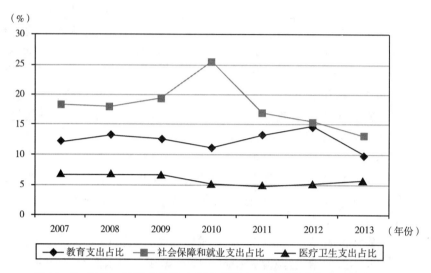

图 13 - 8　2007～2013 年青海省部分项目占一般预算支出比重变化趋势

由图 13 - 8 可以看出，2007～2013 年青海省这三项支出占一般预算支出的份额总体上呈下降趋势。由于数据缺失，仅仅能看到青海省这三项支出总量的变化，对于其具体的受益对象无从得知，下面仅从能够得到的青海省农村和城镇居民 2002～2013 年人均转移性收入的有关数据分析青海省政府转移性支出在农村和城市的分配情况。表 13 - 5 是 2002～2013 年青海省农村和城市居民人均转移性收入情况，第三列是计算出的城镇与农村居民人均转移性收入的绝对差额，最后一列是相对比值。图 13 - 9 为该比值的变化趋势。

表 13 - 5　　　　2002～2013 年青海省农村和城市居民人均转移性收入　　　　单位：元

年份	农村居民家庭人均 转移性收入	城镇居民人均 转移性收入	城镇人均与农村 人均差额	城镇/农村
2002	66. 5	2154. 2	2087. 7	32. 39
2003	88. 3	2334. 7	2246. 4	26. 44
2004	110. 3	2396. 1	2285. 8	21. 72
2005	169. 4	2577. 4	2408	15. 21
2006	230. 1	2859. 5	2629. 4	12. 43
2007	287. 6	2969. 3	2681. 7	10. 32

续表

年份	农村居民家庭人均 转移性收入	城镇居民人均 转移性收入	城镇人均与农村 人均差额	城镇/农村
2008	326.8	3458.6	3131.8	10.58
2009	481.3	3927.8	3446.5	8.16
2010	499.1	4401.4	3902.3	8.82
2011	650.6	5257.8	4607.2	8.08
2012	1057.5	5847.8	4790.3	5.53
2013	1112.7	6124.4	5011.7	5.50

资料来源：国家统计局网站。

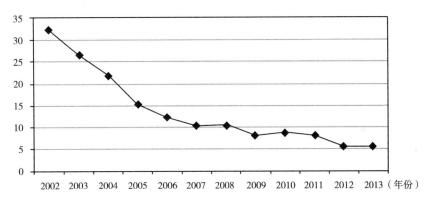

图 13 - 9　2002～2013 年青海省城镇和农村居民人均转移性收入比值的变化

政府转移性支出主要包括社会保障性支出、财政补贴支出、公债利息和捐赠支出等。值得说明的是，虽然统计年鉴上的居民转移性收入除了包括属于政府转移性支出的"离退休金"、"价格补贴"和"抚恤和社会福利救济"以外，还有居民家庭内部的收入转移，年鉴中的转移性收入概念与我们通常所理解的政府进行收入再分配的转移性收入概念有出入，但是，从年鉴上的人均转移性收入数据来看，政府转移支付部分仍占据主导地位。因而并不影响我们对财政转移性支出的分析。

从表 13 - 5 和图 13 - 9 可知，青海城镇居民人均转移性收入从绝对值来看明显高于农村居民，且差额越来越大，2013 年城镇居民人均转移性收入比农村高出 5011.7 元/人；从相对值来看，青海农村居民与城镇居民人均转移性收入差距是在不断缩小的，从 2002 年的 32.39 倍缩小到 2013 年的 5.5 倍。事实上，我国现行福利体系主要与正规就业或城市户口挂钩，社会保障存在明显的城乡二元体制，转移性支付实际上是"重城市，轻农村"、"重中间，轻两端"，没有真正起到调节收入分配的作用。青海省新型农村养老保险和城镇居民养老保险长期以来亦是如此，两个制度分别建立运行的，因此存在着城乡政策不尽一致、缴费标准高低不同、激励机制作用不强、管理资源分散等问题，城乡居民基本养老保险制度之间，以及与职工养老保险制度之间缺乏衔接政策，难以适应城乡之间劳动力和人口流动逐渐加大的形势，阻碍制度效应的充分发挥，不利于缩小城乡、区域差距和社会保障制度的公平持续发展。2014年 6 月，青海省政府印发了《关于建立统一的城乡居民基本养老保险制度的实施意见》，将新农保、城居保两项制度合并实施，在全省建立统一的城乡居民基本养老保险制度。

第四节　税收对青海省居民收入分配的影响分析

不论是对于地方还是中央财政收入而言，税收都是其主要构成部分，按照一定的标准设计和相同的性质可以把税收分为四大税系：流转税系、所得税系、财产税系和行为税系。流转税系主要包括营业税、增值税、消费税和关税等，它主要以生产、消费的商品或提供的劳务为课税对象。财产税所指财产包括一切积累的劳动产品（生产资源和消费资源），自然资源（土地、矿藏、森林等）和各种科学技术、发明创造的特许权等。财产税属于对社会财富的存量课税，我国目前开征的主要有房产税、土地使用税、车船税。所得税系即对企业、单位和个人的劳动与非劳动所得征税。四大税系特色鲜明，在调节收入分配方面的作用大小及其方式各不相同。流转税为间接税，税收负担容易转嫁，且由于流转税均实行比例税率具有一定的累退性，收入层次高的人相对于收入层次低的人税负反而较低，虽然流转税中消费税可以对特定的消费品征税，但现行征税范围过于狭窄，纳入其中的能够调节贫富差距的高档消费品仅限于手表、高尔夫球及球具、游艇。与流转税系相对，所得税系和财产税系为直接税，个人所得税中工资薪金所得、个体户生产经营所得、企事业单位承包承租经营所得实行累计税率；劳务报酬畸高者加成征收对调节收入分配差距具有一定的帮助、财产税是对财富积累的征税；可以在一定程度上削弱富人的财力。

表 13－6 列示的青海省 2007～2013 年地方财政一般预算收入的各项税收收

入，表13 - 7按照四大税系的划分标准将表13 - 6列示的增值税、营业税归入表
13 - 7中的流转税，将表13 - 6列示的房产税、车船税归入表13 - 7中的财产税，
并分别计算出各税系或税种在地方财政税收收入中的占比。由表13 - 7可知，青
海省税收收入构成地方一般预算收入的主体，2007～2013年平均占比接近80%；
流转税也毋庸置疑地成为税收收入的主要构成，其占税收收入的水平每年稳定
在58%左右，没有大的波动。由此可见青海省的税收构成仍然是以属于间接税
的流转税为主导，而属于直接税的财产税和所得税系只占有很小的一部分。总
体来看，青海省的税收对于收入分配的调节作用非常有限。

表13 - 6　　2007～2013年青海省地方财政一般预算收入中各项税收收入　　单位：亿元

年份	地方财政一般预算收入	税收收入	国内增值税	营业税	企业所得税	个人所得税	房产税	车船税
2007	56.71	43.29	12.48	14.71	4.75	2.14	1.02	0.09
2008	71.57	55.90	14.57	18.49	7.13	2.59	1.19	0.25
2009	87.74	70.17	14.97	25.26	8.86	3.12	1.49	0.33
2010	110.22	88.94	17.52	34.44	10.98	3.46	1.58	0.40
2011	151.81	119.85	22.93	45.66	14.62	4.45	1.99	0.40
2012	186.42	146.69	26.42	59.17	16.08	3.56	3.20	1.08
2013	223.86	175.05	28.41	70.44	21.67	4.72	3.79	1.55

资料来源：国家统计局网站。

表13 - 7　　　　2007～2013年青海省税收分类占比　　单位：%

年份	税收占一般预算收入比重	流转税占税收比重	个人所得税占税收比重	财产税类占税收比重	企业所得税占税收比重
2007	76.34	62.81	4.94	2.56	10.97
2008	78.11	59.14	4.63	2.58	12.75
2009	79.97	57.33	4.45	2.59	12.63
2010	80.69	58.42	3.71	2.35	12.35
2011	78.95	57.23	3.71	1.99	12.20
2012	78.69	58.35	2.43	2.92	10.96
2013	78.20	56.47	2.70	3.05	12.38
平均占比	78.71	58.54	3.82	2.56	12.03

进一步分析青海省个人所得税的构成,所得税总共有 12 个项目,忽略稿酬、特许权使用费、偶然所得、其他所得及税款滞纳金和罚款收入几项占比极小的项目,其余项目税收占个人所得税总收入的比重如表 13 - 8 列示。首先,工资、薪金所得占比过半,个体工商户、企事业单位经营所得次之,三者占个税收入比重稳定在 76% 左右。从要素收入分配角度分析,工资、薪金所得、个体工商户、企事业单位经营所得均可认为劳动所得,且均实行超额累进税,可见劳动税负偏高。再者,分析可认为资本所得的财产租赁、转让所得及利息、股息、红利所得,两项合计平均占比仅为 20% ,而且利息、股息、红利所得占比逐年递减,可见资本税负偏低且呈下降趋势。

表 13 - 8 　　　　　2007 ~ 2013 年青海省个人所得税主要项目占比　　　　　单位:%

年份	工资、薪金所得	个体工商户、企事业单位经营所得	劳务报酬所得	财产租赁、转让所得	利息、股息、红利所得
2007	44. 59	23. 81	2. 93	0. 51	26. 71
2008	47. 12	25. 05	2. 39	0. 60	21. 04
2009	53. 28	25. 78	1. 85	3. 44	12. 77
2010	52. 61	25. 79	1. 31	3. 34	13. 45
2011	49. 58	21. 92	0. 75	11. 35	14. 41
2012	59. 97	23. 30	0. 76	6. 68	7. 17
2013	61. 11	12. 60	1. 84	11. 99	9. 26
平均占比	52. 61	22. 61	1. 69	5. 42	14. 97

资料来源:《中国税务年鉴》2014。

本章小结

本章对青海省居民收入分配的影响因素的理论分析按照主体的不同分为两大块:一块是以市场为主体,主要运用了亚当·斯密的分工理论和发展经济学中用以支持库兹涅茨假说的几个观点,结合青海省经济社会的实际发展情况,阐述了市场经济发展对青海省居民收入分配的影响;另一块是以政府为主体论述了青海省的财政收支对居民收入分配的影响。通过本章理论结合实际数据的分析,得出以下结论。

1. 经济的发展一方面意味着分工越来越细化,三次产业的劳动生产率在不断提高青海省不论城镇人均可支配收入还是农村家庭人均纯收入都有一定程度的上升；另一方面，经济发展的过程也难以避免地加深了青海省收入分配不平等程度。具体表现为：（1）经济发展过程中出现的劳动力从生产率低的农业部门向生产率高的工业部门的转移使农村内部、城乡之间的收入差距拉大。（2）对第二产业的优先发展、重点投资使得工业部门的工资水平远高于农业部门的工资水平，同时青海省重工业占工业比重过大也降低了劳动者报酬占国民收入的比重。（3）由于自然资源、地理位置以及历史绩效和资本积累的原因，青海省内地区间发展层次分明，存在严重的发展不均衡。

2. 青海省在调节收入分配的财政支出方面严重不足。具体表现为：（1）从青海省三次产业劳动生产率提高速度来看，第一产业远远落后于第二产业，全社会固定资产投资也明显倾向于第二产业，政府对第一产业即对农业的投资没有引起足够的重视。（2）青海省政府在教育、社保、医疗卫生方面的支出比重近些年来在下降。（3）虽然从相对值来看，青海农村居民与城镇居民人均转移性收入差距是在不断缩小，但是从绝对值来看，青海城镇居民人均转移性收入明显高于农村居民，且差额越来越大。

3. 青海省的税收对于收入分配的调节作用十分有限。具体表现为：（1）青海省的税收构成仍然是以属于间接税的流转税为主导，而属于直接税的财产税和所得税系只占有很小的一部分。（2）个人所得税中劳动所得占很大比重，且均实行超额累进税，劳动税负偏高，资本所得占很小比重，实行比例税率，税负偏低，反而助长了贫富差距。

第十四章 青海省居民收入分配影响因素的实证分析

第一节 引 言

影响居民收入的原因是多方面的，个人收入不仅与个人禀赋特征有关，还与所有制结构、市场结构、地域环境等因素密切相关。居民收入增长受很多宏观经济因素的影响，如何分析这些因素的综合影响就是一个值得探讨的问题。居民收入是经济生产成果分配给个人的部分，因此与经济水平有直接相关性，即经济水平的高低会决定居民收入水平的高低。此外，不仅经济水平会影响居民收入水平，与经济发展相关的一系列指标，如经济增长方式、经济增长质量、工业化程度、城镇化程度、开放程度和投资等因素也会影响居民的收入水平。而在对地区或国家经济增长与收入分配的研究过程中，对于收入差距的研究已经占据了很高比重，这又区分为城乡收入差距与地区差距的研究。可见，在经济发展过程中，由于受历史、地域、经济结构、制度等的影响，不同区域的人群获取收入的能力以及收入的构成都有所不同，要区分其背后的真实原因，需要区分地域人群分别分析其影响因素。

对于城镇居民而言，影响其收入分配的因素学者已有的研究理论与结果并不多见。按照Murphy等（1989）的工业化理论观点，收入分配与工业化进程有着直接关联，收入分配不均会阻碍工业化进程，而工业化进程也会影响收入分配。工业化进程中首先获利的自然是城镇居民，这与我国特定的经济发展方式相关。城镇化对居民收入的作用机制与工业化相似，都是通过提供非农就业机会减少农村人口进而提高农村居民收入，这同样也会对城镇居民收入产生影响。城市规模扩大会产生三个方面的作用：一是吸纳农村劳动力进程，缓解农村就业压力；二是进城务工能增加农村流动劳动力的收入；三是城市规模扩大会加大对农产品的需求，激活城乡商品贸易往来，形成一个城乡互动发展的良性循环格局。现有研究也表明，城镇化发展与农民收入增长之间有着很强的正向交互作用，而且长期的作用更加稳定（宋元梁、肖卫东，2005）。一国的宏观经济政策对居民收入的影响最直接的就是税收政策以及财政政策中的转移支付手段。

Frankel（1996）从地理因素方面对贸易的收入效应进行了考察，发现外贸依存度每提高 1% 将促使人均收入增加 1% ~ 2%；Noguera 和 Siscartb（2005）将地理控制因素引入收入方程式，发现外贸依存度增加将会导致人均收入以同等比例增加。此外，Weinhold 和 James（1997）通过研究发现，国际贸易能提高欠发达国家的专业化水平，进而提高生产率和收入水平，周申（2001）在此基础上研究了我国外贸的经济增长效应，发现对外贸易每增长 1% 将会促使 GDP 增长 0.25% ~ 0.3%。此外，张定胜和杨小凯（2004）采取超边际分析也证实了国际贸易对收入分配有显著影响。

对投资与收入增长的关系，国内学者更多的是从农业投资与农民收入的关联性进行研究，通常认为农业投资能提高农民收入水平，但政府往往采取"非农偏好"政策（李春米，1999），由此造成的投资不足拉大了城乡收入差距（赵友宝，2000）。因此，如何加大对农村的金融支持就被认为是提高农民收入和改善城乡收入差距的一个行之有效的途径。然而，信贷投资增加对农村居民收入增加虽有显著影响但时滞较长，并且农民收入变化对信贷的作用不显著（孙蕾、詹树，2006）。

相较而言，我国日益扩大的贫富差距、城乡差距，使得农民收入问题引起的关注日益增加，有关农民收入影响因素的研究结果更为广泛些。在中国，农民收入影响因素一直是理论界和学术界关注的热点问题。2010 年中央一号文件指出，农民工就业快速回升，农民收入连续 6 年增长，但面对复杂多变的国际国内环境，保持农民收入快速增长的难度不断加大。农民收入问题关系到农业农村发展、城乡社会和谐，甚至关系到全国的粮食安全和社会稳定。农民收入影响因素研究具有重要的理论和现实意义。

唐敏等（2007）通过建立宏观经济计量模型，筛选出 11 项影响农民收入的指标。辛岭等（2007）专门分析了农民受教育水平与农民收入之间的关系，认为农民受教育水平是农民收入的格兰杰原因。张艳华等（2006）认为，教育等人力资本变量对非农收入影响显著。李谷成等（2006）认为，教育和健康投资不足是制约农民收入增长的重要因素。温涛等（2005）认为，中国金融发展对农民收入增长具有显著的负效应。周一鹿等（2010）认为，农村金融资源开发对农民收入增长没有显著的正面效应。方齐云等（2005）认为，在短期内，农村税费改革对农民收入增长的效果非常有限，从长期看也不确定。刘进宝等（2004）从理论和实证角度分析了农业技术进步和农民农业收入增长之间的弱相关性。Feng（2004）提出了提高农民收入的若干政策，如调整农业产业结构、根据比较优势改善农村工业、转移劳动力等。Uchimura（2005）认为农民福利较低等都是导致中国农民收入较低的因素。Feng 等（2009）认为，农业一体化是提高农民收入重要的有效途径。吴郡槐等（2005）利用协整检验和误差修正模型分析影响农民收入的 9 个因素。赵鹏等（2009）运用格兰杰因果关系检验了固定资产投资与 CPI 之间的因果关系。以上研究取得了丰硕的成果，但多数研究是从某一个角度出发，使得不同研究之间甚至出现相反结论的矛盾现象。

在经济迅速发展的过程中，居民收入差距问题也日益受到关注，也有研究表明收入差距既是收入分配的结果，反过来也同样会影响到收入分配的格局。要系统研究一个国家或地域的收入分配格局，必然无法避免研究该地区的收入差距状况及影响因素。

西方经济理论把造成城乡居民收入差距的原因归纳为物质资本存量差异、人力资本存量差异和二元经济结构等。就中国而言，经济起步之初就将较多物质资源分配给城市，造成城市与农村的物质资本存量存在较大差异，随着经济不断增长这种差异也在不断扩大。人力资本是以人为载体的，与物质资本的最大区别是它不能与所有者分离。人力资本存量的增加不仅有助于提高劳动者的生产技能和获取信息及逐步适应现代化过程的才能，进而提高人力资源的配置效率；也可以扩展劳动者的就业选择机会，使其向更好的工作机会转移。人力资本的市场配置效率的提高，可以使人力资本得到有效的使用和合理的价值补偿。个人收益的增加增强了对人力资本投资的激励，从而增加了人力资本存量，进而存量差异的拉大又会带来收入差距的不断扩大。城乡二元结构包括两个方面；一是由户籍制度带来的一系列制度安排导致城乡劳动力市场分割，阻碍了农村劳动力的合理转移，拉大了城乡居民收入差距；二是不恰当的产业政策和税收政策导致农村固定资产投资和人力资本投资都不足，影响了农业的发展，加大了城乡居民收入差距。

国内研究影响城乡居民收入差距因素的文献可以大致被分为三类：第一类认为，城乡居民收入差距是二元经济结构等体制性因素造成的。蔡继明（1998）用城乡比较生产力代表二元经济结构。实证分析结果显示，比较生产力差别是城乡居民收入差距的重要影响因素，而且其解释力逐年上升。他认为这部分相对收入差别反映了社会分工和生产力发展的客观要求，应承认其合理性并加以维护，而超过由比较生产力解释的那部分差异不符合平等要求和生产力发展要求，应逐步缩小乃至完全消除。第二类认为，城乡居民收入差距是产业发展等经济性因素造成的。向书坚（1998）从产业发展的角度，对1981~1990年的城乡居民收入差距进行实证分析，认为第一产业增加值占GDP的比重是影响城乡居民收入差距的最重要指标，该指标与城乡居民收入之比呈负相关关系。他认为，第一产业增加值占GDP的比重对城乡居民收入差距的影响之所以如此重要，是因为该指标是一个非常综合的统计指标。第一产业增加值受许多因素影响，例如农业内部结构、农产品产量、农产品价格、农业生产成本、农村劳动力、乡镇企业发展等，而这些因素又直接或间接地影响农村居民收入水平。第三类认为，城乡居民收入差距是由税收政策和福利补贴等政策性因素造成的。李实、赵人伟、张平（1997）认为，20世纪80年代中期至20世纪90年代中期城乡居民收入差距扩大，在相当大程度上同原有体制下的"政策惯性"有着密切关系。长期存在的城乡分割是原有体制下的一种政策产物。农产品低价收购的政策、对农民征税的政策和对城市居民给予福利补贴的政策、限制农民进城的政策，都是原有政策的重要组成部分。

综上所述，国内外学者均对城镇居民收入分配水平、收入差距以及收入影响因素等问题做了深入的研究，并取得了一定的成果。但对城镇居民收入影响因素问题从计量方法入手建立模型进行研究的还很少，而且关于青海省城镇居民收入影响因素的研究比较少。本书通过构建影响青海省城镇居民收入和农村居民收入的指标体系，分别建立回归模型实证分析青海省城镇居民收入及农村居民与各影响因素之间的关系，并提出增加缩小城乡居民收入差距的对策。通过对已有文献的回顾发现，针对全国居民收入分配影响因素以及城乡收入差距的影响因素的研究较多；而针对某一省份的城镇居民或农村居民收入影响因素的研究并不多见或并不系统。

第二节　青海省城镇居民收入的影响因素分析

一、分析方法及模型说明

影响青海省居民收入的宏观经济因素很多，由发展经验及众多学者的研究结果表明，青海省经济发展主要受政府、自然资源和人口等的影响，城镇和农村经济发展和人口收入面临的环境和具体因素又有所差别，因此，本书分别针对城镇居民样本组和农村居民样本组进行实证分析，选取居民平均收入（Y）作为被解释变量（这里，依据样本数据的可获得性，城镇组采用人均可支配收入，而农村组则使用人均纯收入），解释变量大致采取的经济变量包括经济发展指标、收入分配指标、人力资本指标、产业结构指标、产业发展效率指标、政府经济影响指标、交通状况指标等。在具体进行实证分析时，则结合城镇与农村所面临的不同的经济发展环境和经济发展特点采取了不尽相同的解释变量。并对城乡收入差距进行了分析，探析青海省城乡收入差距的影响因素及影响力大小，进而试图为缩小当地城乡收入差距提供建设性建议。

依据青海省实际情况及之前所述的居民收入分配的影响因素分析，借鉴 C – D 函数，并对变量进行对数化处理，构建了如下基本模型：

$$\ln Y = \beta_0 + \beta_i \sum_i X_i + \varepsilon_t \qquad (14.1)$$

Y 代表城镇居民人均可支配收入或农村居民人均纯收入，X_i 代表影响居民收入的各类影响因素。

二、数据来源及处理

本书研究区域是青海省，研究的期间为 2000～2013 年。所有数据均来自《青海省统计年鉴》、《中国统计年鉴》以及《青海省国民经济和社会发展公报》等。由于不同变量具有不同的单位和不同的变异程度，为了消除量纲影响和变量自身变异大小和数值大小的影响，我们运用的数据都是比例数据或运用对数进行了处理，以进行综合测评分析。在做具体实证分析过程中，我们区分城镇居民和农村居民两个样本组来进行分别探讨居民收入的影响因素，并对城乡居民收入差距的影响因素分别作了分析，即实证分析了三种情形。因为研究的样本不同，对城镇居民和农村居民收入有所影响的因素也不尽相同，故而在运用（14.1）式做分析时，X_i 对应的变量有所区别。在我们的实证分析中，具体运用的变量如下表，原则上，同一大类指标在同一模型中只选取其中结果最显著的一个，以避免多重共线性。在不同的回归模型中，结合研究的内容，选取的指标也并不完全一致。

表 14 - 1 　　　　　　　　　　　　计量模型主要变量及计算

	变　　量	内涵与计算
经济效率指标	EC	第二产业劳动生产率：第二产业实际总产值与第二产业就业人数之比（第二产业人均实际产值）
	YC	第一产业劳动生产率：第一产业实际总产值与第一产业就业人数之比
经济结构指标	IP	工业产值比：工业总产值占地区 GDP 的比重
	CP	城镇化程度：城镇人口占总人口的比重
消费水平指标	LNUC	城镇人均消费支出的对数
人力资本指标	EDU	平均受教育年限
	IL	文盲率
交通条件指标	RI	公路里程密度
政府经济影响指标	GEI 或 GEI（-1）	政府财政支出占 GDP 的比重，考虑到政策的滞后性，也用了滞后一期的值
	ARO	财政支农支出占财政支出的比值
	ER	财政教育支出占总支出的比值
	LNAS	人均优抚补助支出的对数值
投资指标	UFI	城镇固定资产投资额占 GDP 的比重

三、实证研究结果及分析

1. 青海省城镇居民收入分配影响因素分析。关于城镇居民收入影响因素在国内外许多学者都进行了研究，可以划分为两类，第一类是关于城镇居民收入水平影响因素的研究，如江海潮和张彬（2008）指出中国地区城镇居民收入变动的原因极其复杂，国家发展战略、制度政策、经济发展、地理资源和区域竞争力等，都可以成为地区城镇居民收入变动的重要因素；Meng（2004）认为城镇居民实际收入受到贸易品和非贸易品以及国内价格等因素的影响，这可能会对于居民收入增长起着缓冲器的作用。第二类是关于城镇居民收入差距的影响因素研究，如刘香丽等（2008）通过模型分析认为缩小城乡收入差距要依靠两条腿走路，即加强对农业农村的支持力度和积极引导城镇化进程；朱琛等（2012）基于我国 31 个省、区、直辖市的数据，就城乡居民收入差距不同组成部分对城乡消费差距的影响进行实证研究。

关于青海省居民收入影响因素研究的文献较少，一方面是对青海省城镇居民收入的现状研究，如赵明霞（2006）阐述了青海省城镇居民收入差距的现状，对差距基尼系数进行了测算，并分析了城镇居民收入差距扩大的原因；另一方面是关于青海省城乡居民收入差距的影响因素的研究，如周艳春（2010）从青海省城乡收入差距现状入手，应用多元回归方法对影响城乡居民收入差距的因素进行了回归分析，并提出缩小城乡居民的收入差距的对策。中国人民银行海南州中心支行课题组（2012）就青海省 1981～2010 年的城乡居民人均收入数据测算了城乡居民收入差距，并利用 ARMA 模型进行了差距预测，分析了青海省城乡居民收入差距扩大的原因。孙爱存等（2014）利用 1990～2011 年青海省城镇居民人均可支配收入和农村居民人均纯收入数据，认为青海省城乡居民收入差距逐年缩小，农村居民人均纯收入在 2008 年后超过城镇居民人均可支配收入，并认为城乡居民收入差距主要受财产性收入差距的变化的影响。

我们的模型最终选取了城镇居民人均消费支出的对数（LNUC）、政府财政支出占 GDP 比重的滞后一期值（GEI（-1））、工业产值比（IP）、第二产业劳动生产率（EC）、平均受教育年限（EDU）、公路里程密度（RI）、城镇固定资产投资额占 GDP 比重（UFI）进入回归模型，并在删除不显著变量的前提下，得到模型（2），验证了政策影响、消费决策、经济效率、人力资本、交通条件五方面对于居民收入水平的影响具有稳健性。

表 14 - 2　　　　　　　青海省城镇居民收入分配的 OLS 回归结果

| 变量 | 因变量是农村居民人均纯收入的对数值：LnUPI | | | | | |
| | 模型（1） | | | 模型（2） | | |
	回归系数	t 统计值	Sig.	回归系数	t 统计值	Sig.
LnUC	0.7018	9.7045***	0.0002	0.7261	15.7987	0.0000
GEI（-1）	0.1133	2.9215**	0.0330	0.1227	3.8611	0.0062
IP	0.0780	0.3616	0.7324			
EC	0.0850	2.3864*	0.0627	0.1007	4.2726	0.0037
EDU	0.0361	2.1787*	0.0812	0.0436	36602	0.0081
RI	0.0002	2.9311**	0.0326	0.00022	4.7388	0.0021

续表

变量	因变量是农村居民人均纯收入的对数值：LnUPI					
	模型（1）			模型（2）		
	回归系数	t 统计值	Sig.	回归系数	t 统计值	Sig.
UFI	0.0301	0.7172	0.5054			
常数项	0.8446	1.0891	0.3258	0.4815	1.434243	0.1946
调整 R²	0.998	0.999				

注：***、**、*分别代表系数在1%、5%和10%的水平下显著。

　　由表 14-2 可以看出，该模型表明经济效率、经济结构、交通条件、消费水平、人力资本、政府增长等因素对青海城镇居民收入回报具有影响。两个回归方程的拟合优度都很高，尤其是在剔除了回归结果不显著的公路里程密度和城镇固定资产投资两个变量之后，方程拟合度达到 0.999，这说明除了经济结构与固定资产投资比例之外，其他要素的回归结果都比较稳健，与城镇居民人均可支配收入之间存在显著的影响关系。在两个模型中，所有变量的回归系数都获得预期的符号，即与我们之前的假设相一致。依据回归结果，各解释变量按影响程度从大到小依次排序为人均消费支出、政府经济政策影响（财政支出对 GDP 的占比）、生产效率指标、受教育年限、交通条件。通常认为，经济发展水平对于人均收入具有显著影响，在本模型中，因为许多指标都是用的比率指标，如经济政策影响、生产效率指标等，如果加入人均 GDP 变量势必带来多重共线性，因此，我们将这个显而易见的变量不予考虑。从结果来看，人均消费支出对于城镇居民收入的影响很大，说明在经济发展过程中，消费习惯与理念会支配人们的经济行为，反作用于经济发展，影响到居民收入水平；政府财政支出占 GDP 的比值反映了政府的经济政策的强度，该比值对城镇居民人均收入的影响为正，说明政府经济影响力较强，也许同该期间偏向于城市的财政支出政策相关。第二产业劳动生产率与二产比重对于城镇居民人均可支配收入的影响都为正，说明产业结构和产业发展对于青海省城镇居民收入增加有一定影响，只是产业结构对于收入增长的影响并不显著，说明青海省产业结构存在不合理的地方。第二产业劳动生产率与城镇居民人均可支配收入显著正相关，说明当前城镇居民收入的主要来源仍然是工薪收入，即劳动收入。受教育年限和公路里程密度对于青海省经济增长具有一定推动作用，进而也成为城镇居民可支配收入的影响因素之一，只是这两种影响力度都不是很显著。

2. 青海省农村居民收入分配的影响因素分析。在农村居民收入分配影响
因素的分析中，模型（1）中，我们最终采用的影响因素包括文盲率、第一产
业劳动生产率、城镇化程度、财政支农支出占财政支出的比重、财政教育支出
占总支出的比重、人均优抚补助支出的对数值，分别对应人力资本指标、生产
效率指标、经济结构指标以及政府政策影响力指标。这里用文盲率而非平均受
教育年限，因为农业生产中，受教育年限对其的边际生产力是递减的，接受过
高水平教育的人群大多选择离开了农村，农村劳动力大多受教育程度较低，而
是否具备基本的文化程度对农业劳动生产率以及农民收入具有显著影响。这里
采用城镇化程度而不是工业化程度指标，是因为对农村居民而言，现在大力推
进的小城镇化进程对其的影响会更为直接。而这里为了更详细地刻画各类财政
支出对农民收入水平的影响，采用了财政支农占比、财政教育支出占比以及人
际优抚补助支出三个指标。

表 14-3   青海省城镇居民收入分配的 OLS 回归结果

解释变量	因变量是农村居民人均纯收入的对数值：LnUPI					
	模型（1）			模型（2）		
	回归系数	t 统计值	Sig.	回归系数	t 统计值	Sig.
（常量）	2.093 **	2.956	0.021	2.196 ***	3.702	0.005
IL	-0.005	-0.563	0.591			
YC	4.249E-6 *	2.106	0.073	3.313E-6 **	2.781	0.021
CP	5.832 ***	7.934	0.000	5.961 ***	10.053	0.000
ARO	3.476 **	2.578	0.037	3.183 **	2.799	0.021
ER	0.215	0.228	0.826			
$LNAS$	0.246 **	2.526	0.039	0.224 **	2.748	0.023
调整 R^2	0.976			0.980		

注：*** 、** 、* 分别代表系数在 1%、5% 和 10% 的水平下显著。

从结果可见，方程拟合度较好，除了文盲率之外，所有指标都获得了预想
的符号，文盲率的符号为负，推测原因可能是数据采集误差，在样本期内其波
动与实际有出入，而且其统计量并不显著，可以不予考虑。教育支出占财政总
支出的比重对农村居民人均收入有正向作用，但并不显著，应该和教育资源更
多倾向于城市有关，对于农村居民生活水平的影响并不强烈。在其他几项指标

中，对农村居民人均纯收入影响最大的是城镇化程度，其次是财政支农支出占总支出的比重，这说明国家的城镇化战略的实施惠及了农村，对于提升农村居民生活水平具有重要意义。国家对于农业的扶持政策也具有显著成效。第一产业劳动生产率以及人均优抚补助支出对于农村居民人均纯收入具有正向影响，只是影响的幅度并不显著，这说明第一产业劳动生产率尚存在可提升的空间，可以通过大力推动农业现代化来助推农民提升收入。在模型（2）中，剔除了不显著的文盲率和教育支出占比这两个指标，回归拟合度仍然很好，并且获得了与模型一类似的结果，城镇化程度以及财政支农比重显著影响了农村居民人均纯收入，第一产业劳动生产率以及人均优抚补助支出对于农村居民人均收入的增加具有正向作用，说明这四个因素对于青海省农村居民收入而言具有重要意义。

第三节　青海省城乡收入差距影响因素分析

在前述章节中，分析了青海省城镇居民收入与农村居民收入各自的组成以及影响因素，也从统计分析角度比较了二者的差别，但对于造成城乡收入差距的影响因素未做详细分析。在本节，尝试着对城乡收入差距的影响因素进行分析。地区收入差距的影响因素因为地方性统计数据难以核算整理，在这里不予考虑。

城乡收入差距我们利用城乡居民收入之比来代表，即用城镇人均可支配收入除以农村人均纯收入。影响青海省城乡收入差距的因素有经济发展状况、开放程度、经济生产效率、政府财政政策、人力资本。具体而言，采用工业化程度指标（IP），即工业产值占经济总产值的比重来衡量经济发展状况，认为工业化程度越高，农民从务工收入、土地流转收入以及农产品经营收入均能获益越大，从而越有利于缩小城乡收入差距。开放程度的提高也有利于城乡收入差距的缩小，这应该是取决于青海省对外贸易结构中以初等产品为主，工业制成品或高科技产品比重较小，农村从中获益较大，从而可以缩小收入差距。青海省人均收入对数指标的引入是为了度量经济增长因素，众多学者已经论证了经济增长对于减缓贫困的作用，在整体经济增长的过程中，经济增长对农村居民的增收效率大于城镇，因此也有利于缩小收入差距。农业比较生产率是用第一产业占区域生产总值的比重除以农业就业人口占总就业人口的比重，即评价农业生产产出与农业就业人口的相对效率，该比率越高，说明单位农业人口的劳动生产率越高，农业生产收益也自然增加，从而有利于缩小城乡差距。财政支出占 GDP 的比值用以刻画政府财政政策的经济影响，众多学者的研究表明，我国历年的政策偏向城市，这也包括了财政政策。一度向城市居民倾斜的财政政策造成城乡公共服务水平差异较大，直到 2006 年农业税取消以及近年来对"三农"投入的增大，使这种财政政策偏向有所缓解，但惯性的存在仍使该项指标对收入差距的影响为正。以大专以上人口比例为人力资本指标，在人力资本流动的过程中，大专以上高级知识分子大多选择留在了城市，农村人力资本留存比率以及素质都较城市要低，这使城乡人口的劳动生产率存在差异，从而必然加大城乡人口的收入差距。

表 14 – 4　　　　　　　　城乡收入差距的影响因素的 OLS 分析结果

变 量	因变量是城镇居民人均可支配收入与农村居民人均纯收入的比值		
	回归系数	t 统计值	Sig.
C	– 797. 2815 ***	– 6. 308128	0. 0004
IP	– 4. 445876 **	– 3. 040055	0. 0188
OP	– 0. 022760 *	– 2. 036758	0. 0811
ARP	– 12. 93746 ***	– 8. 967055	0. 0000
GEI	1. 127873 ***	4. 153466	0. 0043
PC	825. 5126 ***	6. 375259	0. 0004
Ln$PGDP$	– 2. 499349 ***	– 7. 076962	0. 0002
调整 R^2	0. 97		

注：***、**、* 分别代表系数在 1%、5% 和 10% 的水平下显著。

回归结果表明，方程拟合优度较高，所有变量均获得了预期的符号，除了开放程度在 10% 的显著性水平显著外，其他变量都在 5% 的水平上显著。人力资本对于城乡收入差距的影响作用最大，说明当前缩小城乡差距的一个重要举措应在于想方设法促使农业人力资本建设，提升农业人口素质。农业比较劳动生产率对于降低城乡收入差距的作用也很显著，每提升 1 个百分点，会使城乡人均收入比减少 12.9 个百分点，应当在促进农业劳动人口转移以推动城镇化的过程中，提升农业劳动生产率，以较少的农业劳动人口创造较多的经济产出，从而有效提升农民收入，缩小城乡收入差距。工业化程度每提升 1%，会带来城乡收入比减少 4.44%，可见工业化战略的施行是有利于农村收入水平增加的，应继续有序推进。地方整体经济发展水平的提升，也会带来收入比的显著下降，增长是硬道理，也是缩小城乡收入差距的应有之义和必要前提。开放程度对于缩小城乡收入差距虽有作用，但影响力极小，这应当是因为青海省地处内陆，对外贸易程度本来就不够高，对于经济的促进作用也很有限。财政支出占比以 1.13 的比例扩大收入差距，说明财政政策的城市倾向有所减弱，但惯性依然存在，今后应加大财政支农支出、优抚支出的比重，并实施偏向农村的教育支出政策，以有效推进青海省农业生产和农民素质的提升，促进农业人口收入的提升。

本章小结

通过分别分析青海省城镇居民、农村居民以及城乡收入差距的影响因素，得到如下结论：

1. 在城镇居民和农村居民回归方程中，影响其收入水平的因素并不相同，受教育年限对城镇居民收入增加有明显作用，但对农村居民而言效果不明显。采用财政支出对 GDP 占比所度量的政府经济政策影响，表明宏观经济政策对城镇居民收入有促进作用，对农村居民影响并不显著，这或许归因于历年来偏城市倾向的政策的影响，但细化到具体财政支农政策以及人均优抚政策时，其对农村居民人均纯收入具有正向促进作用，因此政府施行的对"三农"的财政扶持政策应继续并加大力度。第二产业生产率提升对城镇居民收入有促进作用，第一产业生产率提升有助于农民增收，这一点显而易见。交通条件的改善有助于城镇居民收入水平的提升，但在农村居民收入方程中则不成立，说明交通基础设施的建设还未惠及农村，农业现代化的进程有待加速。城镇化的推进有助于农村居民人均纯收入的增加，应进一步巩固和推进青海省城镇化进程。值得一提的是，人均消费支出对于城镇居民收入而言具有显著的促进作用，说明青海省城镇居民的生产决策受到消费习惯和消费决策的影响和驱动，应该对城镇居民的消费支出行为予以引导，刺激居民消费具有较大的投资乘数效应的产品和服务，通过刺激需求来刺激经济的进一步增长，提升人民的收入水平。

2. 以城乡居民收入比来衡量收入差距，并对影响该比值的因素进行分析的过程中，可以发现经济增长、工业化、贸易开放、农业生产效率的提升都有助于缩小城乡居民收入差距，而政府经济政策对于收入差距有一定的正向影响，这应该是受到历史上城市倾向的政策惯性所影响。以大专以上受教育程度的人口比例来衡量的人力资本指标也会扩大城乡收入差距，这则是由于高素质人力资本择业地点多选择城市，从而使城乡人力资本素质差异扩大而导致的城乡收入差距扩大。

第十五章　研究结论及政策建议

第一节　研究结论

一、青海省经济发展现状

青海省是一个集中了西部地区、民族地区、高原地区和贫困地区全部特征的省份，通过对青海省 GDP 总体规模的分析，可以发现青海省 GDP 总体规模在西部五省（区）中，排名第 5 位，在全国也仅高于西藏，排名第 30 位；但实际增长倍数相对较快，2009 年至今，增速有所波动；人均 GDP 规模依旧低于全国平均水平，但近些年来增速不断加快。从 GDP 产业构成来看，第一产业近 10 年基本维持在 10% 左右，第二产业占比从 2005 年开始超过 50%；第三产业占比低于第二产业，维持在 40% 左右，这与西北其他省份存在一定的差距，与全国的产业结构也有很大差距。从 GDP 地区构成来看，西宁、海西和海东三市州位居前 3 位；果洛、玉树和海南三市州的规模相对较低；从各地区差距来看，最高的西宁市和最低的果洛州的差距较大，整体差距保持在 30 倍左右。民族地区的 GDP 规模要低于非民族地区。

二、青海省居民收入分配总体状况

从青海省国民收入总体分配格局来看：GDP 收入法构成的总体趋势是劳动者报酬规模有所下降，生产税净额基本维持较小幅度稳定增长，固定资产折旧与营业盈余有所上升，而且增长率和增长倍数也是固定资产折旧与营业盈余最高，生产税净额次之，劳动者报酬最慢，且劳动者报酬增长不够稳定；同时，青海省劳动者报酬的增长率与劳动生产率提高还不够同步，其中，劳动报酬增长率一直低于第二产业劳动生产率的增长率，但高于第一、第三产业劳动生产率的增长率。与西北五省（区）的对比可以发现：青海省劳动报酬规模最小，且劳动报酬增长率在西北五省（区）中排名倒数第 2 位。

三、青海省城乡居民收入分配现状

利用统计数据分析青海城乡居民收入发现，青海省城镇居民的收入中工资收入占比较高；农民的工资性收入占比很低。城镇居民收入中财产性收入占其收入的比值在 2002～2012 年一直低于 1%，但近两年有较大的提升；而在农民收入中财产性收入占农民人均纯收入的比重比较小。对于城镇居民来说，家庭经营收入有待进一步提高；对于农村的家庭经营收入占比来说，一直呈下降趋势。虽然青海省的城乡居民收入差距绝对额 2007～2014 年逐年缩小，但和西北地区相比，青海省居民收入分配不公平的问题仍然还比较严重，除了 2008～2012 年排名处于第 2 位以外，青海省城乡居民人均收入差距在西北地区排名基本处于第 3 位，城乡收入差距主要是工资性收入造成的，因此要着重缩小城乡工资性收入差距，加大农民工资性收入增长幅度。

四、青海省各市州居民收入分配现状

青海省是一个多民族地区省份，通过对民族地区与非民族地区的收入分配差距的分析发现：首先，青海省各市州的城镇居民人均可支配收入的差距有所缩小，但是农村人民纯收入的差距有所增大。其次，青海省民族地区的城镇人均可支配收入明显高于全省平均水平，同时，农村居民人均纯收入却普遍低于全省平均水平。从各市州的居民收入增长与经济增长的同步性来看，城镇居民的人均可支配收入与经济增长并不完全同步，并且各市州的情况存在显著的差异。最后，农村居民人均纯收入与经济增长基本同步，不存在明显差异。

五、青海省行业居民收入分配现状

通过比较青海省不同行业职工平均工资的最高值和最低值的比值，可以发现，在 2003 年，青海省行业收入差距为 2.46 倍，随后上升到 2006 年的最高点 3.78 倍，2006 年后收入差距逐步缩小，到 2012 年行业收入差距缩小到 2.21 倍，2013 年又有所上升，差距为 2.61 倍。由此可知，青海省行业收入差距有所扩大。而垄断行业的工资水平、福利待遇以及工作的稳定性均高于竞争性行业，进而导致行业之间收入差距不断扩大。从青海省不同所有制单位职工平均工资来看，青海省不同所有制单位收入差距有所缩小，不同所有制单位的职工工资有着较为显著的差异。由此可见，国有经济单位与城镇私营经济单位职工平均收入差距呈逐步缩小的趋势，这一趋势有利于缩小居民收入差距。

六、青海省居民收入分配影响因素的理论分析

通过对青海省居民收入分配的影响因素的理论分析，得出以下结论：一是经济发展一方面意味着分工越来越细化，三次产业的劳动生产率在不断提高青海省不论是城镇人均可支配收入还是农村家庭人均纯收入的作用都有一定程度的上升；另一方面，经济发展的过程也难以避免的加深了青海省收入分配不平等程度。二是青海省在调节收入分配的财政支出方面严重不足。三是青海省的税收对于收入分配的调节作用十分有限。

七、青海省居民收入分配影响因素的实证分析

通过实证分析青海省城镇居民、农村居民以及城乡收入差距的影响因素，可以得到如下结论：一是在城镇居民和农村居民回归方程中，影响其收入水平的因素并不相同，受教育年限对城镇居民收入增加有明显作用，但对农村居民而言效果不明显。采用财政支出对 GDP 占比所度量的政府经济政策影响，表明宏观经济政策对城镇居民收入有促进作用，对农村居民影响并不显著。第二产业生产率提升对城镇居民收入有促进作用，第一产业生产率提升有助于农民增收。交通条件的改善有助于城镇居民收入水平的提升，但在农村居民收入方程中则不成立，说明交通基础设施的建设还未惠及农村，农业现代化的进程有待加速。城镇化的推进有助于农村居民人均纯收入的增加，应进一步巩固和推进青海省城镇化进程。二是在以城乡居民收入比来衡量收入差距，并对影响该比值的因素进行分析的过程中，我们发现经济增长、工业化、贸易开放、农业生产效率的提升都有助于缩小城乡居民收入差距，而政府经济政策对于收入差距有一定的正向影响，这应该是受到历史上城市倾向的政策惯性所影响。以大专以上受教育程度的人口比例来衡量的人力资本指标也会扩大城乡收入差距，这则是由于高素质人力资本择业地点多选择城市，从而使得城乡人力资本素质差异扩大而导致的城乡收入差距扩大。

第二节　政策建议

一、主要目标

深入落实党的十八大和十八届三中、四中全会精神，以建设"三区"、打造三个"升级版"为引领，结合"一带一路"战略，健全促进就业创业体制

机制，努力实现城乡居民收入与经济同步增长、劳动报酬增长和劳动生产率提高同步，收入分配格局加快调整，居民收入占 GDP 的比重、劳动报酬在初次分配中的比重明显提高。坚持增加总量、优化结构、缩小差距、动态监控的基本思路，大力夯实居民收入增长的物质基础，不断完善居民收入增长的保障机制，确保居民收入持续快速增长。争取到 2020 年，全省城镇居民人均可支配收入达到 3.8 万元，农村居民人均纯收入达到 1.1 万元，年均增长分别为 10.7% 和 11.9%。城乡居民收入比由"十二五"时期的 3.3∶1 缩小到 3.2∶1 以内，进一步缩小青海省居民收入与全国平均水平的差距、农村居民收入与城镇居民收入的差距、居民收入增速与经济发展增速的差距。

二、对策建议

1. 保持经济持续稳定发展，适应经济新常态。经济增长的持续稳定发展和经济结构的优化调整是居民收入稳步提高的基本保障。青海省作为落后地区，首要的任务是加快发展，即把扩大经济总量和推进经济结构调整有机结合起来，实现高质量高效益基础上的快速增长。2013 年以来，中国经济开始进入新常态，由过去的高速增长进入中高速增长，促进经济结构调整被提到更加重要的位置上，要通过全面深化改革为经济增长和结构调整提供强大动力。在经济新常态下，应该坚持循环经济的发展方向，积极发挥投资对调结构的导向作用，加快改造提升传统优势产业，大力发展战略性新兴产业建设，要把工业发展和农业、服务业的发展协调统一起来；同时，应借力"一带一路"，挖掘与自身优势相结合的机遇，形成发展的新动力和增长点。在青海这样一个集中了西部地区、民族地区、高原地区和贫困地区全部特征的省份，要完成稳定发展与结构调整的双重任务，还要立足资源优势，尊重经济规律，处理好发展经济、保护生态、改善民生三者的关系，在注重青海省经济发展、生态和资源保护的同时，也要关注民生和稳定。通过经济的持续稳定发展，促进经济发展新常态下青海城乡居民收入水平的提高和收入差距的缩小。

2. 调整优化产业结构，提高劳动者报酬占比。青海省三次产业构成中第二产业占比过半，第二产业内部也存在严重的重工业与轻工业比例失衡，而劳动密集型的第三产业和第二产业中的轻工业却占比较低，直接影响了劳动者报酬在国民收入中的占比。因此，调整青海省的产业结构包括产业间的结构，也包括产业内部的比例。首先，调整青海省产业间的结构，即大力发展以服务业为主的第三产业。一方面要鼓励创新，继续简政放权，着力解决中小企业融资难的问题，营造一个良好的产业发展环境；另一方面要改革户籍制度，使农民工享受与城市居民同等的就业、社保、教育和住房等方面的待遇，为农业剩余劳动力向第三产业转移提供便利，同时完善劳动者权益保障制度，保护劳动者的正当权益，协调劳资关系。再者，调整青海省产业内部结构，尤其是工业产业中重工业与轻工业之间的比例，淘汰产能过剩、效益较低的重工业，扶持发展中的中小型轻工业，以此适当调整资本和劳动要素在国民收入中的占比，提高劳动者报酬占比。最后，值得注意的是，青海省各地区之间存在着先天自然条件、地理位置的差异，各地区的产业结构调整不能一概而论，而应该因地制宜、扬长避短地发展地方特色产业，如玉树州，果洛州，海南州的兴海县、同德县，黄南州的河南县、泽库县这一地区是长江、黄河、澜沧江发源地，是我国乃至世界上重要的生态区。这里地势高峻，寒冷缺氧，平均海拔 4000 米以上，自然条件恶劣，社会发育程度低，交通不便，人口分散。这里的生态建设对长江、黄河流域生态环境和经济发展有着重大和深远的影响，只能走以生态保护与开发促进经济发展的路子。

3. 转变政府职能，加大收入分配调节力度。政府投资中对基础设施和基础产业方面的投资、财政转移性支出和税收对调节国民收入分配差距，促进社会公平具有重要意义。青海省在这些方面仍然存在着投入不足、方向偏差、结构不尽合理的地方，需要尽快转变政府职能，加大收入分配调节力度。在政府投资方面，应统筹规划青海省各地区基础设施的建设，对于相对落后地区应考虑完善基础设施，优化投资环境，达到缩小地区间收入差距的目的；加大对农业产业的投资，提高农业的劳动生产率，实现农业规模化、现代化生产以及多元化发展，以此提高农民收入，缩小城乡收入分配差距，促进三次产业有序发展，实现共同富裕。在财政转移性支出方面，青海省政府应做到对农村居民和城镇居民一视同仁，尽快实现基本公共服务均等化，包括建立统一的城乡社会保障制度，均衡城乡和地区间的教育资源，医疗卫生服务。在税收方面，从总体税制结构而言，首先我国仍然是以实行比例税率的间接税为主，直接税在其中只占很小的一部分。再者从要素收入分配角度分析，劳动所得税负高于资本所得税负，在此，提出以下几点建议：（1）进一步完善对劳动所得、资本所得的税收政策，设计针对劳动所得的平缓税率政策，加大对过高资本所得的税收征管力度且适时提高适用税率。（2）个人所得税抵扣标准应考虑纳税人实际负担情况，即纳税人赡养人数、婚姻状况、身体健康、社会保障等影响纳税人经济生活、税负能力的现实因素。（3）我国税制结构整体上呈现财产税缺乏，所得税比重偏低且调节功能弱化，以流转税为主的格局，税收调节贫富差距的效果很不理想。健全财产税制，更好地发挥税收调节收入分配的作用。

4. 加大农村居民收入增长幅度，缩小居民收入差距。西部地区的青海省就缩小城乡差距而言，应该使农村居民收入增幅高于城镇居民增幅，因此要加大农村居民收入增长幅度。由于城乡收入差距很大程度上是由城乡二元经济结构造成的，因此要合理调整收入分配结构和政策，改变青海省城乡二元结构的体制机制，大力提高农业劳动生产率，将劳动生产率的增长率作为第一产业劳动者报酬增长的基本标准，以促进劳动报酬的不断提高和农民的持续增收继续加大推进城乡间基本公共服务均等化建设步伐，尤其是农村基层地区的公共服务设施和体系建设；就缩小城乡差距而言，使农村居民收入增幅高于城镇居民增幅，同时也要结合新型城镇化建设有序推进农业转移人口市民化，通过城镇化率的不断提高来缩小城乡居民收入差距；要想大幅度提高农民收入，收入分配要尽量向农村倾斜，缩小城乡收入差距，让农民同步享受经济发展的成果，不断加大省级财政支农投入，严格落实国家对农民的各项补贴，坚持新增补贴资金农民倾斜，完善强农惠农政策，落实好国家各项涉农补贴政策，扩大对农村居民直接补贴的范围，尤其应逐年提高农村居民转移性收入的规模和比重，以缩小其与城镇居民的收入差距，尽快扭转对城乡居民收入差距的逆向调节作用。

除此以外，由于青海省少数民族多，要加大对青海省偏远地区、少数民族地区的政策支持力度，缩小地区间发展的基础条件差异，提高这些地区的自身竞争力，以达到缩小城乡差距的目的。青海省农村发展相对落后，还要增加对农村义务教育、医疗卫生等的投入，以减轻农民负担，也要不断提高农村劳动者素质，积极组织农村劳动力转移就业培训，加大农民外出务工就业指导和服务力度，开展农民工工资支付情况专项检查，实行城乡农民工最低工资标准全覆盖，增加农民工资性收入。

5. 增加城镇居民收入，构建合理收入结构。就城镇居民的收入而言，应该增加财产性收入占比，建立多元化投融资渠道，创造更多的投资平台，让居民拥有越来越多的金融理财工具和产品；鼓励支持居民依法开展投资经营活动，创造条件让更多居民拥有财产性收入。

同时青海城镇居民的工资水平处于中等偏低水平。需要以结构优化增强吸纳就业能力，扩大就业规模，促进居民收入增长。同时，在推进工业化进程中，要高度重视有利于增加劳动收入份额的轻工业发展，加快轻工业结构调整与升级，避免产业过度重工业化。加快发展现代服务业，不断增强自主创新能力，通过就业容量大的服务业比重的不断提高和快速均衡发展，促进劳动生产率的提高，创造就业岗位，带动就业，提高居民收入水平。

6. 打破垄断，完善垄断行业收入分配制度。通过分析，可以发现青海省行业收入差距有所扩大。由于青海省的国有垄断行业有着得天独厚的资源优势，且因垄断行业的利益保护，国有垄断行业的收入远远高于非垄断行业。行业收入差距体现在收入分配方面，则表现为垄断行业比竞争性行业获得了更多的不合理的劳动报酬。因此，减少青海省行业间因垄断而造成的行业收入差距的重要一步就是打破垄断。同时，要进一步发挥青海省市场这只"无形的手"对经济的调节作用并建立竞争机制，放松不利于市场自由竞争的规制，降低非自然垄断行业的准入壁垒，严格控制垄断范围。此外，提高青海省垄断行业职工各项收入的透明度，改革和完善垄断行业的工资收入制度，深入调查垄断行业收入分配制度，采取必要的调控措施调节青海职工总收入水平，使垄断行业职工工资水平与劳动力市场相应的工资标准接轨，降低垄断企业职工的不合理高收入，以缩小青海省行业之间的收入差距。

7. 提高劳动者素质，加大对中小企业金融扶持力度。由于青海省城镇国有经济单位与城镇私营经济单位职工收入差距呈逐步缩小的趋势，这有利于缩小居民收入差距。但青海省城镇集体经济单位与城镇国有经济单位和城镇私营经济单位的收入差距逐步扩大，城镇集体经济发展缓慢，造成职工收入差距扩大。因此，需进一步加大青海省的城镇集体经济的投入力度，加快集体经济的发展，进一步坚持和完善青海以公有制为主体、多种所有制经济共同发展的基本经济制度，毫不动摇地巩固和发展公有制经济，毫不动摇地鼓励、支持、引导非公有制经济发展。职工收入与劳动者素质有很大关系，青海省政府可采取积极的手段为劳动者特别是低收入群体，提供公平、有效、专业的教育和培训机会，提高劳动者素质。同时，不同所有制企业职工的收入差距很大程度上体现在集体企业职工的过低收入上，主要原因是集体企业中大多数为民营中小企业。融资难是这类企业面临的共同问题，也是制约其发展的瓶颈问题。青海省政府加快建立中小企业金融服务长效机制，拓宽中小企业融资渠道，丰富中小企业融资市场主体结构和产品结构，从而加强对集体所有制企业的金融扶持力度，缩小不同所有制经济单位间的职工收入差距。

8. 建立青海城乡居民收入监测体系。建议由政府相关部门会同有关学术机构，在统计部门或劳动和社会保障部门设立专门的居民收入监测机构，定期采集全省城乡居民收入数据，并及时准确地分析湖北省城乡居民收入倍增的实施情况。首先，建立城乡居民贫困人口及生活状况监测体系。建立一套科学的检测指标体系和预警制度，首先，对城镇失业率、下岗职工动态、各类劳动力供求状况以及劳动争议、劳动关系的紧张程度等进行动态监测；对农村贫困人口及生活状况进行监测，包括对贫困人口的规模、生产生活状态、农村富余劳动力的变动情况和趋势、农村人口的迁移状况等进行跟踪监测。通过科学系统的动态监测，将居民收入分配状况和贫困人口状况纳入政府宏观调控之内，以便对可能出现的不良状况及时采取对策进行调控。其次，构建并完善企业工资增长与劳动力成本监测指标体系。在现行工资指导线的基础上，进一步完善工资增长和人工成本的计算方法，使之更为科学合理，特别要对垄断行业的国有企业加强监管，制定明确的工资指导线，加大对工资福利过高、增长过快行业职工收入的调控力度，对这类企业人工成本增长率进行考核。最后，设置科学合理的居民收入倍增动态监测评价指标体系。通过开展季监测、年评估，监测反映全省居民收入的分布状况、变化情况，衡量评估居民收入的结构特征，及时发布居民收入倍增计划实施情况，增强指标与居民收入的关联性，监测反映青海社会结构的发展动态，为相关部门制定经济社会发展政策提供决策参考。

参 考 文 献

[1] Bian Y. , and Zhang Z. , 2002, "Marketization and income distribution in urban China, 1988 and 1995", Research in Social Stratification and Mobility, Vol. 19, pp. 377 –415.

[2] Bian, Yanjie and John R. Logan, 1996, "Market Transition and the Persistence of Power: The Changing Stratification System in Urban China", American Sociological Review, Vol. 61, pp. 739 –758.

[3] Bian, Yanjie, Xiaoling Xu and John R. Logan, 2001, "Commumist Party Membership and Regime Dynamics in China", Social Forces, Vol. 79, pp. 805 –842.

[4] Blinder A. S. , 1973, "Wage Discrimination: Reduced Form and Structural Estimates", Journal of Human Resources, Vol. 8, No. 4, pp. 436 –455.

[5] Coes D. V. , 2008, "Income distribution trends in Brazil and China: Evaluating absolute and relative economic growth", The Quarterly Review of Economics and Finance, Vol. 48, pp. 359 –369.

[6] Engle, Robert F. , Cranger C. W. J. , 1987, "Co-integration and error correction: representation. estimation and testing", Econimetrica, Vol. 55, pp. 251 –276.

[7] Feng J. L. , 2004, "Income Disparities in China: a Review of Chinese Studies". OECD, pp. 27 –42.

[8] Feng K. W. , Zhang J. H. , Huang Y. W. , 2009, "Review of China's agricultural integration development: 1978 – 2008", Agricultural Economic Review, Vol1 (4), pp. 459.

[9] Fields G. S. , 2003, "Accounting for Income Inequality and its change: a new method, with application to the distribution of earnings in the United States", Research in Labor Economics, Vol. 22, pp. 1 –38.

[10] Fields G. S. and Yoo G. , 2000, "Falling Labor Income Inequality in Korea's Economic Growth: Patterns and Underlying Causes", Review of Income & Wealth, Vol. 46, No. 2, pp. 139 - 159.

[11] Fieller N. , 2009, "Multivariate Data Analysis", University of Sheffield. pp. 175 - 179.

[12] Frankel, Jeffrey and David Romer, 1996, "Trade and Growth: An Empirical Investigation. " Working Paper 5746, NBER.

[13] Granger C. W. J. , 1969, "Investing casual relations by econometric models and cross-spectral method", Econi-metrica, Vol. 37, pp. 424 - 438.

[14] Juhn C. , Murphy K. M. , Pierce B. , 1993, "Wage Inequality and the Rise in Returns to skill", Journal of Political Economy, Vol. 101, No. 3, pp. 410 - 442.

[15] Kanbur, Ravi and Xiaobo Zhang, 1999, "Which Regional Inequality: Rural-Urban or Coast-Inland? An Application to China", Journal of Comparative Economics, Vol. 27, pp. 686 - 701.

[16] Kanbur, Ravi and Xiaobo Zhang, 2005, "Fifty Years of Regional Inequality in China: a Journey Through Central Planning, Reform, and Openness", Review of Development Economics, Vol. 9, pp. 87 - 106.

[17] Khan A. R. and Carl R. , 1998, "Income Inequality in China: Composition, Distribution and Growth of Household Income, 1988 to 1995", The China Quarterly, Vol. 154, pp. 221 - 253.

[18] Khan A. R. , Griffin K. and Riskin C. , 1999, "Income Distribution in Urban China during the Period of Economic Reform and Globalization", The American Economic Review, Vol. 89, No. 2, pp. 296 - 300.

[19] Khan A. R. and Riskin C. , 2005, "China's Household Income and Its Distribution, 1995 and 2002", The China Quarterly, Vol. 182, pp. 356 - 384.

[20] Knight J. and Li Shi, 2005, "Wages, Firm Profitability and Labor Market Segmentation in Urban China", China Economic Review, Vol. 16, pp. 205 - 228.

[21] Koenker R. and Bassett G. , 1978, "Regression Quantiles", Econometrica, Vol. 46, No. 1, pp. 33 - 50.

[22] Mauleon I. , Sarda J. , 2000, "Income measurement and comparisons",

International Advances in Economic Research, Vol. 6, pp. 475 –487.

［23］ Meng Xin, 2004, "Economic Restructuring and Income Inequality in Urban China", Review of Income and Wealth, Vol. 50, No. 3, pp. 357 –379.

［24］ Mincer J. Schooling, Experience, and Earnings. New York: Columbia University Press, 1974, pp. 43 –63.

［25］ Morduch J. and Sicular T. , 2000, "Politics, growth, and inequality in rural China: does it pay to join the Party?", Journal of Public Economics, Vol. 77, pp. 331 –356.

［26］ Morduch J. , and Sicular T. , 2002, "Rethinking inequality decomposition, with evidence from rural China", The Economic Journal, Vol. 112, pp. 93 – 106.

［27］ Murphy K. , Shleifer A. , and Vishny R. , 1989, "Income distribution, market size and industrialization". Quarterly Journal of Economics, Vol. 104, pp. 537 –564.

［28］ Nee V. , 1996, "The Emergence of a Market Society: Changing Mechanisms of Stratification in China", American Journal of Sociology, Vol. 101, No. 4, pp. 908 –949.

［29］ Nee V. , 1989, "A Theory of Market Transition: From Redistribution to Market in State Socialism", American Sociological Review, Vol. 54, No. 5, pp. 663 –681.

［30］ Oaxaca R. L. , 1973, "Male-Female Wage Differential in Urban Labor Markets", International Economic Review, Vol. 14, No. 3, pp. 693 –709.

［31］ Parish W. L. and Michelson E. , 1996, "Politics and markets: Dual Transformation", American Journal of Sociology, Vol. 101, pp. 1042 –1059.

［32］ Qin D. , Cagas M. A. , Ducanes G. , He X. , Liu R. , Liu S. , 2009, "Effects of income inequality on China's economic growth", Journal of Policy Modeling, Vol. 31, pp. 69 –86.

［33］ Quah D. , 2002, "One Third of the World's Growth and Inequality", Discussion Paper No. CEPDP0535, Centre for Economic Performance, London School of Economics & Political Science.

［34］ Ravallion M. and Shaohua Chen, 2007, "China's (uneven) progress against poverty", Journal of Development Economics, Vol. 82, pp. 1 –42.

［35］ Ravallion M. Chen S. , 2004, China's (uneven) progress against poverty, World Bank.

［36］ Rona-Tas A. , 1994, "The first shall be last? entrepreneurship and communist cadres in the transition from socialism", American Journal of Sociology, Vol. 100, pp. 40 – 69.

［37］ Sen, Amartya K. , On Economic Inequality, Oxford: Clarendon Press, 1973.

［38］ Shorrocks A. F. , 1980, "The Class of Additively Decomposable Inequality Measures", Econometrica, Vol. 48, pp. 613 – 625.

［39］ Shorrocks A. F. , 1982, "Inequality Decomposition by Factor Components", Econometrica, Vol. 50, pp. 193 – 211.

［40］ Shorrocks A. F. , 1984, "Inequality Decomposition by Population Subgroups", Econometrica, Vol. 52, No. 6, pp. 1369 – 1385.

［41］ Shorrocks, Anthony F. , 1999, "Decomposition Procedures for Distributional Analysis: A Unified Framework Based on the Shapley Value", Unpublished Manuscript, Department of Economics, University of Essex, pp. 1 – 37.

［42］ Shorrocks A. and Slottje D. , 2002, "Approximating Unanimity Orderings: An Application to Lorenz Dominance", Journal of Economics, Vol. 9, pp. 91 – 117.

［43］ Shorrocks A. , 万广华:《收入差距的地区分解》,《世界经济文汇》, 2005 年第 3 期。

［44］ Uchimura Hiroko, 2005, "Impact of changes in social institutions on income inequality in China", OECD Development Centre Working Papers.

［45］ Walder A. G. , 1995, "Career Mobility and Communist Political Order", American Sociological Review, Vol. 60, pp. 309 – 328.

［46］ Walder A. G. , Bobai Li and Treiman D. , 2000, "Politics and Life Chances in a State Socialist Regime: Dual Career Paths into Urban Chinese Elite, 1949 – 1996", American Sociological Review, Vol. 65, pp. 191 – 209.

［47］ Wan, Guanghua and Zhang Xiaobo, 2006, "Rising inequality in China", Journal of Comparative Economics, Vol. 34, No. 4, pp. 651 – 653.

［48］ Wan, Guanghua, Zhou, Zhangyue, 2005, "Income inequality in rural China: Regression-based decomposition using household data", Review of Development Economics, Vol. 9, No. 1, pp. 107 – 120.

［49］Wan G. H. , 2004, "Accounting for Income Inequality in Rural China", Journal of Comparative Economics, Vol. 32, No. 2, pp. 348 – 363.

［50］Wei, Shang-Jin and Yi Wu, 2001, "Globalization and Inequality: Evidence from within Chin", NBER Working Paper 8611, http: //www. nber. org/papers/w8611.

［51］Weinhold, Diana and James Rauch, 1997, "Openness, Specialization and Productivity Growth in LDCs. " Working Paper 6131, NBER.

［52］World Bank, 1997, Sharing Rising Incomes-Disparities in China, Washington D. C.

［53］Wu X. , Perloff J. M. , "China's Income Distribution, 1985 – 2001", The Review of Economics and Statistics, Vol. 87, No. 4, 2005, pp. 763 – 775.

［54］Wu, Xiaogang and Xie Yu, . 2003, "Does the Market Pay Off? Earnings Inequality and Returns to Education in Urban China", American Sociological Review, Vol. 68, pp. 425 – 442.

［55］Yang D. T. , 1999, "Urban-Biased Policies and Rising Income Inequality in China", American Economic Review Papers and Proceedings, Vol. 89, No. 2, pp. 306 – 210.

［56］Yu Q. and Tsui K. , 2005, "Factor decomposition of sub-provincial fiscal disparities in China", China Economic Review, Vol. 16, pp. 403 – 418.

［57］Zhou, Xueguang, 2000, "Economic Transformation and Income Inequality in Urban China: Evidence from Panel Data", American Journal of Sociology, Vol. 105, No. 4, pp. 1135 – 1174.

［58］安体富、蒋震:《对调整我国国民收入分配格局、提高居民分配份额的研究》,《经济研究参考》,2009 年第 25 期。

［59］安体富、蒋震:《调整国民收入分配格局,提高居民分配所占比重》,《财贸经济》,2009 年第 7 期。

［60］白景明:《居民人均收入倍增与经济增长的关系》,《价格理论与实践》,2013 年第 5 期。

［61］白雪梅:《教育与收入不平等:中国的经验研究》,《管理世界》,2004 年第 6 期。

［62］白莹、吴建瓴:《中国收入分配差距的城乡分解分析》,《经济体制

改革》，2011 年第 2 期。

[63] 白重恩、钱震杰：《中国国民收入分配格局分析》，《中国社会科学》，2009 年第 5 期。

[64] 白重恩、钱震杰：《国民收入的要素分配：统计数据背后的故事》，《经济研究》，2009 年第 3 期。

[65] 白重恩、钱震杰：《谁在挤占居民的收入——中国国民收入分配格局分析》，《中国社会科学》，2009 年第 5 期。

[66] 柏培文：《中国居民收入分配占比特点及影响因素研究》，《投资研究》，2013 年第 11 期。

[67] 贝多广、骆峰：《资金流量分析方法的发展和应用》，《经济研究》，2006 年第 2 期。

[68] 毕先萍、简新华：《论中国经济结构变动与收入分配差距的关系》，《经济评论改革》，2002 年第 2 期。

[69] 边燕杰、吴晓刚、李路路：《社会分层与流动：国外学者对中国研究的新进展》，中国人民大学出版社 2008 年版。

[70] 边燕杰、张展新：《市场化与收入分配——对 1988 年和 1995 年城市住户收入调查的分析》，《中国社会科学》，2002 年第 5 期。

[71] 蔡昉：《实现最大化就业是社会和谐的经济基础》，《文汇报》，2006 年第 10 期。

[72] 蔡昉：《探索适应经济发展的公平分配机制》，《人民论坛》，2005 年第 10 期。

[73] 蔡飞凤、江三良：《我国农民收入影响因素的实证分析》，《安徽农业科学》，2015 年第 1 期。

[74] 蔡继明：《中国城乡比较生产力与相对收入差别》，《经济研究》，1998 年第 1 期。

[75] 常兴华、李伟：《我国国民收入分配格局的测算结果与调整政策》，《宏观经济研究》，2009 年第 9 期。

[76] 陈昌盛、余斌：《优化我国收入分配格局的思路和政策建议》，载迟福林：《破解收入分配难题》，中国经济出版社 2011 年版。

[77] 陈斯毅、陈悦：《以改善民生问题为重点深化初次分配制度改革》，《广东经济》，2008 年第 2 期。

[78] 陈玉宇、王志刚、魏众：《中国城镇居民 20 世纪 90 年代收入不平

等及其变化——地区因素、人力资本在其中的作用》,《经济科学》,2004 年第 6 期。

[79] 陈钊、万广华、陆铭:《行业间不平等:日益重要的城镇收入差距成因——基于回归方程的分解》,《中国社会科学》,2010 年第 3 期。

[80] 陈志武:《为什么百姓收入赶不上 GDP 增长》,《国际融资》,2008 年第 9 期。

[81] 程永宏:《改革以来全国总体基尼系数的演变及其城乡分解》,《中国社会科学》,2007 年第 4 期。

[82] 邓聚龙:《社会经济灰色系统的理论与方法》,《中国社会科学》,1984 年第 6 期。

[83] 邓曲恒:《城镇居民与流动人口的收入差异》,《中国人口科学》,2007 年第 2 期。

[84] 董李锋:《农民收入倍增问题研究——以江苏省江阴市为例》,《农业科研经济管理》,2013 年第 4 期。

[85] 范合君:《垄断产业放松规制改革对收入分配的影响》,《当代财经》,2011 年第 6 期。

[86] 方齐云、陆华新、鄢军:《我国农村税费改革对农民收入影响的实证分析》,《中国农村经济》,2005 年第 5 期。

[87] 傅娟:《中国垄断行业的高收入及其原因:基于整个收入分布的经验研究》,《世界经济》,2008 年第 7 期。

[88] 龚勋:《国民收入分配结构改善与中国经济发展》,《理论月刊》,2010 年第 11 期。

[89] 顾严、冯银:《我国行业收入分配发生两极分化了吗?——来自非参数 Kernel 密度估计的证据》,《经济评论》,2008 年第 4 期。

[90] 郭浩:《对中国资金流量表的分析》,《财经科学》,2001 年第 4 期。

[91] 郭熙保:《从发展经济学的观点看待库兹涅茨假说》,《管理世界》,2002 年第 3 期。

[92] 郭熙保:《发展经济学经典论著选》,中国经济出版社 1998 年版。

[93] 国家统计局:《从基尼系数看贫富差距》,《中国国情国力》,2001 年第 1 期。

[94] 国家统计局:《中国资金流量表历史资料 1992 - 2004》,中国统计出版社 2008 年版。

［95］韩军、刘润娟、张俊森：《对外开放对中国收入分配的影响——"南方谈话"和"入世"后效果的实证检验》，《中国社会科学》，2015 年第 2 期。

［96］郝大海、李路路：《区域差异改革中的国家垄断与收入不平等——基于 2003 年全国综合社会调查资料》，《中国社会科学》，2006 年第 2 期。

［97］洪兴建：《一个新的基尼系数子群分解公式——兼论中国总体基尼系数的城乡分解》，《经济学（季刊）》，2008 年第 8 卷第 1 期。

［98］华生：《劳动者报酬占 GDP 比重低被严重误读——中国收入分配问题研究报告之二》，《中国证券报》，2010 年第 9 期。

［99］黄祖辉、王敏、万广华：《中国居民收入不平等问题：基于转移性收入角度的分析》，《管理世界》，2003 年第 3 期。

［100］贾康、刘微：《提高国民收入分配"两个比重"遏制收入差距扩大的财税思考与建议》，《财政研究》，2010 年第 12 期。

［101］江海潮、张彬：《中国地区竞争力、收入分配博弈与地区居民收入差距》，《华南农业大学学报》，2008 年第 2 期。

［102］江建平，张云天：《实现江苏居民收入倍增计划之重点、难点问题研究》，《现代经济探讨》，2012 年第 1 期。

［103］金双华：《要素收入视角下税收对收入分配的调节》，《税务研究》，2014 年第 2 期。

［104］孔凡文、才旭、于淼：《格兰杰因果关系检验模型分析与应用》，《沈阳建筑大学学报》（自然科学版），2010 年第 2 期。

［105］孔荣、梁永：《农村固定资产投资对农民收入影响的实证研究》，《农业技术经济》，2009 年第 4 期。

［106］寇铁军、金双华：《财政支出规模、结构与社会公平关系的研究》，《上海财经大学学报》，2002 年第 6 期。

［107］雷根强、蔡翔：《初次分配扭曲、财政支出城市偏向与城乡收入差距》，《数量经济技术经济研究》，2012 年第 3 期。

［108］李春米：《我国农业政策、农业投资与农民收入的相关性探析》，《人文杂志》，1999 年第 2 期。

［109］李稻葵、何梦杰、刘霖林：《我国现阶段初次分配中劳动收入下降分析》，《经济理论与经济管理》，2010 年第 2 期。

［110］李稻葵、刘霖林、王红领：《GDP 中劳动份额演变的 U 型规律》，

《经济研究》，2009 年第 1 期。

[111] 李稻葵：《中国 GDP 中劳动份额正逐步下降》［EB/OL］．［2007 - 07 - 03］． http：//www. ccpit. org/contents/Channel_70/2007/0703/4726l/cont-entj7261. htm.

[112] 李谷成、冯中朝、范丽霞：《教育、健康与农民收入增长——来自转型期湖北省农村的证据》，《中国农村经济》，2006 年第 1 期。

[113] 李明、李慧中：《政治资本与中国的地区收入差异》，《世界经济文汇》，2010 年第 5 期。

[114] 李实、丁赛：《中国城镇教育收益率的长期变动趋势》，《中国社会科学》，2003 年第 6 期。

[115] 李实、罗楚亮：《收入差距与社会公平》，《中国社会科学院经济所网站》，2007 年。

[116] 李实、史泰丽、别雍·古斯塔夫森：《中国居民收入分配研究Ⅲ》，北京师范大学出版社 2008 年版。

[117] 李实、岳希明：《中国城乡收入差距调查》，《财经》，2004 年第 3 - 4 期合刊。

[118] 李实、赵人伟、张平：《中国经济转型与收入分配变动》，《经济研究》，1998 年第 4 期。

[119] 李实等：《中国收入分配研究报告》，社会科学文献出版社 2013 年版。

[120] 李爽、陆铭、佐藤宏：《权势的价值：党员身份与社会网络的回报在不同所有制企业是否不同?》，《世界经济文汇》，2008 年第 6 期。

[121] 李香菊、刘浩：《基于居民收入倍增视角下的国民收入分配格局调整》，《云南财经大学学报》，2013 年第 6 期。

[122] 李扬、殷剑峰：《中国高储蓄率问题探究——1992～2003 年中国资金流量表的分析》，《经济研究》，2007 年第 6 期。

[123] 李毅著、肖蕾、李毅译：《中国社会分层的结构与演变》，安徽大学出版社 2008 年版。

[124] 联合国计划开发署：《中国人类发展报告》，2005 年。

[125] 林伯强：《中国的政府公共支出与减贫政策》，《经济研究》，2005 年第 1 期。

[126] 林毅夫、蔡昉、李周：《中国经济转型期的地区差异分析》，《经济

研究》，1998 年第 6 期。

　　[127] 林毅夫、陈斌开：《发展战略、产业结构与收入分配》，《经济学》（季刊），2013 年第四季。

　　[128] 林毅夫：《中国的奇迹：发展战略与经济改革》，上海三联书店、上海人民出版社，1999 年版。

　　[129] 刘承礼：《30 年来中国收入分配原则改革的回顾与前瞻——项基于公平与效率双重标准的历史研究》，《经济理论与经济管理》，2008 年第 9 期。

　　[130] 刘川：《经济发达地区居民收入倍增的制约与对策——以东莞为例》，《广西民族大学学报》（哲学社会科学版），2015 年第 1 期。

　　[131] 刘和旺、王宇锋：《政治资本的收益随市场化进程增加还是减少》，《经济学》（季刊），2010 年第 9 卷第 3 期。

　　[132] 刘洪银：《我国城乡居民收入分配差距的制度成因与对策》，《经济论坛》，2010 年第 1 期。

　　[133] 刘进宝、刘洪：《农业技术进步与农民农业收入增长弱相关性分析》，《中国农村经济》，2004 年第 9 期

　　[134] 刘京焕、陈志勇、李景友：《财政学原理》，高等教育出版社 2010 年版。

　　[135] 刘精明：《市场化与国家规制——转型期城镇劳动力市场中的收入分配》，《中国社会科学》，2006 年第 5 期。

　　[136] 刘鹏：《我国收入分配领域中存在的主要问题及其原因》，《商场现代化》，2006 年第 11 期。

　　[137] 刘鹏：《青海实施"三区"战略开创发展新局面》，《光明日报》，2012 年 9 月 12 日。

　　[138] 刘绮霞、刘绮莉：《日本"国民收入倍增计划"的策略和路径研究》，《财政研究》，2015 年第 3 期。

　　[139] 刘强：《实现居民收入倍增目标的探讨及建议》，《宏观经济管理》，2013 年第 11 期。

　　[140] 刘尚希：《民收入倍增主脉：重构国家、企业、居民关系》，《改革》，2012 年第 11 期。

　　[141] 刘社建、徐艳：《城乡居民收入分配差距形成原因及对策研究》，《财经研究》，2004 年第 5 期。

　　[142] 刘树杰、王蕴：《合理调整国民收入分配格局研究》，《宏观经济研

究》，2009 年第 12 期。

[143] 刘香丽、舒斯亮：《城乡居民收入差距扩大的缘由分析及对策建议》，《农业考古》，2008 年第 3 期。

[144] 卢冲、刘媛、江培元：《产业结构、农村居民收入结构与城乡收入差距》，《中国人口·资源与环境》，2014 年第 3 期。

[145] 陆铭、陈钊、万广华：《因患寡，而患不均——中国的收入差距、投资、教育和增长的相互影响》，《经济研究》，2005 年第 12 期。

[146] 陆铭、陈钊：《城市化、城市倾向的经济政策与城乡收入差距》，《经济研究》，2004 年第 6 期。

[147] 罗楚亮：《城镇居民教育收益率及其分布特征》，《经济研究》，2007 年第 6 期。

[148] 罗长远：《卡尔多"特征事实"再思考：对劳动收入占比的分析》，《世界经济》，2008 年第 11 期。

[149] 吕冰洋、禹奎：《我国税收负担的走势与国民收入分配格局的变动》，《财贸经济》，2009 年第 3 期。

[150] 吕炜、储德银：《城乡居民收入差距与经济增长研究》，《中国社会科学院经济所网站》，2011 年第 12 期。

[151] 马斌、张富饶：《城乡居民收入差距影响因素实证分析》，《中国农村经济》，2008 年第 2 期。

[152] 马草原、李运达、宋树仁：《城镇居民收入差距变动轨迹的总体特征及分解分析：1988 – 2008》，《经济与管理研究》，2010 年第 9 期。

[153] 马秀贞：《社会分配效率与公平关系及其有效处理》，《国家行政学院学报》，2008 年第 4 期。

[154] 马燕燕：《"一带一路"：需要怎样的青海》，《中国信息报》，2015 年 9 月 22 日。

[155] 孟德宾、李明选：《产业结构对收入分配的影响研究》，《公共管理》，2015 年第 6 期。

[156] 欧阳煌、祝鹏飞、李思：《实现居民收入倍增的中部范本解析——基于湖南省收入倍增计划的思考》，《财政研究》，2014 年第 2 期。

[157] 欧阳煌：《收入倍增：从愿景到路径》，《财政研究》，2013 年第 2 期。

[158] 潘文轩：《城市化和工业化对城乡居民收入差距的影响》，《山西财

经大学学报》，2010 年第 12 期。

[159] 秦攀：《浅谈国民收入倍增计划》，《湖北经济学院学报》（人文社会科学版），2011 年第 11 期。

[160] 青海省统计局：《青海省 2014 年国民经济和社会发展统计公报》，http：//www. tjcn. org/plus/view. php? aid＝28021。

[161] 深化财税体制改革课题组：《政府收入及税收制度改革》，《经济研究参考》，2009 年第 17 期。

[162] 宋晓梧：《改善民生的重要举措——提高劳动报酬在初次分配中的比重》，载迟福林：《破解收入分配难题》，中国经济出版社 2011 年版。

[163] 宋元梁、肖卫东：《中国城镇化发展与农民收入增长关系的动态计量经济分析》，《数量经济技术经济研究》，2005 年第 9 期。

[164] 苏海南：《收入倍增并非遥不可及》，《人力资源》，2012 年第 12 期。

[165] 苏永照：《二元经济结构下最低工资的收入分配效应研究》，《当代经济管理》，2014 年第 3 期。

[166] 孙爱存、李毅：《青海省城乡居民收入差距内在影响因素分析》，《柴达木开发研究》，2014 年第 3 期。

[167] 孙敬水、黄秋虹：《日本实施"国民收入倍增计划"的经验教训及其对中国的启示》，《经济问题》，2013 年第 1 期。

[168] 孙蕾、詹树：《农村信贷投入对农民收入影响的实证分析》，《重庆工商大学学报》（西部论坛），2006 年第 10 期。

[169] 谭智心、张亚平：《农民收入倍增的个案操作：苏省观察》，《改革》，2012 年第 11 期。

[170] 唐敏、吴本根：《农民收入增长模型：一个宏观计量分析》，《农业经济问题》，2007 年第 8 期。

[171] 万广华：《经济发展与收入不平等：方法与证据》，上海人民出版社 2006 年版。

[172] 王德文、蔡昉：《收入转移对中国城市贫困与收入分配的影响》，《开放导报》，2005 年第 12 期。

[173] 王敏、曹润林：《城镇化对我国城乡居民财产性收入差距影响的实证研究》，《宏观经济研究》，2015 年第 3 期。

[174] 王全意：《重庆直辖以来城乡居民收入差距变化趋势预测——基于

灰色模型 GM（1，1）的实证分析》，《重庆理工大学学报》（社会科学版），2011 年第 2 期。

［175］王少国：《我国收入分配差距对经济效率的影响》，载刘树成、张连城、张平：《中国经济增长与经济周期（2009）》，中国经济出版社 2009 年版。

［176］王小鲁：《我国国民收入分配现状、问题及对策》，《国家行政学院学报》，2010 年第 3 期。

［177］王祖祥、张奎、孟勇：《中国基尼系数的估算研究》，《经济评论》，2009 年第 3 期。

［178］温涛、冉光和、熊德平：《中国金融发展与农民收入增长》，《经济研究》，2005 年第 9 期。

［179］吴郡槐、王东：《农民收入与其影响因素之间的实证分析》，《统计与决策》，2005 年第 10 期。

［180］吴先华：《城镇化、市民化与城乡收入差距关系的实证研究——基于山东省时间序列数据及面板数据的实证分析》，《地理科学》，2011 年第 1 期。

［181］武力、温锐：《新中国收入分配制度的演变及绩效分析》，《当代中国史研究》，2006 年 7 月。

［182］向书坚、李丽：《中国城乡居民收入差距动态研究》，《河北经贸大学学报》，1998 年第 6 期。

［183］谢旭人：《深化收入分配制度改革，努力形成合理有序的收入分配格局》，《农村财政与财务》，2008 年第 5 期。

［184］辛岭：《农民受教育水平与农民收入关系的实证研究》，《建设我国现代化农业的技术经济问题——中国农业技术经济研究会 2007 年学术研讨会论文集》。

［185］邢春冰：《不同所有制企业的工资决定机制考察》，《经济研究》，2005 年第 6 期。

［186］邢春冰：《农民工与城镇职工的收入差距》，《管理世界》，2008 年第 5 期。

［187］邢春冰：《中国不同所有制部门的工资决定与教育回报：分位回归的证据》，《世界经济文汇》，2006 年第 4 期。

［188］徐宽：《基尼系数的研究文献在过去八十年是如何拓展的》，《经济

学》（季刊），2003 年第 7 期。

[189] 徐强、韩剑尘：《安徽省农民收入倍增的战略思考》，《长春理工大学学报》（社会科学版），2014 年第 1 期。

[190] 徐现祥、王海港：《我国初次分配中的两极分化及成因》，《经济研究》，2008 年第 2 期。

[191] 徐勇：《推进我国城乡居民收入倍增的对策建议》，《发展研究》，2012 年第 7 期。

[192] 许善达等：《收入分配改革的破题之路》，中国经济出版社 2012 年版。

[193] 许宪春：《中国资金流量分析》，《金融研究》，2002 年第 9 期。

[194] 薛宝贵、何炼成：《我国居民收入不平等问题研究综述》，《经济学家》，2015 年第 2 期。

[195] 杨斌：《我国收入分配状况的纠正：公共服务均等化还是税收调节》，《税务研究》，2013 年第 1 期。

[196] 杨灿明、孙群力：《影响我国收入分配的因素分析》，《中南财经政法大学学报》，2009 年第 3 期。

[197] 杨承训：《"深化收入分配制度改革"的经济学解析——兼论以初次分配为重点架构中国特色社会主义分配理论》，《经济学动态》，2008 年第 1 期。

[198] 杨继瑞，何雄浪：《促进社会主义初次分配公平的探析》，《决策咨询通讯》，2008 年第 2 期。

[199] 杨健潇：《分配正义视角下的"收入倍增计划"——基于"收入倍增计划"的国际比较研究》，《学习与探索》，2013 年第 11 期。

[200] 杨瑞龙、王宇锋、刘和旺：《父亲政治身份、政治关系和子女收入》，《经济学》（季刊），2010 年第 9 卷第 3 期。

[201] 杨伟锋、刘永萍、周晓苗：《基于灰色 GM（1，1）模型的新疆农村居民收入预测分析》，《云南财经大学学报》（社会科学版），2010 年第 6 期。

[202] 易丹辉：《数据分析与 Eviews 应用》，中国人民大学出版社 2008 年版。

[203] 于传岗：《我国农村居民国民收入倍增计划的新思维》，《农业经济》，2013 年第 1 期。

［204］余斌、陈昌盛：《国民收入分配：困境与出路》，中国发展出版社2011年版。

［205］宇传华：《SPSS统计与分析》，电子工业出版社2007年版。

［206］岳希明、李实、史泰丽：《垄断行业高收入问题探讨》，《中国社会科学》，2010年第3期。

［207］岳希明、史泰丽、李实、别雍·古斯塔夫森：《中国个人收入差距及其变动的分析》，载李实、史泰丽、别雍·古斯塔夫森主编：《中国居民收入分配研究Ⅲ》，北京师范大学出版社2008年版。

［208］张车伟：《人力资本回报率变化与收入差距："马太效应"及其政策含义》，《经济研究》，2006年第12期。

［209］张车伟、蔡翼飞、董倩倩：《日本"国民收入倍增计划"及其对中国的启示》，《经济学动态》，2010年第10期。

［210］张车伟、薛欣欣：《国有部门与非国有部门工资差异及人力资本贡献》，《经济研究》2008年第4期。

［211］张定胜、杨小凯：《国际贸易、经济发展和收入分配》，《世界经济》，2004年第9期。

［212］张东生等：《中国居民收入分配年度报告（2010）》，经济科学出版社2010年版。

［213］张东生等：《中国居民收入分配年度报告（2013）》，中国财政经济出版社2013年版。

［214］张璐、陶淼冰、李亚杰：《我国城镇居民家庭人均可支配收入统计分析及预测——基于灰色预测模型的分析》，《当代经济》，2012年第9期。

［215］张艳华、刘力：《农村人力资本对农村经济增长贡献的实证分析》，《中央财经大学学报》，2006年第8期。

［216］张准、罗峰：《论十八大国民收入倍增计划的难度与实现路径——以日本的国民收入倍增计划为鉴》，《北华大学学报》（社会科学版），2013年第3期。

［217］赵海东：《初次分配：由注重效率转向效率与公平相结合》，《黑龙江社会科学》，2007年第6期。

［218］赵剑治、陆铭：《关系对农村收入差距的贡献及其地区差异——一项基于回归的分解分析》，《经济学》（季刊），2009年第1期。

［219］赵鹏、韩东林：《固定资产与CPI格兰杰因果关系检验研究》，《现

代商贸工业》，2009 年第 14 期。

［220］赵人伟、格里芬：《中国居民收入分配研究》，中国社会科学出版社 1994 年版。

［221］赵人伟、李实、李思勤：《中国居民收入分配再研究》，中国财政经济出版社 1999 年版。

［222］赵人伟、李实、张平：《中国居民收入差距的扩大及其原因》，《经济研究》，1997 年第 9 期。

［223］赵人伟：《对我国收入分配改革的若干思考》，《经济学动态》，2009 年第 9 期。

［224］赵友宝：《规模经济，规模扩张与多元化经营》，《经济纵横》，2000 年第 1 期。

［225］赵振华：《关于提高初次分配中劳动报酬比例的思考》，《中共中央党校学报》，2007 年第 6 期。

［226］郑新立：《建立体现社会公平的收入分配制度》，《宏观经济管理》，2007 年第 11 期。

［227］智佳佳：《日本实施"国民收入倍增计划"经验教训及其启示》，《亚太经济》，2014 年第 1 期。

［228］中国人民银行海南州中心支行课题组：《青海省城乡居民收入差距分析》，《青海金融》，2012 年第 1 期。

［229］中国人民银行西宁中心支行调查统计处课题组、郎得青：《居民收入倍增研究——以青海省为例》，《青海金融》，2013 年第 8 期。

［230］周灵：《基于居民收入倍增目标的分配制度改革研究》，《经济体制改革》，2014 年第 1 期。

［231］周申：《贸易与收入的关系：对中国的案例研究》，《世界经济》，2001 年第 4 期。

［232］周天勇：《收入分配差距形成的历史和时间原因》，《中国经济时报》，2010 年第 9 期。

［233］周艳春：《青海省城乡居民收入差距的实证分析》，《商品与质量》，2010 年第 7 期。

［234］周一鹿、冉光和、钱太一：《经济转型期农村金融资源开发对农民收入影响效应研究》，《农业技术经济》，2010 年第 10 期。

［235］周长城、何芸：《日本"国民收入倍增计划"对中国收入分配改革

的启示》,《学习月刊》,2011 年第 5 期。

[236] 朱琛、赵帝:《中国城乡居民财产性收入差距与消费差距相关性的实证研究——基于 1992—2009 年经验数据的考察》,《社科纵横》,2012 年第 4 期。

[237] 朱荣庆:《扬州市江都区城乡居民收入倍增计划实现路径与对策》,《现代经济信息》,2012 年第 9 期。

[238] 朱晓雁、文礼明:《再论经济发展与收入分配的台湾模式》,《商业时代》,2012 年第 15 期。